梵净博雅文库

农民专业合作社理论知识与案例实践

田文勇　姚琦馥　毛　昆　编著

中国农业出版社
北　京

该书为铜仁学院乡村振兴研究中心成果。受到铜仁学院研究生学位课程案例库建设培育项目“铜仁市农民专业合作社案例库建设（tyxkxm［2018］22号）”、铜仁学院“三金”建设研究子项目“梵净文库”教材建设（Trxysj 2021－031）、铜仁学院硕士点及学科建设研究项目（Trxyxwdxm－042）、贵州省高等学校教学内容和课程体系改革项目“乡村振兴背景下《农业经济学》教学内容改革与实践研究”（2022306）、铜仁学院教育学省级区域内一流培育学科招标项目“创意农业对武陵山区农村区域发展影响及人才培养研究”（tyxkxm［2018］07号）、铜仁学院硕士点及学科建设研究项目“贵州省生猪产业高质量发展路径研究”（Trxyxwdxm－042）、国家民委人文社会科学重点研究基地武陵山民族地区乡村产业发展研究中心2022年招标课题“铜仁市蜂蜜产业发展研究”（RWJDZB－2022－03）资助，在此特别感谢！

前言

QIANYAN

当前我国农业发展存在的主要问题是经营规模小、组织化程度低、服务体系不健全、生产端与日益升级的消费端之间的矛盾越来越凸显。针对这些问题，作为新型经营主体之一的农业专业合作社能发挥在规模化经营、标准化生产、社会化服务等方面的优势，更好地促进乡村产业发展。农民专业合作社作为农村经济中的一个重要组织载体和经济力量，在实现小农户与农业现代化发展有机衔接，以及构建现代农业生产体系、经营体系、产业体系等方面，必将承担更多功能，发挥主力军作用，肩负着实现乡村振兴、农业现代化的光荣使命。因此，编写《农民专业合作社理论知识与案例实践》教材，供农民专业合作社相关人员参考借鉴，对于提高我国农业生产的组织化程度，助推乡村振兴战略具有重要的现实意义。

本教材由七章构成。第一章是农民专业合作社基础知识，由农民专业合作社的定义，农民专业合作社的特征、利益主体及模式，农民专业合作社的界定、作用及趋势，优惠政策小节构成；第二章是农民专业合作社的设立和登记，由设立、注册、入社与退社、社员的教育与培训小节构成；第三章是农民专业合作社的合并、分立、解散及清算，由合并、分立、解散、清算、联合社小节构成；第四章是农民专业合作社规章制度管理，由组织结构、人才聘用、项目投资管理、生产销售管理、社务公开、财务管理小节构成；第五章是农民专业合作社规范运营管理，由规范运营标准、规范运营抓手、规范运营模式、规范运营管理小节构成；第六章是农民专业合作社经营管理，由经营决策、农产品品牌建设、市场营销、风险管理、产品认证、服务管理小节构成；第七章是农民专业合作社案例实践，由种植类合作社案例、养殖类合作社案例、社会服务类合作社案例及食用菌类合作社案例小节构成。

本教材的编写特色主要体现在三方面：一是在教材编写和内容安排上，强调基础知识、基本理论、基本技能，同时充分吸收国内优秀教材的优点，定位明确，体系科学，概念准确，深入浅出；二是重视加入实践中的案例内容，使教材可读性更强，更能与当前我国农民专业合作社的现实结合起来，使读者能够学以致用；三是融入了本领域的最新研究进展、国家最新相关政策法规、编者多年积累的教学讲义及部分研究报告，力求内容新颖。由于时间仓促，编者水平有限，本教材难免存在疏漏之处，敬请广大读者批评指正。

目录

MULU

前言

第一章　农民专业合作社基础知识 …… 1

第一节　农民专业合作社的定义、服务对象、业务范围及原则 …… 1

一、农民专业合作社的定义 …… 1

二、农民专业合作社的服务对象 …… 2

三、农民专业合作社的业务范围 …… 2

四、农民专业合作社遵循的原则 …… 3

第二节　农民专业合作社的特征、利益主体及模式 …… 4

一、农民专业合作社的特征 …… 4

二、农民专业合作社的利益主体 …… 7

三、农民专业合作社的模式 …… 9

第三节　农民专业合作社的界定、作用及趋势 …… 11

一、农民专业合作社的界定 …… 11

二、农民专业合作社的作用 …… 16

三、农民专业合作社的发展趋势 …… 21

第四节　农民专业合作社优惠政策 …… 23

一、增值税 …… 23

二、企业所得税 …… 24

三、契税 …… 25

四、印花税 …… 25

五、耕地占用税 …… 25

六、城镇土地使用税 …… 26

七、房产税 …… 26

八、车船税 …… 26

九、车辆购置税 …… 27

本章小结 …… 27
本章习题 …… 27
参考文献 …… 28

第二章 农民专业合作社的设立和登记 …… 29

第一节 农民专业合作社设立 …… 29
一、设立条件 …… 29
二、基本流程 …… 33
三、设立程序 …… 35
四、产权规定 …… 37
五、制定章程 …… 37
第二节 农民专业合作社注册 …… 41
一、注册流程 …… 41
二、设立登记 …… 42
三、成员资格条件 …… 43
四、办理登记手续 …… 43
第三节 农民专业合作社成员入社与退社 …… 46
一、新成员的入社 …… 46
二、成员的退社 …… 48
三、成员退社的后续事宜 …… 49
第四节 农民专业合作社社员教育与培训 …… 50
一、教育与培训的原则 …… 50
二、教育与培训的方式 …… 50
三、教育与培训的内容 …… 51
本章小结 …… 52
本章习题 …… 53
参考文献 …… 53

第三章 农民专业合作社的合并、分立、解散及清算 …… 54

第一节 农民专业合作社合并 …… 54
一、合并的概念 …… 54
二、合并的基本程序 …… 54
三、合并的注意事项 …… 56

第二节　农民专业合作社分立 …… 56
一、分立的概念 …… 56
二、分立的程序 …… 57
第三节　农民专业合作社解散 …… 58
一、解散的概念 …… 58
二、解散的类型及原因 …… 58
第四节　农民专业合作社清算 …… 60
一、清算的含义 …… 60
二、清算的工作内容 …… 61
三、清算的工作程序 …… 62
第五节　农民专业合作社联合社 …… 64
一、农民专业合作社联合社的概念 …… 64
二、农民专业合作社联合社的功能 …… 64
三、农民专业合作社联合社的主要形式 …… 65
四、农民专业合作社联合社的设立条件 …… 65
五、农民专业合作社联合社的组织机构 …… 65
本章小结 …… 65
本章习题 …… 66
参考文献 …… 66

第四章　农民专业合作社规章制度管理 …… 68

第一节　组织结构 …… 68
一、合作社的主人——社员 …… 68
二、合作社的最高权力机构——社员大会 …… 69
三、合作社的监督机构——监事会 …… 71
四、合作社的经营管理机构——理事会及其负责人（理事长） …… 73
五、经营管理执行机构——经理层 …… 75
六、社员大会、理事会与监事会的关系 …… 77
第二节　人才聘用 …… 78
一、聘用方式 …… 78
二、选聘流程 …… 78
第三节　项目投资管理 …… 79
一、项目投资范围 …… 79

二、投资项目立项 …… 79
三、投资项目审批和实施 …… 79
四、项目投资资金筹措管理 …… 80
五、投资项目建设监督管理 …… 80
六、建成项目的经营管理 …… 80
七、投资项目收益分配 …… 80
第四节 生产销售管理 …… 81
一、统一生产计划 …… 81
二、统一供应农资 …… 81
三、统一技术标准 …… 81
四、统一产品认证 …… 81
五、统一指导服务 …… 82
六、统一加工销售 …… 82
第五节 社务公开 …… 82
一、社务公开的内容 …… 82
二、社务公开的形式 …… 83
三、社务公开的时间 …… 83
四、社务公开的程序 …… 83
五、社务公开的意见反馈 …… 83
六、社务公开的监督管理 …… 84
第六节 财务管理 …… 84
一、农民专业合作社成员出资 …… 84
二、农民专业合作社的成员账户及作用 …… 85
三、农民专业合作社成员账户建立 …… 86
四、农民专业合作社公积金的提取及使用 …… 87
五、农民专业合作社的公积金量化 …… 87
六、农民专业合作社盈余分配 …… 88
七、农民专业合作社的可分配盈余与分配 …… 88
本章小结 …… 89
本章习题 …… 90
参考文献 …… 90

第五章　农民专业合作社规范运营管理 …… 91

第一节　规范运营标准 …… 91
第二节　规范运营抓手 …… 92
一、抓好宣传培训 …… 92
二、抓好示范指导 …… 92
三、抓好登记备案 …… 93
四、抓好统一服务 …… 93
五、抓好财务管理 …… 93
六、抓好盈余分配 …… 94
七、抓好服务能力 …… 94
八、抓好联合合作 …… 94
九、抓好风险排查 …… 94
十、抓好清理整顿 …… 95
第三节　规范运营模式 …… 95
一、“能人＋合作社＋农户”模式 …… 95
二、“龙头企业＋合作社＋农户”模式 …… 96
三、“政府部门＋合作社＋农户”模式 …… 97
四、“基层组织＋合作社＋农户”模式 …… 97
五、“集体经济＋合作社＋农户”模式 …… 98
第四节　规范运营管理 …… 99
一、法人治理正规化 …… 99
二、权利义务明朗化 …… 99
三、服务功能多样化 …… 100
四、财务核算独立化 …… 101
本章小结 …… 102
本章习题 …… 102
参考文献 …… 102

第六章　农民专业合作社经营管理 …… 103

第一节　经营决策 …… 103
一、经营决策的概念 …… 103
二、经营决策的内容 …… 103

三、经营决策的类型 …… 104
四、经营决策的程序 …… 106
第二节 农产品品牌建设 …… 107
一、概念界定 …… 107
二、农产品品牌建设的作用 …… 108
三、合作社农产品品牌建设的步骤 …… 109
第三节 市场营销 …… 113
一、合作社市场营销的概念与对象 …… 113
二、合作社市场营销的任务、理念及渠道 …… 115
三、合作社市场营销的管理过程与影响策略 …… 118
四、农民专业合作社如何开展农超、农社、农校对接 …… 122
五、农民专业合作社如何组织销售及增加收益 …… 125
六、农民专业合作社产品如何出口及发展电子商务 …… 126
第四节 风险管理 …… 129
一、风险管理的概念 …… 129
二、农业风险管理的目标 …… 129
三、农业风险管理的程序 …… 130
四、农业风险管理的措施 …… 131
第五节 产品认证 …… 132
一、申请绿色食品认证 …… 132
二、申请有机食品认证 …… 135
三、申请农产品地理标志认证 …… 137
四、商标注册 …… 138
第六节 服务管理 …… 140
一、产前服务 …… 140
二、产中服务 …… 141
三、产后服务 …… 144
四、资金服务 …… 146
五、综合服务 …… 147
本章小结 …… 147
本章习题 …… 148
参考文献 …… 148

第七章　农民专业合作社案例实践 …… 149

第一节　种植类合作社案例 …… 149

案例一：做强全产业链条　推动中药材出口——湖北省宜昌众赢药材种植专业合作社 …… 149

案例二：优化利益联结机制　带动成员增产增收——江西省贵溪市溪源村蓑衣老农有机绿色大米基地专业合作社 …… 153

案例三：多措并举聚合力　创新机制促发展——湖北省红日子富硒蔬菜种植专业合作社 …… 157

案例四：发展特色产业　合作促农增收——重庆市奉节县铁佛脐橙种植股份合作社 …… 161

案例五：聚“三变”之源，促农旅融合，助乡村振兴——贵州盘州市普古银湖种植养殖农民专业合作社 …… 164

第二节　养殖类合作社案例 …… 168

案例一：科技支撑产业兴　与时俱进再出发——安徽省当涂县均庆河蟹生态养殖专业合作社 …… 168

案例二：创“非常6+2”模式　促水产养殖升级——浙江省湖州市南浔千金永根生态渔业专业合作社 …… 171

案例三：创新发展合作社　倾心服务养鸭人——江苏省高邮市兴旺禽业产销专业合作社 …… 174

案例四：发挥联合优势　促进互利共赢——浙江台州市台联九生猪专业合作社联合社 …… 177

案例五：以“蛋”为媒，合作致富——江苏阜宁县沟墩禽蛋专业合作社 …… 181

第三节　社会服务类合作社案例 …… 185

案例一：聚焦三产融合　服务“三农”发展——青岛市丰诺植保专业合作社 …… 185

案例二：开展农业综合服务　助力乡村产业振兴——江苏省盐城市盐都区秦南镇农业综合服务专业合作社 …… 188

案例三：因地制宜精准服务，实现山区机械化种菜——四川省广元市朝天区英明农机专业合作社 …… 191

案例四：打造合作社参与农业生产社会化服务新模式——山东省昌邑市宏丰农机专业合作社 …… 193

第四节　食用菌类合作社案例 …… 197

案例一：把小蘑菇做成振兴乡村大产业——山东省邹城市益菇源农业种植

专业合作社…………………………………………………………… 197
案例二：合作兴产业　帮扶助共富——江西省吉安市青原区子平食用菌种植专业合作社 …………………………………………………… 200
案例三：发展特色产业　助力精准扶贫——辽宁省西丰县芝草养生谷灵芝专业合作社…………………………………………………………… 202
本章小结 ……………………………………………………………………… 205
参考文献 ……………………………………………………………………… 205

附录　农民专业合作社相关政策与法规 …………………………… 206
致谢…………………………………………………………………………… 208

第一章　农民专业合作社基础知识

本章要点

1. 掌握农民专业合作社的类型、特征、演化趋势及相关概念
2. 了解农民专业合作社的服务对象、业务范围、原则及条件
3. 熟悉农民专业合作社与其他经济组织的区别

关键词

农民专业合作社；经济组织；类型；服务对象

第一节　农民专业合作社的定义、服务对象、业务范围及原则

一、农民专业合作社的定义

农民专业合作社是在农村家庭承包经营基础上，农产品的生产经营者或者农业生产经营服务的提供者、利用者，自愿联合、民主管理的互助性经济组织。农民专业合作社具有两个明显的特征：一是合作社是在家庭承包经营的基础上建立的，即合作社不改变和不动摇农户家庭承包经营的基本生产经营制度。二是入社自愿、退社自由，任何个人、组织或单位不得强制农户入社或退社。

我国“农民专业合作社”的权威定义来自《中华人民共和国农民专业合作社法》（以下简称《农民专业合作社法》）的界定。在这之前中国学术界和政府部门等对农业类合作社的称呼包括了“农民专业协会”“农村合作经济组织”“农民专业合作经济组织”“农民合作组织”“农民专业技术协会”及“农民专业合作组织”等，称呼看似杂乱、繁多，但实际上从“农民专业技术协会”“农民专业协会”“农民专业合作经济组织”到“农民专业合作社”的称呼变化正是体现了从 20 世纪 80 年代以来我国农业类合作社组织在市场

化趋势下的功能演变，即由一开始的关注技术，到后来从技术领域走向更广阔的产、销、加工等环节。2000年以后，正式出现“农民专业合作社”的称谓，这一称谓随着2004年《浙江省农民专业合作社条例》在浙江省人大的审议通过而在省内得到确认，此后其他省份也开始使用此称呼。《农民专业合作社法》颁布和正式实施后，“农民专业合作社”成为社会各界对我国农业领域合作社组织的主流称谓。

二、农民专业合作社的服务对象

农民专业合作社法第三条规定：农民专业合作社以其成员为主要服务对象，开展以下一种或者多种业务：(1) 农业生产资料的购买、使用；(2) 农产品的生产、销售、加工、运输、贮藏及其他相关服务；(3) 农村民间工艺及制品、休闲农业和乡村旅游资源的开发经营等；(4) 与农业生产经营有关的技术、信息、设施建设运营等服务。

农民专业合作社以其成员为主要服务对象。一方面，成员设立或者加入农民专业合作社，其主要目的是利用合作社的服务，更好地开展生产经营活动，这一目的体现了农民专业合作社的拥有者和惠顾者的统一。农民专业合作社为农民提供服务，丰富和完善了统分结合的双层经营体制，可以有效地补充集体统一服务的不足。另一方面，也不排除农民专业合作社将非成员作为服务对象，但是，合作社与成员的交易，以及利用其提供服务的非成员的交易应当分别核算，非成员与农民专业合作社之间进行的交易无法像成员一样按照交易量（额）获得盈余返还。

三、农民专业合作社的业务范围

农民专业合作社的业务范围主要包括以农村家庭承包经营为基础，以其成员为主要服务对象，提供农业生产资料的购买、农产品的销售、加工、运输、贮藏，以及与农业生产经营有关的技术、信息等服务。农民专业合作社应当在工商行政管理机关注册登记的业务范围内开展经营活动。对从事业务范围以外的经营活动由登记机关责令改正，情节严重的吊销营业执照。农民专业合作社没有经营地域的限制，既可以在农村也可以在城市，还可以跨地区开展经营活动。但是，应当在经营活动所在地工商行政管理机关办理农民专业合作社分支机构登记。

为适应农民专业合作社服务领域更加丰富、合作链条不断延伸等新情况，新修订的农民专业合作社法在取消“同类”限制的基础上进一步扩展了农民专业合作社的业务范围，采取列举的方式进行细化和补充。一是扩展产前、产中、产后的全产业链服务，将原有的“农业生产资料的购买”扩展为“农业生产资料的购买、使用”；将原有的“农产品的销售、加工、运输、贮藏”拓展为“农产品的生产、销售、加工、运输、贮藏及其他相关服务”；将原有的“与农业生产经营有关的技术、信息等服务”拓展为“与农业生产经营有关的技术、信息、设施建设运营等服务”。二是根据地方的实践和有益探索，将“农村民间工艺及制品、休闲农业和乡村旅游资源的开发经营等”新型业务纳入农民专业合作社的业务范围。三是明确农民专业合作社可以开展“一种或者多种业务”，进一步扩展其业务范围。这些修改，适应了新形势下农民专业合作社发展的多元化特征，有利于进一步提高合作的层次和水平，增强农民专业合作社的综合实力，增加农民收入。

四、农民专业合作社遵循的原则

农民专业合作社的基本原则体现了农民专业合作社的价值，是农民专业合作社成立时的主旨和基本准则，也是对农民专业合作社进行定性的标准，体现了农民专业合作社与其他市场经济主体的区别。只有依照这些基本原则组建和运行的合作经济组织才是《农民专业合作社法》调整范围内的农民专业合作社，才能享受《农民专业合作社法》规定的各项扶持政策，这些基本原则贯穿于《农民专业合作社法》的各项规定之中。按照《农民专业合作社法》第四条的规定，农民专业合作社应当遵循的基本原则有以下五项。

（一）成员以农民为主体

坚持农民专业合作社为农民成员服务的宗旨，发挥合作社在解决“三农”问题方面的作用，使农民真正成为合作社的主人。《农民专业合作社法》规定，农民专业合作社的成员中，农民至少应当占成员总数的80%，并对合作社中企业、事业单位、社会团体成员的数量进行限制。

（二）以服务成员为宗旨，谋求全体成员的共同利益

农民专业合作社是以成员自我服务为目的而成立的。参加农民专业合作社的成员都是从事同类农产品生产、经营或提供同类服务的农业生产经营者，目的是通过合作互助提高规模效益，完成单个农民办不了、办不好、办了不合算的事。这种互助性特点，决定了它以成员为主要服务对象，决定了“对成员服务不以营利为目的、谋求全体成员共同利益”的经营原则。

（三）入社自愿、退社自由

农民专业合作社是互助性经济组织，凡是有民事行为能力的公民，能够

利用农民专业合作社提供的服务，承认并遵守农民专业合作社章程，履行章程规定的入社手续的都可以成为农民专业合作社的成员。农民可以自愿加入一个或者多个农民专业合作社，入社不改变家庭承包经营；农民也可以自由退出农民专业合作社，退出时农民专业合作社应当按照章程规定的方式和期限，退还记载在该成员账户内的出资额和公积金份额，并将成员资格终止前的可分配盈余，依法返还给成员。

（四）成员地位平等，实行民主管理

《农民专业合作社法》从农民专业合作社的组织机构和保证农民成员对本社的民主管理两个方面做了规范：农民专业合作社成员大会是本社的权力机构，农民专业合作社必须设理事长，也可以根据自身需要设成员代表大会（成员在 150 人以上）、理事会、执行监事或者监事会；成员可以通过民主程序直接控制本社的生产经营活动。

（五）盈余主要按照成员与农民专业合作社的交易量（额）比例返还

盈余分配方式的不同是农民专业合作社与其他经济组织的重要区别。为了体现盈余主要按照成员与农民专业合作社的交易量（额）比例返还的基本原则，保护一般成员和出资较多成员两方的积极性，可分配盈余中按成员与本社的交易量（额）比例返还的总额不得低于可分配盈余的 60%，其余部分可以依法以分红的方式按成员在合作社财产中相应的比例分配给成员。

第二节　农民专业合作社的特征、利益主体及模式

一、农民专业合作社的特征

农民专业合作社既不同于企业法人，也不同于社会团体法人，而是一种全新的经济组织形态，有以下几个特征。

（一）农民专业合作社是基于农户家庭经营基础之上构建的专业经济组织

农村家庭承包经营责任制是我国一项基本的农村经济制度，也是组建和发展农民专业合作社的制度基础。《农民专业合作社法》规定，农民专业合作社在坚持家庭承包经营责任制的基础上，不改变农民原有的土地承包经营权和财产所有权，完全由农民自主、自愿地构建和发展合作社。这样，基于各自的家庭经营，农户可一起进行农业生产资料的购买，进行农产品的生产、运输、贮藏、加工、销售等方面的合作，实现降低生产成本，改善生产经营条件，提高生产经营效率，最终获取最大收益的目的。《中华人民共和

国农民专业合作社法》（以下简称《农民专业合作社法》）规定只有从事经营活动的实体型农民合作经济组织才能称为农民专业合作社，而那些只为其成员提供技术信息服务，不以营利为目的的农民专业技术协会等，不能称为农民专业合作社。

（二）农民专业合作社是以农民为主体的专业性经济组织

《农民专业合作社法》规定：农民专业合作社的成员以农民为主体，农民成员不得少于成员总数的80%，从事与农民专业合作社业务直接有关的生产经营活动的企业、事业单位或者社会团体可依法自愿申请加入。但是，具有管理公共事务职能的单位不得加入。成员总数20人以下的农民专业合作社可以有一个企业、事业单位和社会团体成员；超过20人的，企业、事业单位和社会团体成员不得超过成员总数的5%。

（三）农民专业合作社是自愿联合、民主管理的自治性经济组织

《农民专业合作社法》规定农民专业合作社是遵循入社自愿、退社自由，以成员地位平等、实现民主管理的原则组织起来的农民自己的合作经济组织，其内部管理完全依照法律、法规和本合作社章程实行民主选举、民主决策、民主管理、民主监督，其他任何单位和个人不得干预合作社内部事务，不得侵犯合作社及其成员的合法权益，否则就要承担法律责任。农民按社章规定加入合作社后，就有权参与合作社的生产经营与管理工作，并按社章规定参与盈余分配；加入合作社后，农民如不满意，依合作社章程的相关规定可退出并带走自己名下的财产，任何个人、组织或行政部门不得限制或强迫合作社成员留下。《农民专业合作社法》还规定各成员在合作社组织内部地位平等，并赋予农民对合作社的民主管理权利，实行每个成员“一人一票”的民主管理制。县级以上各级人民政府的农业行政主管部门和其他有关部门及有关组织，只能依法对农民专业合作社的建设和发展给予指导、扶持和服务，做好监督和服务工作。

（四）农民专业合作社是民主管理和独立自治的自我服务性经济组织

《农民专业合作社法》规定：（1）农民专业合作社以其成员为主要服务对象，提供农业生产资料的购买、农产品的销售、加工、运输、贮藏以及与农业生产经营有关的技术、信息等服务；（2）以服务成员为宗旨，谋求全体成员的共同利益。表明了农民专业合作社是以谋求全体成员的共同利益为目的、为全体成员提供服务的合作经济组织，同时又是以成员之间的共同需求为前提，以合作社为媒介的成员之间相互补充、相互协作、相互服务的互助性合作经济组织，与其他服务组织不同的特征是具有很强的内部服务性。

（五）农民专业合作社是成员间相互协调、互助共赢的互助性经济组织

农民专业合作社是互助性的经济组织，合作社可将农民以及原先分散于他们手中的土地、资金、农资、农机等农业生产资料进行集中整合。首先对农民进行整合，即合作社将农民组织起来进行分工协作，有市场经营才能、社会关系的人负责合作社的市场营销；有企业管理才能的人负责合作社的生产经营管理；有技术的人负责合作社的农业生产技术，等等。其次对农民投入合作社的生产资料进行优化配置，以最大限度地实现“人尽其才，物尽其用”，使成员间优势互补、互助共赢，从而帮助农民提高农业生产经营效率，实现增加收入的目的。

（六）农民专业合作社是具有法人资格、承担有限责任的非营利性经济组织

《农民专业合作社法》第五条规定：“农民专业合作社依照本法登记，取得法人资格”“农民专业合作社对由成员出资、公积金、国家财政直接补助、他人捐赠以及合法取得的其他资产所形成的财产，享有占有、使用和处分的权利，并以上述财产对债务承担责任”。《农民专业合作社法》第六条进一步明确，农民专业合作社成员以其账户内记载的出资额和公积金份额为限对农民专业合作社承担责任。农民专业合作社的设立登记、组织机构、财务管理以及合并、分立、解散和清算等具体问题受《农民专业合作社法》的调整。由此可见，农民专业合作社依《农民专业合作社法》登记注册后即可获得法人资格，在市场中成为一个新的生产经营主体。农民专业合作社与公司为代表的企业法人一样，是独立的市场经济主体，具有法人资格，享有生产经营自主权，受法律保护，任何单位和个人都不得侵犯其合法权益，采取有限责任的形式，符合我国农民专业合作社发展的现状，也体现了法律保护合作社成员的宗旨。因为目前我国农民专业合作社还处于发展初期，合作社大多由抗风险能力弱的农民组成，采取有限而不是无限责任形式，有利于保护农民，降低广大农民构建和经营合作社的风险，激励农民组建或者加入合作社，并促进合作社的健康发展。

关于合作社是“非营利组织”有两层含义：第一，合作社对内（成员）不以营利为目的，而是以谋求、维护和改善成员的利益，提高成员的实际收入，追求成员收益的最大化为目标，合作社生产经营过程中所获得的盈余全部属于合作社成员。总盈余扣除了以前年度的损失、债务、当年的成本开支、税费、提取公积金等后，就是当年盈余。当年盈余按交易额（量）分配后所剩下的即为净盈余。净盈余按社章规定要全部量化到成员名下，记入成员合作社的账户中。可见，合作社不谋求自身的利益，一切发展均是为成员

服务。第二，在合作社中，资金是为成员更好地从事劳动生产服务的，投入资金的主要目的不是为了获得利息。生产经营中获得的盈余，绝大部分（我国《农民专业合作社法》规定不得低于60%，在60%～100%之间的具体比例可由社员大会民主决定）由成员按交易额（量）分配，资金的利息只能在余下的40%的盈余中分配（这一点体现了合作社按劳分配，为农民生产者服务的原则）。因此，资金的收益分配是受到限制的，这就决定了在合作社中资金不能获得更多盈余，因此被认定为"非营利组织"。

二、农民专业合作社的利益主体

农民专业合作社成员、领办人、客户和供应商、政府是农民专业合作社的主要利益相关者，他们是影响农民专业合作社成长的关键利益主体。

（一）农民专业合作社的社员和股东

1. 提高社员对农民专业合作社的认知和认同

农民专业合作社的成员特别是普通社员的素质直接决定了农民专业合作社未来的成长方向和成长速度，因此，加强农民专业合作社内部文化知识的普及和提高对农民专业合作社的成长将大有裨益。农民专业合作社还要针对合作社的生产经营，对社员开展生产技术、农资供应、营销信息等方面的服务与培训，普及农业生产经营的相关知识，加强对农民合作社知识的教育和宣传。宣传、培训有关农民专业合作社的思想、知识、原则、办法，推进农民专业合作社的发展，动员更多农民参加合作社，引导社会各界支持农民专业合作社的发展。

2. 弱化成员间股份的差异

《农民专业合作社法》规定："农民专业合作社成员大会选举和表决，实行一人一票制，成员各享有一票的基本表决权。出资额或者与本社交易量（额）较大的成员按照章程规定，可以享有附加表决权。本社的附加表决权总票数，不得超过本社成员基本表决权总票数的20%。享有附加表决权的成员及其享有的附加表决权数，应当在每次成员大会召开时告知出席会议的成员。章程可以限制附加表决权行使的范围。"社员大会是决定农民专业合作社经营方针和各项重大经营事项的最高权力机构，社员无论所占股份多少，都享有一票的基本表决权。对于股金比例和交易额较大的成员，可赋予更多的投票权，但应按照农民专业合作社法的规定设置最高限额来弱化社员之间的股份差异。只有建立社员民主选举和决策机制，才能防止资本对于农民专业合作社的控制，避免背离大多数社员的意愿，保障社员的主体地位和经济利益。

3. 建立合理的利益分配机制

大部分农民专业合作社内部有核心成员和非核心成员之分，这些成员的利益需求各异，这就要求农民专业合作社在建立和制定利益分配机制时，充分考虑各种成员的利益需求。农民专业合作社应采取多种层次、多种环节、多种形式的利益分配方式，既考虑到核心成员或大股东的利益需求又兼顾到普通社员的入社初衷和现实需要。如既建立股份分红的盈余分配制度，又按照惠顾额返还盈余，让普通社员也得到实惠。同时，无偿提供信息、技术服务等，并在生产资料采购和农产品销售中给予优惠。

（二）农民专业合作社的领办人

1. 提高领办人（负责人）专业技能和经营管理水平

以现有农民专业合作社的领办人（负责人）和农村的能人大户等农村的骨干分子为重点，进行定期的培训，提高他们的组织能力和经营管理能力，使他们胜任或逐步成为农民专业合作经济组织的“带头人”。培训的主办人既可以是各级各地区各相关政府部门，也可以与农业院校联合办学，通过开办培训班的方式进行系统的企业经营和管理知识的培训，以提高农民专业合作社领办人（负责人）的经营能力和管理水平，或把农业技术人员请到农民专业合作社来指导农业生产、传授农技知识，提高全社人员的生产专业技能。这对于领办人（负责人）管理好农民专业合作社的事务，具备战略化、市场化的眼光，跟上市场经济的步伐，引领社员增产致富帮助巨大。

2. 为加速农民专业合作社成长创造条件

农民专业合作社的领办人（负责人）虽然通常是农业生产的一把好手，是农村的“能人”，但这并不代表他们就能把农民专业合作社管理好，能带领农民专业合作社快速成长。他们科学知识匮乏、管理水平和能力不足是较难在短时间内通过培训得以提升的。因此，聘请职业经理人来管理农民专业合作社是一个较好的解决途径。用职业经理人来管理农民专业合作社既可以使合作社迅速与市场经济接轨，加速合作社成长，又可以解决个别农民专业合作社领办人（负责人）的“一言堂”和合作社内家族关系错综复杂带来的民主管理低效问题。当然，农民专业合作社毕竟不同于一般的工商企业，职业经理人可能不熟悉农业生产经营的特点，同时也可能陷入农村血缘、亲缘、地缘编织的关系网中，不被农民专业合作社成员所认可，因此，职业经理人在农民专业合作社内必须经历从适应到熟悉进而管理的过程。

（三）农民专业合作社的组建者

农民专业合作组织在为集体成员带来合作收益的同时，不可避免地会产生组织成本，而且合作组织组建成本的支付必然在合作收益产生之前，组建者必须为此付出重大的成本并承担风险，后参加的合作成员不可避免地存在搭便车的动机。在农民专业合作经济组织的实践中，农民、龙头企业、供销部门、农业技术部门都是重要的组建者。

三、农民专业合作社的模式

农民专业合作社的模式主要分为以下类型。

（一）党支部领办扶贫类农民专业合作社

党支部领办合作社是新时期出现的新生事物，形式多样，有各种不同的模式，已经显示出强大的生命力，党支部领办合作社已在全国各地开花结果。党支部领办合作社有一个共同的特征，就是党支部发挥了主导作用。党支部领办合作社代表了全村人的根本利益，吸收全村人参加，不能落下一户困难户，它与村民将土地流转到公司或民办合作社不同，村民将土地流转到公司或民办合作社，村民只能得到一点地租收入，他们丧失了对土地的经营权，而在党支部领办合作社入股土地不仅可以二次分红，村民在合作社还有发言权。党支部领办合作社体现了党对农村工作的领导，代表了全体村民的利益，将农村土地水利等各种资源整合起来，以股份制的形式吸纳社会资本的参与，自主参与社会市场竞争，对接政府对“三农”工作的资金扶助，把村民组织了起来，带领村民向着社会主义共同富裕的目标前进，前程光明，方兴未艾。

（二）粮食规模经营类农民专业合作社

扛稳粮食安全重任，守住粮食安全底线，需要培育发展农民合作社。目前，粮食类农民合作社占总数的21.6%。如河北南和县金沙河农作物种植专业合作社等以主粮生产为主业，创新和加强与成员之间的利益纽带，发展大规模托管服务，推动农民合作社跨区域发展，实现了粮食产业化、规模化发展。

（三）农产品加工销售类农民专业合作社

发展农产品加工业，拓宽销售渠道是农民合作社带领农户增收致富的重要途径。目前，提供产加销一体化服务的农民合作社占总数的53.4%。如福建清流县嵩溪爱珍豆腐皮合作社等积极带领农户成员实施标准化生产，参与制定地方行业标准，统一加工成员产品，努力开拓国内外市场，实现了农产品加工业质量和效益的明显提升。

（四）三产融合类农民专业合作社

农业供给侧结构性改革要求向开发农业多种功能要潜力，农业结构调整要求拓展农业多功能和增值增效空间。目前，有 7300 多家农民合作社通过整合土地、闲置农房、资金、技术和人才等资源要素，进军休闲农业和乡村旅游领域。如北京奥金达蜂产品专业合作社等立足当地资源特色，因地制宜发展绿色循环产业和乡村旅游业，推动了当地生态环境改善，践行“绿水青山”就是“金山银山”的发展理念，为美丽乡村建设注入了动力。

（五）农机服务类农民专业合作社

大国小农是我国的基本国情，农民合作社以农民为主体，以服务成员为宗旨，引领小农户和现代农业发展有机衔接。目前，专门从事服务业的农民合作社占总数的 7.7%，其中 60%以上是农机服务合作社。如山东郯城县恒丰农机化服务农民专业合作社等采用智慧管理服务系统、全程托管与菜单式服务、划片管理、三次分红模式，为农户提供农机等社会化服务，把小农户引入现代农业发展大格局。

（六）品牌果蔬经营类农民专业合作社

走质量兴农之路，要求农业品牌化发展。目前，种植业农民合作社数量上占据全国农民合作社的半壁江山，果蔬类农民合作社是其中重要组成部分。如山西临猗县王万保果品种植专业合作社等以品牌兴社，引导农户选育良种，推广绿色、有机、标准化种植，实现了产品产得优、卖得好。

（七）“三位一体”类农民专业合作社

2017 年中央 1 号文件要求积极发展生产、供销、信用“三位一体”综合合作。如浙江瑞安市梅屿蔬菜专业合作社等从最初的单一农业生产服务，发展到生产、供销、信用综合业务合作，通过市场机制和经济纽带，实现功能拓展，服务能力提升。

（八）“三变”改革类农民专业合作社

在“资源变资产、资金变股金、农民变股东”的农村“三变”改革中，农民合作社承载“三变”资源资产，成为实施“三变”改革的重要组织载体。如贵州盘州市普古银湖种植养殖农民专业合作社等在农户筹资入社基础上，探索以农户承包地、集体林地、集体水域等资源资产作价出资入社模式，推动整村入社，激发农村资源活力，推动了产业振兴、农户增收和村集体经济发展壮大。

（九）农民专业合作社联合社类

农民专业合作社依法自愿组建联合社，有助于提升小农户合作层次和规模。如浙江台州市台联九生猪专业合作社联合社等通过社际产业联合，建立行业标准，统一开展服务，实现了产业和服务的规模化、现代化。

第三节　农民专业合作社的界定、作用及趋势

一、农民专业合作社的界定

农民专业合作社是在市场经济环境中发展起来的一种独立经济形态，有别于村级集体经济组织、合伙制企业、有限责任公司等经济组织。

（一）与龙头企业（股份有限公司）的区别

虽然农民专业合作社与龙头企业都具有法人资格，都从事农业生产经营活动，都在农村经济发展中发挥着重要的作用，但两者在本质上有很大的区别。

1. 设立的法律依据不同

龙头企业（股份有限公司）是依据《公司法》设立的企业法人，农民专业合作社是依据《农民专业合作社法》设立的互助（或自助）型经济组织。

2. 所有权主体不同

合作社、股份有限公司都是市场经济的产物，都是由成员出若干资金（股金）认购股份，或者以合作社、股份有限公司认可的方式认购股份，然后将成员的资金或实物财产等筹集起来组建经济实体，以实现成员及相关利益者的收益最大化。虽然两者都以股金的形式筹集生产经营资金，但合作社的股金主要是用来维持合作社的生产经营，而不是获得利润的手段，股金的地位已经被降到次要、从属的地位了；成员认购了股份，获得了股权就成了股东，但是股份有限公司的股东范围远比合作社要广得多。股份有限公司可以向社会公开募集资金，其股东人数只有最低要求，没有最高要求。而合作社的所有权拥有者（股东）往往只是“同类农产品的生产经营者或者同类农业生产经营服务的提供者、利用者”。

3. 分配机制不同

合作社以劳动的联合为基础，劳动是获得利润的主要手段，劳动者基于自己提交给合作社的劳动产品而获得合作社的绝大部分收益（不低于60%）；股份有限公司以资本的联合为基础，股金既是经营的手段又是股东

对企业的绝对所有权，是股东获得利润的唯一依据，多出资将多分红，实行“按资分配”，而农民专业合作社的原始出资只是获得社员资格的凭证，获利多少与出资多少关系不大（股金一般不支付红利，或者红利利息受限），合作社经营所获得的净盈利主要按社员与合作社的交易额（量）分配。实行按交易额（量）分配就是实行按劳分配，这是农民专业合作社与其他龙头企业（股份有限公司）的本质区别之一。

4. 管理与决策方式不同

龙头企业属于资本的联合，决策中实行一股一票，股东以其持有的股份享受权利，即股东的持股越多，权力越大，在决策中就能掌握更大的控制权、管理权。而农民专业合作社属于劳动的联合，社员以平等的身份参与合作社的经营决策，决策中实行“一人一票”制，每一个社员无论出资多少都享有一票的表决权。尽管《农民专业合作社示范章程》规定对合作社影响或贡献大的特殊成员享有附加表决权，但附加表决权总票数不得超过基本表决权总票数的20%，其主要目的还是为了保护大多数社员劳动者的权益。

5. 经营目的不同

龙头企业以追求投资者的资本收益最大化为目标，并将资本的收益与利润按股分配给股东，企业中的劳动者只能获得工资，而农民专业合作社对内不以营利为目的，以谋求、维护和改善社员利益为最终目的。合作社在对非成员个人或经济实体进行交易时追求收益最大化，其目的也主要是为了改善与提高本社社员的收入水平。

（二）与个人私有企业的区别

1. 法律地位不同

农民专业合作社是企业法人，拥有独立的财产，作为民事主体参与经济活动，并能够独立承担民事责任。个人私有企业则属于自然人企业，不具有法人资格，也无独立承担民事责任的能力。但个人私有企业是独立的民事主体，可以以自己的名义从事经济活动。

2. 投资主体不同

农民专业合作社是农民成员所有的企业，其投资主体是农民成员，由农民成员共同出资；而个人私有企业由一个自然人投资，其投资主体是自然人，企业财产为投资者个人所有。

3. 财产所有权不同

农民专业合作社的社员对自己投入合作社的财产享有终极所有权，但出让了自己财产的控制权、管理及使用权等，因此社员投入合作社的财产，在合作社存续期间不得任意支配与转让；而个人私有企业的投资人对企业的所有财产享有完整的权利，在企业存续期间可以自由支配与转让企业财产。

4. 管理方式不同

农民专业合作社的最高管理决策权归社员大会，理事会作为社员大会决议的执行机构，负责日常生产经营事务；监事会由社员大会选举产生，主要职责是对理事会的生产经营行为进行监督。农民专业合作社中，社员大会、理事会、监事会形成了“三足鼎立”、相互制衡的管理方式。而个人私有企业的内部管理方式相对简单，企业主，也就是投资人可以自行管理日常事务，也可以委托或聘用其他民事行为能力人负责日常生产经营的管理，企业的一切生产经营活动最终完全由企业主决定。

（三）与合伙制企业的区别

1. 设立的法律依据不同

合伙企业是依据《中华人民共和国合伙企业法》设立的企业，农民专业合作社是依据《农民专业合作社法》设立的互助型、自我管理的经济组织。农民专业合作社不会因成员的加入或退出就影响组织的正常生产经营，而如果一个合伙制企业中某一合伙人退出，那该企业就必须重新建立合伙关系，以此来稳定和平衡企业产权关系发生的重大变故。

2. 成员的来源不同

从成员的来源看，在合作社中除了具有管理公共事务职能的单位外，拥有民事行为能力的公民、合法企业、事业单位或社会团体都可以成为其成员，但农民至少应当占成员总数的80%。而普通合伙企业只要求由2个以上的自然人组成，有限合伙企业由2个至50个合伙人组成，并至少应当有一个普通合伙人，国有独资公司、国有企业、上市公司和公益性事业单位、社会团体不能成为普通合伙人。

3. 出资方式不同

《农民专业合作社法》第十三条规定：农民专业合作社成员可以用货币出资，也可以用实物、知识产权、土地经营权、林权等可以用货币估价并可以依法转让的非货币财产，以及章程规定的其他方式作价出资；但是，法律、行政法规规定不得作为出资的财产除外。农民专业合作社成员不得以对该社或者其他成员的债权，充抵出资；不得以缴纳的出资，抵销对该社或者其他成员的债务。而合伙企业的出资方式、数额和交付期限由全体合伙人书面协议确定，合伙协议生效后，合伙人按照合伙协议的规定缴纳出资。

4. 盈余分配制度不同

合作社经营所获得的净盈余主要按社员与合作社的交易额（量）分配，《农民专业合作社法》规定分配比例不低于净盈余的60%。而合伙企业的利润分配则按合伙协议的约定来执行；合伙协议未约定或约定不明时，由全体合伙人协商确定；无法协商时，由合伙人按实际缴纳的出资比例分配；出资比例无法确定时，由全体合伙人平均分配。

（四）与农村集体经济组织的区别

农村集体经济组织是以行政村的管辖区域为界限，以村集体所有的土地为纽带，以生活在同一辖区内享有土地承包经营权的农民为成员的集体经济组织。农村集体经济组织的权力机构是村民委员会，实行政企合一。而农民专业合作社则没有行政区域管辖界限，是以相同性质的经济行为和共同的服务需求为纽带，以从事同类农产品生产或者同类农业生产经营服务的农民和其他自然人、法人为成员的互助性经济组织。农民专业合作社的最高权力机构是社员大会，实行民主控制、自我管理、互助共赢，政府不干预合作社内部的经营管理。此外，两者的区别还有如下表现。

1. 财产的所有权不同

农民专业合作社在保证生产资料个人所有的前提下，实行社员对生产资料的按份共有，即社员投入的生产资料的终极所有权依然归社员（表现为社员离开合作社时可带走自己名下的财产），但生产资料的控制权、管理权及使用权等已归合作社集体，同时社员对个人投入的生产资料享有收益权。而农村集体经济组织取消了成员的生产资料个人所有权，实行集体对生产资料的共同所有，并且成员对其投入集体经济组织的生产资料不享有收益权。农村集体经济组织集体财产的所有权具有不可分割性，其成员虽然都是农村集体生产资料的所有者，但个人份额的所有权没有确定（生产资料不划归个人名下，是集体成员共同共有财产），当成员退出时，意味着自动放弃了对集体财产的所有权，而加入集体组织时，成员便自然取得对集体财产的所有权。

2. 收益分配及责任承担方式不同

农民专业合作社按股份形式确定社员缴纳的股金在资产总额中所占的份额，社员主要按与合作社的惠顾交易量（额）获得盈余返还（《农民专业合作社法》规定该盈余返还在总盈余中不得低于60%），余下盈余可按社员投入的股金分配。在合作社的生产经营中，社员要以自己名下的股本为限承担合作社的生产经营风险，这更有利于社员关心本合作社的生产经营活动。

农村集体经济组织与其成员之间一般没有惠顾交易关系，成员的收益按照其实际完成的工作量来分配。虽然资产在农村集体经济组织中属全体成员共同所有，但每个成员所拥有的份额不确定，成员对资产也不承担相应的风险，所以集体经济组织与成员的利益关系不够紧密。

3. 管理方式不同

农民专业合作社坚持基于一人一票的民主管理原则，社员有权参与合作社的各项生产经营活动与管理活动，社员享有表决权、监督权、选举权和被选举权。而农村集体经济组织的内部管理受到政府的行政控制，组织依照政府相关部门制定的政策或决策进行生产经营管理，成员很少参与组织的生产经营决策。

4. 覆盖区域不同

农民专业合作社的社员通常来自不同村庄、乡镇，甚至更大的区域范围，不受行政区域的限制，成员的选择具有广泛性和开放性特点，并且成员入社自愿、退社自由。而农村集体经济组织是以社区为基础的经济组织，其成员来自同一社区，具有封闭性特点。

（五）与农业协会的区别

1. 登记部门不同

农民专业合作社属于企业法人，是企业组织，必须由所在地的市、区（县）工商行政管理部门登记才能设立。农业协会属于社团法人，是社团组织，其登记机关是民政部门，不能随意从事经济活动（因而不承担经济责任），它是群众性、非经营性或非营利性的自律组织。

2. 服务内容不同

合作社社员是主要服务对象，主要提供生产经营的实际服务，即农业生产资料的购买，农产品的销售、加工、运输、贮藏以及与农业生产经营有关的技术、信息等服务。农业协会的主要功能是收集、分析、发布行业信息，提供咨询意见，为会员提供技术信息、市场信息等咨询服务。

3. 经营目的不同

合作社是一个经济组织，对内以服务成员为主，对外交易以盈利为主。农业协会不从事实际经营活动，也不涉及盈余返还的问题。

（六）与家庭农场的区别

1. 主要业务不同

家庭农场是以农业生产（比如种植或者养殖）为主要业务的经营主体，后期产业链向农产品加工、研发等方向延伸时，有一定的局限性。目前国内很多家庭农场都向休闲、观光、旅游等服务产业延伸，利润有所增长，发展势头也很迅猛。家庭农场的概念是 2013 年首次在中央 1 号文件中出现，此后逐渐成为我国农业生产的生力军。

2. 注册流程不同

注册流程上，创办家庭农场要求本人是农村户口，以家庭成员为主要劳动力，土地经营规模 50～200 亩，农业的纯收入占家庭农场总收入的 80%以上、具备农村土地经营权及相关证件，等等。创办程序一般是各乡镇政府初审辖区内成立家庭农场的申报材料，上报县农经部门复审，通过之后，由县农经部门认定其专业农场资格，并推荐到工商管理部门注册登记。

3. 补贴政策不同

近年来，为大力培育发展新型农业经营主体，推动家庭农场规范有序发展，各地出台了关于家庭农场的申报、认定及扶持政策。目前家庭农场的补贴支持还停留在地方财政支持上，各地对家庭农场的补贴制度不一，对从事种植、养殖的小型家庭农场补贴分别为 3 万到 5 万元，在申报补贴方面有一定的劣势和局限。

（七）与农业公司的区别

1. 收益和注册程序不同

农业公司可以从事的业务范围最广，可以把农业和商业结合形成一条完整的生产链，利益也是三个项目中最高的，还能实现上市。创办农业公司的注册程序要比合作社和家庭农场复杂一些，要到当地工商局依法注册，核名、验资，等等。

2. 申请补助流程和额度不同

农业企业申请资金补助，流程相对复杂，需要提供烦琐的申报材料。通常来讲，农业公司成为龙头企业才会获得更多支持，但相对前两者，国家补助资金是最高的，很多都是上百万、上千万的项目，也就是说，扶持资金额度大的农业项目，多以公司、企业作为承担主体。

二、农民专业合作社的作用

（一）农民专业合作社对农户的作用

1. 组织农户

农民专业合作社通过联合生产、规模经营的方式，根据市场需要和成员的能力、意愿，将分散的资金、劳动力、土地等资源进行有效整合，组织广大农民进行规模化、规范化生产经营，提高农业生产的规模化、专业化和标准化程度，实现农业增产、农民增收的目标。传统生产方式下，农民单家独户的小规模分散经营，种养面积小，造成农业生产成本高，难以获得规模经营的优势。同时农产品产量低、品质差，在日趋激烈的市场竞争中往往处于弱势。此外，单个农民进入市场，势单力薄，易受到上、下游企业或中间商的压榨和盘剥，而农民专业合作社能有效提高农民生产经营的组织化程度，解决小规模生产与提高农业生产经营效率之间的矛盾，最终实现规模效益。同时，通过统一标准，进行专业化与标准化生产，提高产品产量与品质。最后，广大农民抱团进入市场，解决了小生产与大市场之间的矛盾，提高了农民的市场谈判能力与地位，避免了上、下游企业或中间商的压榨和盘剥。

2. 服务农民

农民专业合作社为农民的农业生产提供产前、产中、产后全方位的服务。产前，组织农民集中采购农业生产资料、种子种苗和农资，可以获得批发折扣优惠；产中，向农民推广先进农业生产技术，指导和培训农民将技术运用到实际生产中，可以提高生产效率；产后，向农民提供农产品加工、贮藏、保鲜、运输、销售等服务，可以延长生产经营过程，拓展农户的收入空间。总之，服务农民的目的是要降低农民的生产经营成本，提高农民的生产经营效率，提升农产品的附加值及市场竞争力，以帮助农民实现增收致富。当然，提供什么样的服务、什么时候提供服务、提供服务的水平与层次等均可由合作社全体成员民主讨论决定。

3. 降低生产成本

由于农民专业合作社集中了大伙的资金、技术等，能够统一购买、使用大型生产资料，如加工设备、农业机械等，降低了农民单独购买这些生产资料的购买成本和消耗成本。由合作社大量、统一采购投入性生产资料（如种苗、种畜、农药、化肥、饲料等），能获得市场批发价格（折扣或折让），降低了生产资料的采购成本；合作社能够依靠集体的力量引进、使用先进生产技术，降低单个农民提高生产技术水平的技术成本；由于降低了购买生产及加工设备的成本和消耗成本、投入性生产资料的采购成本、技术成本，实现了农业生产的规模化经营，因而可以不同程度地降低农户社员单位农产品的生产成本，增强其产品的市场竞争力，提高农户社员的收益。此外，合作社作为市场中介，直接实现与龙头企业、公司和批发市场的对接，降低了农户社员的市场谈判、交易成本。

4. 降低交易费用

农民买卖农产品的交易费用主要包括：购买生产资料及销售产品的期间

费用（如手续费、佣金、管理费用等）、产品运输费、产品的质量检验费、进入市场及搜寻合适交易对象的费用、谈判费用、签订交易合同的费用、市场信息失真或滞后导致决策失误的损失、违约及受欺诈损失、处理交易纠纷的费用，等等。上述各交易费用与其交易次数的乘积之和就是总的交易费用，交易费用随着交易次数的增加而增加。农民专业合作社使农民由分散购销变成集中购销，批量交易能够简化交易关系、减少交易次数，农民生产过程中的交易费用也必然减少，越多的农民参与合作，减少的交易次数就越多，降低交易费用的效果就越明显。

5. 提高农民谈判地位

分散经营的广大农户因生产规模小、经济实力及能力弱，大多无有效的社会资源和畅通的销售渠道，也无能力及时掌握较全面的市场信息，这样在市场交易过程中，很难获得与交易对象平等的谈判地位。特别是在农产品供过于求的情况下，中间商往往掌握了定价权，广大农户处于受支配的地位。而农民专业合作社作为独立的一类市场主体，以企业法人的身份参与市场竞争，依法从事的所有生产经营活动都受到法律的保护。对于广大农户则可以通过组建或加入合作社，依靠集体的力量，通过规模化、标准化生产经营降低生产成本、提高产品品质，增加收益，从而不断提升实力和市场竞争力。同时，依靠集体的力量，还可获得更充分的市场信息。总之，农户组建合作社，提升了自身的实力、竞争力，抱团进入市场可获得更充分的市场信息，提高了市场营销及谈判能力，进而可提升农民的市场谈判地位，有效抵御市场各方对农民利益的侵蚀和盘剥。

6. 降低农户家庭经营的风险

由于农户生产高度分散且经营规模小，生产技术落后，信息闭塞，常因获取失真或滞后的市场信息导致购销决策失误，造成重大经济损失。而农民专业合作社凭借其专业性，对市场信息的把握有较强的针对性、系统性和连续性，能够相对准确地分析和判断农产品市场供求关系的发展变化及价格走向，并及时向农户传递信息，从而引导农户及时调整生产经营方针，避免盲目生产，减少农户的经济损失，降低农户家庭经营的风险。

7. 实行标准化生产，创造产品品牌

单个农户生产规模小，注册申请一个品牌是不可思议的事情。但通过农民专业合作社就可以把生产同类产品的农户联合起来，便于农民统一技术标准，保障农产品质量安全，创造出自己的农产品品牌，提高产品品质和附加值，以更优质的产品获得更好的效益。

8. 提高农民素质

合作社成立后，相关部门会组织合作社的负责人进行学习、培训、考察和参观等，利于提高合作社负责人的管理、经营和组织能力；同时，合作社定期对其社员统一进行技术培训，农民通过培训不仅能够掌握更先进的生产、培育、种养殖技术，还能学到农产品保鲜、储存和加工的技术，提高农民的农业生产水平。另外，合作社实行民主管理，社员参与合作社的生产经营活动，通过社员大会拥有了监督理事会、监事会的权利，这样可以提高农民自身的企业管理、经营和组织能力，因此合作社在提高农民素质方面作用显著。

9. 提高农户家庭生产经营效率

农民专业合作社可将大家的人力、物力、土地等资源集中在一起进行规模化经营，提高生产经营效率从而拓展社员的收益空间。农民专业合作社还可将农业生产过程的各环节联结为一个完整的产业链，指导农户由分散的小生产向社会化大生产转变，由分散购销向集中购销转变，从而提高农户的家庭经营效率。合作社通过引导大户带小户，不断扩大农副产品的营销规模，使销售价格和数量同步提高，同时依靠集体的力量可对农副产品进行深加工，以此创造其他需求，拓展了销售市场，农户收入自然就可增加；合作社为农户提供市场信息，有助于农户针对市场需求发展多种经营和特色种植、养殖业，使农户的收入实现多元化。

（二）农民专业合作社对其他市场主体的作用

1. 充当市场中介

一方面，农民专业合作社是一个独立的经济主体，由农民自发组织成立并带动农民进入市场，直接参与市场经济活动，经济活动中代表本社农户，以集体的力量与其他市场参与者进行谈判、交易，发挥了联结广大农民与市场的中介作用，同时提高了农民的市场谈判地位和谈判能力。此外，农民专业合作社相对单个农户更有条件和能力准确、及时地获得最新的市场信息，并能快速传达给本社农民社员，避免了农户因信息闭塞造成的盲目性生产或交易。另一方面，农产品加工企业、批发市场也不可能直接与千家万户的农户进行交易，它们需要一个中介或桥梁与农户直接对接，避开中间环节，以降低交易费用，这个最适合的中介就是农民专业合作社。

2. 强化经营载体

农民专业合作社作为经营载体，将农民社员的农产品直接推向市场，减少农产品的流通环节，降低流通成本，为农民开拓销售渠道，建立完善的营销网络；并可根据市场需求变动情况适时地调整农业生产结构和生产规模；同时对交售的农产品进行质量控制检测，保证农产品的质量，通过发展品牌化经营提高农产品的市场知名度，以此扩大销售规模和提高收益水平。

3. 降低龙头企业的交易成本

可以通过促进专业化生产，为龙头企业提供稳定的原料基地。与单个农户相比，农民专业合作社的经济实力更强，更值得信任，龙头企业更愿意与其建立长期、稳定的契约关系，避免与分散农户进行交易时可能面临的违约风险。

4. 与农村集体经济组织相互促进

农民专业合作社是兼顾公平与效率的组织，在不同市场主体之间起着某种制衡作用，也担负着促进农村社会发展的部分公益职责，可以在许多方面与农村集体经济组织建立密切的协作关系。

（三）农民专业合作社对政府的作用

1. 落实国家产业政策

农民专业合作社对自身行业的发展比较熟悉，从而可以帮助政府制订有关的产业政策，并协助落实。特别是加入世界贸易组织后，政府对农业的宏观调控手段将集中在“绿箱”① 和“黄箱”② 政策方面，而这些政策的落实依靠传统的行政渠道，成本高而且效率低。农民专业合作社的发展，为落实国家对农民和农业的扶持提供了一个新的渠道。特别是对特定行业的扶持政策，通过由从事该行业的农民组成的合作组织来实施，必将是最有效率的途径。

2. 反映农民意愿

农民是我国最大的社会群体，由于长期以来分布分散及组织化程度低，其意愿和利益均得不到充分表达和有效维护。而作为代表和维护社员权益的农民专业合作社，经过集中和整理广大分散的农业生产经营者的个体意愿，能及时向政府及有关部门反映农民群众的要求、意见和建议，并为农民积极争取更多的政策，解决农民在生产经营过程中的各种问题，提高政府对农业调控的针对性和有效性。从西方农业发达国家的情况来看，农业合作社是国

① “绿箱”政策是用来描述在乌拉圭回合农业协议下不需要做出减让承诺的国内支持政策的术语，是指政府通过服务计划，提供没有或仅有最微小的贸易扭曲作用的农业支持补贴。

② “黄箱”政策是指那些对生产和贸易产生扭曲作用的政策，主要包括价格补贴，营销贷款，面积补贴，牲畜数量补贴，种子、肥料、灌溉等投入补贴，部分有补贴的贷款项目。

家政治活动中的一支重要力量，在反映农民意愿、影响政府相关农业政策的制定方面有很强的话语权。

3. 易获得政府的支持

考虑合作社在解决农民问题、加速农业现代化进程方面的所具有的优势与作用，政府制定了相应的法律、法规，大力扶持合作社的发展，《农民专业合作社法》中专门设置第八章“扶持措施”，为扶持合作社的发展提供政策性指导。

（四）农民专业合作社对农村产业资源的作用

1. 壮大地方特色优势产业

由于合作社在政策、技术、资金、信息等方面具有显著的优势，可以引导广大农民依托当地特色优势产业参与现代农业发展，改进以往的生产经营方式，创新农业经营模式，大力推进本地特色优势产业规模化、标准化、品牌化、市场化发展，这不仅有利于合作社的成长壮大，更有利于当地特色产业的提质提速发展。

2. 联合合作整合资源，实现节本增效

根据合作社自身资源禀赋并结合当地实际情况，发展现代农业管理服务中心，充分利用现代化数字智慧设备管理农业资源，可以根据接收到的各类信息，实现农业生产的智能预警、智能决策、智能分析、智能节水灌溉等，实现生产过程的精准化种植、可视化管理，打造建设“田成方、林成网、渠相通、路相连、涝能排、旱能灌、可旅游、可体验”的现代化生态农田。

3. 农房合作盘活农村闲置资源

合作社可充分开发利用村集体的闲置资源，采取托管模式开展农房经营，引入具有项目运营经验的专业公司，由其进行投资、设计、改造、运营管理等，农房合作社提供入社民房，做好服务协调，落实成员分红。利用社会资本引入市场主体，稳步推进对闲置农房、土地等资源进行改造。通过闲置农房折价入股，农户变成员，有效规避了闲置农房的无序出租，便于规划运行，形成乡村经济产业，使农民的资产保值增值，同时可以提高市场的议价能力，保障闲置农房合理的产出效益。

三、农民专业合作社的发展趋势

《农民专业合作社法》颁布后，农民专业合作社在国内如雨后春笋般迅速发展起来，经营产业涉及种植、养殖、林业、旅游、手工编织、农机服务等农村各个产业，服务项目涉及农资供应、农技推广、土肥植保、加工、贮藏和销售等各个环节。随着市场竞争的日益充分、产业发展的日渐成熟和组织管理的逐步完善，我国农民专业合作社呈现出如下趋势。

（一）从户间合作向社际联合迈进

社际合作一般有两种方式：一是成立合作社联合社。虽然目前法律上还未认可合作社联合社的市场主体地位，但是合作社联合社的作用已发挥出来，如北京密云的奶牛合作联合社、山西彝牛奶牛养殖联合社等。部分省（直辖市）的相关政府部门甚至牵头成立省一级合作社联合社组织，如浙江省、天津市等。二是对合作社之间实施合并，多个小合作社合并成一个大合作社，以提高市场谈判能力或实现规模经营与品牌创立。

（二）从单一功能向多种功能拓展

合作社服务逐渐扩展到产前、产中、产后各个环节。合作社越来越多地承担农业社会化服务的功能，金融服务功能也与日俱增。除了经济功能以外，农民专业合作社的文化功能、政治功能也逐步显现，如一些合作社在其内部成立工会，组织文体活动；成立党支部、团支部，做好思想政治工作。在一些地区，一些基层机构或组织还依托农民专业合作社成立了消费合作社（为村里的红白喜事提供烟酒服务）、物业合作社（解决新农村物业问题，如村庄环卫等）、乡村旅游合作社等。此外，农民专业合作社功能拓展还体现在经营多元化上，比如一些养牛合作社开始兼营养猪，水稻种植合作社开始兼营养蟹等。这些现象都预示着农民专业合作社从单一功能向多种功能拓展的发展趋势，呈现专业规模经济与多元范围经济双轮驱动的发展模式。

（三）从横向合作向纵向合作深化

随着农业产业链的不断延伸，农户若只从事农业生产环节的劳动，则得不到产业链中其他环节的利润，于是出现了以产业上下游主体间的合作为表现形式的纵向合作。实践中这样的纵向合作大致可分为两种形式：一种形式是由农民专业合作社自己去创办该产业的上下游主体，如生猪养殖合作社自己创办饲料加工厂和肉制品深加工企业；另一种形式是与现有的生产资料供应商与农产品营销商合作，形成类似“农户＋合作社＋龙头企业”的经营模式。

（四）从传统合作向新型合作演变

目前，在国内的农民专业合作社中，类似于“新一代合作社”的农民专业合作社也不少，特别是在一些需要较大资金投入或深加工设备配套的农业产业中。“新一代合作社”的主要特征是在合作社经管中引入了股权因素，体现“比例原则”；同时“留股不留人”，使合作社内形成激励机制。但是，与欧美的“新一代合作社”相比，国内的“新一代合作社”也有其不同之处，欧美的是以农民合作为主、以股份合作为辅，而国内目前的状况是由大户或农业龙头企业牵头成立的合作社在现有合作社中占比较大，这些合作社多采用以股份合作为主的合作方式，收益权和控制权设置更有利于大户或农业龙头企业。

（五）从百花齐放向产业分化过渡

一些以优势产业和特色产品为办社依托，紧紧围绕特色优势农产品区域布局规划而培育发展出来的农民专业合作社，更能带动当地的农民调整农业种植结构，以优势产业和特色产品来增强合作社参与市场竞争的能力和盈利能力。总的来说，像果蔬、林业、奶业、烟叶、水产、花木等相关产业的合作社成长比较快速，而一些大宗农产品合作社的发展比较缓慢。

（六）从弱外部性向强外部性延伸

合作社原来是弱势群体的联合体，其成立的本意是益贫性，虽有价值尺度的功能，但与外部的联系并不强。但是随着农民专业合作社的发展，其显示出愈加强烈的外部性，并且是正外部性，如通过组织信誉机制保障农产品食品安全，通过减少流通环节来稳定农产品价格，通过互助机制来缓解农村金融需求，通过合作社内的思想政治工作促进农村的和谐稳定，通过合作社的岗位设置来解决大学生基层就业问题，等等。总之，作为一个抓手、一个平台，农民专业合作社已然成为农业、农村工作的“香饽饽”，受到越来越多的关注。

第四节　农民专业合作社优惠政策

《农民专业合作社法》第五十二条规定，农民专业合作社享受国家规定的对农业生产、加工、流通、服务和其他涉农经济活动相应的税收优惠。支持农民专业合作社发展的其他税收优惠政策，由国务院规定。

一、增值税

增值税是对销售货物或者提供加工、修理修配劳务以及进口货物的单位和个人就其实现的增值额征收的一个税种，也是我国最大的税种。根据《增值税暂行条例》规定，一般纳税人的增值税税率为17%和13%，小规模纳税人的税率为3%。

农民专业合作社作为从事销售货物（包括农产品、农资等）的单位，应当依法缴纳增值税，但可享受税收优惠。根据《增值税暂行条例》《财政部　国家税务总局关于农民专业合作社有关税收政策的通知》（财税〔2008〕81号）《国家税务总局关于粕类产品征免增值税问题的通知》（国税函〔2010〕75号）《财政部　国家税务总局关于免征蔬菜流通环节增值税有关问题的通知》（财税〔2011〕137号），农民专业合作社可以享受以下增值税优惠政策：

（1）销售本社成员生产的农业产品，视同农业生产者销售自产农业产品免征增值税（财税〔2008〕81号）。

（2）向本社社员销售的农膜、种子、种苗、化肥、农药、农机，免收增值税（财税〔2008〕81号）。

（3）销售饲料，可以享受13%的增值税优惠税率（《增值税暂行条例》第二条）。除豆粕以外的其他粕类饲料产品，均免征增值税（国税函〔2010〕75号）。

（4）对以批发、零售方式销售的蔬菜免征增值税。蔬菜品种参照《蔬菜主要品种目录》。经挑选、清洗、切分、晾晒、包装、脱水、冷藏、冷冻等工序加工的蔬菜，属于免税蔬菜范围（财税〔2011〕137号）。

此外，增值税一般纳税人从农民专业合作社购进的免税农业产品，可按13%的扣除率计算抵扣增值税进项税额（财税〔2008〕81号）。

二、企业所得税

企业所得税是对我国境内的企业和其他取得收入的组织（个人独资企业、合伙企业除外）征收的一个税种。根据《企业所得税法》规定，企业所得税税率为25%，符合条件的小型微利企业税率为20%，国家重点支持的高新技术企业税率为15%。

根据《财政部对全国人大代表有关建议的答复》（财农便〔2009〕201号）规定，农民专业合作社参照企业所得税法关于一般企业的规定，享受企业所得税减免政策。据此，根据《企业所得税法实施条例》规定，农民专业合作社可享受的企业所得税优惠政策包括：

（1）从事蔬菜、谷物、薯类、油料、豆类、棉花、麻类、糖料、水果、坚果的种植；农作物新品种的选育；中药材的种植；林木的培育和种植；牲畜、家禽的饲养；林产品的采集；灌溉、农产品的初加工、兽医、农技推广、农机作业和维修等农、林、牧、渔服务业项目，可以免征企业所得税（《企业所得税法实施条例》第八十六条）。

（2）从事花卉、茶以及其他饮料作物和香料作物的种植；海水养殖、内陆养殖，减半征收企业所得税（《企业所得税法实施条例》第八十六条）。

三、契税

契税是以所有权发生转移变动的不动产为征税对象，向产权承受人征收的一个税种。根据《契税暂行条例》规定，契税税率为3%到5%，具体适用税率由省级人民政府在法定幅度内，按照本地区的实际情况决定。

根据《契税暂行条例细则》（财法字〔1997〕52号）第十五条规定，承包荒山、荒沟、荒丘、荒滩土地使用权，用于农、林、牧、渔业生产的，免征契税。

四、印花税

印花税是以经济活动中签订的各种合同、产权转移书据、营业账簿、权利许可证照等应税凭证文件为对象的一个税种。根据《印花税暂行条例》规定，印花税税率依照《印花税税目税率表》确定，比例税率为0.05‰到1‰，定额税率按件收取，每件5元。

根据《财政部　国家税务总局关于农民专业合作社有关税收政策的通知》（财税〔2008〕81号）《国家税务总局关于对保险公司征收印花税有关问题的通知》（国税地字〔1988〕37号）规定，农民专业合作社可享受的印花税优惠主要包括：

（1）与本社成员签订的农业产品和农业生产资料购销合同，免征印花税（财税〔2008〕81号）。

（2）农林作物、牧业畜类保险合同，免征印花税（国税地字〔1988〕37号）。

五、耕地占用税

耕地占用税是对占用耕地建房或者从事其他非农建设为征收对象的一个税种，属于一次性税收。根据《耕地占用税暂行条例》规定，耕地占用税以纳税人占用耕地的面积为计税依据，按照规定的适用税额一次性征收。税额按照人均耕地面积和经济发展情况确定，每平方米5元至50元。

根据《耕地占用税暂行条例》《财政部　国家税务总局关于耕地占用税平均税额和纳税义务发生时间问题的通知》（财税〔2007〕176号），农民专业合作社可享受以下税收优惠。

（1）建设直接为农业生产服务的生产设施占用的农用地（林地、牧草地、农田水利设施用地、养殖水面以及渔业水域滩涂等），不征收耕地占用税。

（2）占用林地、牧草地、农田水利用地、养殖水面以及渔业水域滩涂等其他农用地的适用税额可适当低于占用耕地的适用税额（财税〔2007〕176号）。

六、城镇土地使用税

城镇土地使用税是以开征范围的土地为征税对象，对拥有土地使用权的单位和个人征收的一个税种。根据《城镇土地使用税暂行条例》规定，城镇土地使用税税额为每平方米 0.9 元至 30 元，具体税额由地方政府根据市政建设情况、经济繁荣程度等条件确定。

根据《城镇土地使用税暂行条例》第六条规定，直接用于农、林、牧、渔业的生产用地免征城镇土地使用税，财政部另行规定的免税水利设施等用地，免征城镇土地使用税。

七、房产税

房产税是以房屋为征税对象，向产权所有人征收的一个税种。根据《房产税暂行条例》规定，房产税依照房产余值计算缴纳的，税率为 1.2%；依照房产租金收入计算缴纳的，税率为 12%。

根据《国家税务总局关于调整房产税和土地使用税具体征税范围解释法规的通知》（国税发〔1999〕44 号）规定，农林牧渔业用地和农民居住用房屋及土地，不征收房产税。

八、车船税

车船税是对在我国境内车辆、船舶，按照规定的计税依据和年税额标准计算征收的一个税种。根据《车船税法》规定，车船的税额依照《车船税税目税额表》执行。车辆具体税额由省级人民政府依照法定幅度和国务院规定确定。船舶具体税额由国务院在法定税额幅度内确定。

根据《车船税法》第三条规定，捕捞、养殖渔船免征车船税；农村居民拥有并主要在农村地区使用的摩托车、三轮汽车和低速载货汽车，定期减征或者免征车船税。

九、车辆购置税

车辆购置税是对在我国境内购置应税车辆的单位和个人征收的一个税种。根据《车辆购置税暂行条例》规定，车辆购置税税率为10%。

根据《财政部 国家税务总局关于农用三轮车免征车辆购置税的通知》（财税〔2004〕66号）规定，农用三轮车免征车辆购置税。

本章小结

本章首先阐述了农民专业合作社的定义、服务对象、业务范围、遵循的原则，农民专业合作社是在农村家庭承包经营基础上，农产品的生产经营者或者农业生产经营服务的提供者、利用者、自愿联合、民主管理的互助性经济组织，以其成员为主要服务对象，提供农业生产资料的购买、农产品的销售、加工、运输、贮藏，以及与农业生产经营有关的技术、信息等服务，遵循成员以农民为主体、以服务成员为宗旨，入社自愿、退社自由、成员地位平等原则。其次阐述了农民专业合作社的特征、利益主体及模式，其特征是具有法人资格、承担有限责任的非营利性经济组织。成员、领办人、客户和供应商、政府是主要利益相关者，是影响农民专业合作社成长的关键利益主体。党支部领办扶贫类、粮食规模经营类、农产品加工销售类、三产融合类、农机服务类、品牌果蔬经营类、“三位一体”类、“三变”改革类、联合社类农民专业合作社是主流模式类型。再次讨论了农民专业合作社的界定、作用及趋势，农民专业合作社是在市场经济环境中发展起来的一种独立经济形态，有别于农村村级集体经济组织、合伙制企业、有限责任公司等经济组织；农民专业合作社对农户、其他市场主体、政府、农村产业资源产生差异促进作用；我国农民专业合作社呈现出从户间合作向社际联合迈进、单一功能向多种功能拓展、横向合作向纵向合作深化、传统合作向新型合作演变、百花齐放向产业分化过渡、弱外部性向强外部性延伸等趋势。最后列举了创办农民专业合作社所享受的增值税优惠政策，包含增值税、企业所得税、契税、印花税、耕地占用税、城镇土地使用税、房产税、车船税、车辆购置税。

本章习题

1. 什么是农民专业合作社，它的基本特征是什么？

2. 农民专业合作社有哪几种类型?
3. 农民专业合作社遵循的原则是什么?
4. 农民合作社设立条件有哪些?
5. 农民专业合作社与其他经济组织有哪些区别?
6. 农民专业合作社可以享受哪些增值税优惠政策?

参考文献

陈建国,陈光国,韩俊,2018. 中华人民共和国农民专业合作社法解读[M]. 北京:中国法制出版社.

顾仁恺,2019. 农民专业合作社创建与经营管理[M]. 北京:中国农业出版社.

娄锋,2017. 农民专业合作社运作指南[M]. 昆明:云南大学出版社.

全国人大常委会办公厅,2018. 中华人民共和国农民专业合作社法(修订版)[M]. 北京:法律出版社.

邵科,2014. 农民专业合作社成员参与:内涵、特征与作用机理[M]. 杭州:浙江大学出版社.

仝志辉,2016. 农民合作社联合社的法律规制[M]. 北京:社会科学文献出版社.

王瑞贺,2018. 中华人民共和国农民专业合作社法释义[M]. 北京:法律出版社.

王振波,王新明,2019. 京津冀农民专业合作社时空演化及影响因素解析[J]. 生态学报,39(04):1226-1239.

徐钦军,范以香,徐爱华,2017. 新型职业农民培育工程通用教材:家庭农场合作社的运营与管理[M]. 北京:中国农业科学技术出版社.

《中国农民专业合作社发展报告(2006—2010)》[J]. 中国农民合作社(10):63.

郑福辉,2017. 农民专业合作社运营实务(新型职业农民示范培训教材)[M]. 北京:中国农业出版社.

Cook M L, M Chambers, 2007. Role of Agricultural Cooperatives in Global Netchains [R]. Working Paper for the Montpellier Workshop Organised by INRA-MOISA and Wageningen University.

Staatz J M. 1987. Fanners Incentives to Take Collective Action Via Cooperatives: Transaction Costs Approach [R]. USDA-ACS Service Report, No 18.

第二章　农民专业合作社的设立和登记

本章要点

1. 熟悉农民专业合作社的设立条件
2. 掌握合作社注册登记流程
3. 了解社员入社退社手续章程
4. 熟悉掌握社员的教育与培训

关键词

合作社注册；合作社登记；合作社社员；培训

第一节　农民专业合作社设立

一、设立条件

《农民专业合作社法》第十二条指出，设立农民专业合作社应当具备下列条件。

（一）设立农民专业合作社必须具备的条件

（1）有5名以上符合《农民专业合作社法》第十九条、第二十条规定的成员。

（2）有符合《农民专业合作社法》规定的章程。

（3）有符合《农民专业合作社法》规定的组织机构。

（4）有符合法律、行政法规规定的名称和章程确定的住所。

（5）有符合章程规定的成员出资。

（二）成员的资格条件

具有民事行为能力的公民，以及从事与农民专业合作社业务直接有关的生产经营活动的企业、事业单位或者社会团体，能够利用农民专业合作社提供的服务，承认并遵守农民专业合作社章程，履行章程规定的入社手续的，可以成为农民专业合作社的成员。但是，具有管理公共事务职能的单位不得加入农民专业合作社。农民专业合作社应当制备成员名册，并报登记机关。

无论是自然人成员还是组织成员，除了符合上述规定的成员资格条件外，还需要同时符合以下三个条件：一是能够利用农民专业合作社提供的服务；二是承认并遵守农民专业合作社的章程；三是履行章程规定的入社手续。

（三）农民与非农成员的比例

农民专业合作社的成员中，农民至少应当占成员总数的80%。成员总数20人以下的，可以有一个企业、事业单位或者社会团体成员；成员总数超过20人的，企业、事业单位和社会团体成员不得超过成员总数的5%。农民专业合作社社员不少于5人，其中依法享有农村土地承包经营权或从事捕捞生产经营的农村集体经营组织的社员至少占社员总数的80%以上。同时，农民专业合作社根据自身发展的需要，可以吸收一定比例的非农民成员加入合作社，也可以不吸收非农民成员。

（四）要有符合规定的章程

章程是规定相关主体权利义务的文件，也是被所有成员承认和遵守的农民专业合作社内部法。设立农民专业合作社，必须制定章程，且章程内容必须符合法律的规定。根据《农民专业合作社法》的规定，农民专业合作社章程中有一些是必备项目，此外，章程还可根据法律的授权，就有关事项做出特别规定（约定事项），这样，既保证了农民的自主地位，也真正体现了农民专业合作社的自治。

1. 章程中的必备项目

《农民专业合作社法》第十五条规定了农民专业合作社章程的必备事项：名称和住所；业务范围；成员资格及入社、退社和除名；成员的权利和义务；组织机构及产生办法，职权、任期、议事规则；成员的出资方式、出资额，成员出资的转让、继承、担保；财务管理和盈余分配、亏损处理；章程修改程序；解散事由和清算办法；公告事项及发布方式；附加表决权的设立、行使方式和行使范围；需要载明的其他事项。

2. 章程约定的事项

章程约定的事项共有21项之多，主要包括以下四方面：

（1）成员出资。成员出资多少，完全由章程约定，法律没有作具体规定。

（2）成员的附加表决权。《农民专业合作社法》第二十二条规定："农民专业合作社成员大会选举和表决，实行一人一票制，成员各享有一票的基本表决权。出资额或者与本社交易量（额）较大的成员按照章程规定，可以享有附加表决权。本社的附加表决权总票数，不得超过本社成员基本表决权总票数的百分之二十。有附加表决权的成员及其享有的附加表决权数，应当在每次成员大会召开时告知出席会议的全体成员。”章程可以限制附加表决权行使的范围也可以规定不设立附加表决权。

（3）公积金的提取及量化。农民专业合作社可以按照章程规定从当年盈余中提取公积金。公积金用于弥补亏损、扩大生产经营或者转为成员出资，每年捐取的公积金按照章程规定量化为每个成员的份额。

（4）盈余的具体分配办法。法律对盈余分配的基本原则做出了规定，即主要按照成员与农民专业合作社的交易额或交易量比例返还，少部分可以按照出资额或其他方式来返还。其中具体的分配方式由农民专业合作社成员在章程中约定。

（五）要有符合规定的内部组织机构

在农民专业合作社中，可以有以下组织机构，这些组织机构中，有些机构是必须有的，有些是可有可无的，具体要根据各个农民专业合作社的实际而定。

1. 成员大会、成员代表大会

成员大会是农民专业合作社的必设组织机构，无论农民专业合作社的成员多少，都要有成员大会。如果成员总数超过 150 人，可以按照章程的规定设立成员代表大会。成员大会或成员代表大会是农民专业合作社的权力机构，有权决定农民专业合作社的一切重大事项。

2. 理事长、理事会

《农民专业合作社法》第三十三条规定：“农民专业合作社设理事长一名，可以设理事会。理事长为本社的法定代表人。”无论农民专业合作社的规模大小、成员多少，也无论有无理事会，都必须设立理事长。理事长对成员大会负责，依照《农民专业合作社法》和本社章程的规定行使职权。

3. 执行监事、监事会

监事会执行监事或者监事会是农民专业合作社的监督者，对合作社的财务和业务执行情况进行监督。执行监事是指仅由一人组成的监督者，监事会是指由多人组成的团体担任的监督机关。

（六）要有名称和住所

农民专业合作社的名称即农民专业合作社的名字，是指农民专业合作社在生产经营活动中用以相互区别的固定称呼，是农民专业合作社人格化、特定化的标志，是农民专业合作社设立、登记并开展经营活动的必要条件。任何农民专业合作社都必须有自己的名称，以保证生产经营活动的顺利进行，维护社会经济秩序。农民专业合作社的名称应当体现本社的经营内容和特点，并符合《农民专业合作社法》及其他法律和行政法规的规定。农民专业合作社名称经过登记机关登记后，就成为农民专业合作社的法定名称，它是该农民专业合作社区别于其他农民专业合作社以及其他组织的标志。

农民专业合作社名称依次由行政区划、字号、行业、组织形式组成。名称中的行政区划是指农民专业合作社住所所在地的县级以上（包括市辖区）行政区划名称。名称中的字号应当由 2 个以上的汉字组成，但不得使用县级以上行政区划名称作字号。名称中的行业用语应当反映农民专业合作社的业务范围或者经营特点。名称中的组织形式应当标明“专业合作社”字样，但名称中不得含有“协会”“促进会”“联合会”等具有社会团体法人性质的字样。

农民专业合作社只准使用 1 个名称，在登记机关辖区内不得与已登记注册的同行业农民专业合作社名称相同。经登记机关依法登记的农民专业合作社名称受法律保护，该农民专业合作社在规定的范围内享有其名称的专用权。农民专业合作社名称未经登记机关核准，不得擅自变更。

住所是农民专业合作社的办公所在地。农民专业合作社可以以自有场所为住所，也可以通过租赁的方式取得住所，但无论通过什么方式取得住所，必须能够提供住所的使用证明。

（七）要有符合章程规定的成员出资

农民专业合作社是一个经济组织，全体社员需要认缴出资（股金），股金一般分为身份股和投资股。身份股是农民取得合作社社员资格的证明，愿意加入合作社的社员，要入身份股，具有身份股的社员享受合作社的服务和优惠，享受产品按交易量返利，在经济比较落后的地区，社员的身份股要设置得低些，经济比较发达的地区每个社员的身份股可适当高些，具体标准由合作社章程确定。投资股是合作社根据经营业务的需要设立的，由全体社员根据自身实际，确定投入还是不投入，但投资股可以享受合作社的经营盈利分红。

需要注意的是，《农民专业合作社法》第十三条规定，农民专业合作社成员可以用货币出资，也可以用实物、知识产权、土地经营权、林权等可以用货币估价并可以依法转让的非货币财产，以及章程规定的其他方式作价出资；但是，法律、行政法规规定不得作为出资的财产不能成为入社资产。农民专业合作社成员不得以对该社或者其他成员的债权，充抵出资；不得以缴纳的出资抵消对该社或者其他成员的债务。

二、基本流程

由于我国地域差别显著，东、中、西部无论从资源条件、风俗习惯，还是从市场条件、经济政治环境等方面，都存在较大差别。因此，在发展农民专业合作社的具体环节上使用的方法、措施会有所不同。但是在一般情况下，农民专业合作社的设立要经过以下六个基本阶段。

（一）发起筹备

1. 成立筹备委员会

制定筹备工作方案，筹委会主要由发起人和有关工作人员组成，必要时应成立专门办事机构，具体负责筹备和制订工作方案。

2. 制订工作方案

包括为什么筹建该合作社，由谁牵头发起，会员入会条件及合作社筹备程序等。发起人一般由5～7人组成，由发起人开会讨论拟定合作社名称，确定本组织业务区域、业务项目、经营方式，并说明发起成立的缘由，预计会员人数及筹集的资金总额等。

3. 准备发起申请书

将上述发起人讨论研究确定的内容填入合作社发起申请表，并同时准备好申请报告。申请报告内容主要包括：本社宗旨，业务范围，经营效益，内设机构和下属组织等。

（二）申报批准

向主管部门申报批准，主要是便于合作社的主管部门与发起人加强联系，加强业务指导和管理。主管部门接到合作社发起人报送的组建申请书后，应认真进行审查，包括发起人是否有组织能力，该合作社业务数量是否达到组建规模，预期效益如何等。基本符合条件后，即可下达同意组建批复。

（三）制定章程

申请人接到主管部门准予组建的批复公文后，应及时召开筹委会，吸纳会员，参照农民专业合作社示范章程拟定本组织章程及业务计划草案，并及时推荐理事会、监事会候选人名单，依托有关部门和社会力量创建合作社，吸纳足够数量的农民成员参加理事会和监事会。

（四）召开成立大会

在上述各项筹备工作任务完成后，即可呈请当地合作社主管部门派人员出席指导，并于合作社成立 7 日前，通知会员参加大会，如会员较多，则可按规定要求选派会员代表出席成立大会。成立大会一般包括如下议程：主持人宣布本合作社加入成员名单、人数、代表人数，全体设立人到齐后即宣布成立大会开始；筹委会负责人作合作社筹备工作报告；主管机关负责人宣布本合作社成立的批复；宣读章程草案，并讨论后表决通过；提出理事会、监事会候选人名单，并进行选举；理事会、监事会分别召开第一次会议，推选常务理事、理事长和监事长；主持人宣布常务理事、理事长、监事长等人选名单；理事长、监事长讲话；党政领导和有关社会各界代表讲话；宣布成立大会结束。

（五）组建工作机构

1. 召开工作会议

成立办事机构由理事长主持常务理事工作会议，研究成立合作社办事机构和有关业务指导部门。业务大的合作社，可由理事长聘任总经理。

2. 聘任办事机构业务部门负责人

业务量小的合作社，由理事长直接聘任，设置总经理的由总经理聘任部门负责人并由各部门负责人招聘业务工作人员。

3. 召开业务会议

由理事长或总经理主持，有关业务部门参加讨论研究工作计划，布置和开展合作社业务工作。

（六）办理登记

依法登记是农民专业合作社开展生产经营活动并获得法律保护的重要依据。县（区）工商行政管理部门是农民专业合作社登记机关，登记事项包括：

（1）名称（应当含有“专业合作社”字样）。

（2）住所。

（3）成员出资总额。

（4）业务范围。

（5）法定代表人姓名。

根据《农民专业合作社法》第十六条规定，设立农民专业合作社，应当向工商行政管理部门提交相关文件，申请设立登记。

三、设立程序

农民专业合作社创建的基本程序：发起人发现需要、宣传动员；组织核心成员，拟定章程；参加者召开设立大会；所有者登记注册；经营者组织生产经营和互助性服务。具体如下。

（一）召开设立大会

在农民专业合作社进行注册登记之前，首先要召开设立大会。设立大会由全体愿意加入农民专业合作社的成员参加。在召开设立大会的过程中，需要完成以下事项。

1. 通过全体设立人一致同意的章程

章程是规定农民专业合作社相关主体共同遵守的规定或协议。因为农民专业合作社绝大多数成员是农民，如何起草章程就成为摆在农民专业合作社成员面前的一道难题，为了解决这一问题，也为了使章程做到规范，农业部专门出台了《农民专业合作社示范章程》，这给各个农民专业合作社提供了一个样本或范本，减少了起草成本和难度。因此，从总体上来说，各个农民专业合作社的章程基本内容都是一致的，只不过在有些条款中不同合作社各有侧重。召开设立大会，全体设立人要对章程进行认真审议，最后由所有设立人在起草好的章程后面签字、盖章，表明所有设立人将在农民专业合作社运行过程中承认章程规定的所有条款，履行赋予的义务。

2. 选举产生理事长、理事、执行监事或者监事会成员

设立大会召开的过程，也是选举产生农民专业合作社主要管理成员的过程。首先要由全体设立人选举产生理事长，因为理事长是合作社的法定代表人，后期的一系列活动都要由理事长来主持。此外，如果农民专业合作社中设立理事会、执行监事或者监事会，那么在召开设立大会的时候也要一并由全体设立人选举产生。

3. 形成设立大会纪要

整个设立大会是如何进行的，经过了哪几个程序，形成了哪些决定，对于这些事项都要做完整的记录，这个记录就是设立大会纪要。设立大会纪要需要保存完好，因为到登记机关进行注册登记的时候，需要提交该纪要。一般情况下，设立大会纪要需要有两份，一份原件和一份复印件，其中一份自己保存留作档案，另一份移交相关登记机关。

（二）进行设立登记

按照《农民专业合作社法》及《中华人民共和国市场主体登记管理条

例》的规定，工商行政管理部门（工商局）是农民专业合作社登记机关。国务院工商行政管理部门负责全国的农民专业合作社登记管理工作。县（旗）、县级市工商行政管理局和地区（州、盟）、地级市工商行政管理局的分局，以及直辖市的工商行政管理分局负责本辖区内农民专业合作社的登记。登记项目农民专业合作社需要登记的事项包括以下几项。

1. 名称

工商登记机关主要审核名称是否合适、是否和本辖区内已登记的同类合作社的名称相同、是否需要预先核准等。凡是涉及“种子生产经营”“种畜禽生产经营”“化肥、农药等生产资料的生产经营”等需要进行登记前置许可的农民专业合作社，都需要进行名称预先核准。

2. 住所

工商登记机关主要审核住所是否具备，是否有住所使用证明。农民专业合作社应当标明住所所在县（市、区）、乡（镇）及村、街道的门牌号码。

3. 出资额

登记机关审核农民专业合作社的出资清单，并以出资清单上载明的出资总额作为农民专业合作社的出资额。

4. 业务范围

工商登记机关主要审核农民专业合作社章程中规定的业务范围是否适宜其真实的业务实际，是否有需要进行前置许可的义务范围，如“种子生产经营”等。

5. 法定代表人姓名

也就是理事长的姓名。工商登记机关要审核该法定代表人是否有任职资格，是否还担任其他同类农民专业合作社的理事长或管理职务，因为在法律中规定，农民专业合作社的理事长不得担任同类性质农民专业合作社的理事长、理事、监事等。

6. 登记需提交的文件

根据《中华人民共和国市场主体登记管理条例》申请办理合作社设立登记，应当提交下列材料：

（1）申请书。

（2）申请人主体资格文件或者自然人身份证明。

（3）住所（主要经营场所、经营场所）相关文件。

（4）农民专业合作社（联合社）章程。

（5）全体设立人签名或者盖章的设立大会纪要。

（6）法定代表人、理事的任职文件和自然人身份证明。

（7）成员名册和出资清单，以及成员主体资格文件或者自然人身份证明。

（三）取得营业执照

农民专业合作社提交的申请材料符合法律法规的要求，登记机关就应该无条件地给予登记并发给营业执照，而且按照规定，农民专业合作社登记不收取任何登记费。

四、产权规定

产权是包括所有权、使用权、收益权、处分权在内的一个集合概念，《农民专业合作社法》对合作社成员的个人产权和法人产权有明确的规定。

（一）个人产权

农民专业合作社是成员共同出资兴办的经济组织，成员入社的股本及增值始终是成员所有者的权益。其成员个人产权享有盈余分配权，享有国家扶持资金和社会捐赠资金的收益权，享有公积金的分割受益权。

（二）法人产权

农民专业合作社的法人产权是由出资入股加入合作社的农民所有，由合作社依法占有、使用、处分的具有排除国家、其他组织或合作社以外任何人的权利。其主要体现为对成员出资、由成员出资形成的公积金、国家财政扶持、社会捐赠、其他合作社收益及合作社的房屋、设备等有形资产和以合作社名义取得的专利、商标、非专利技术、商誉等无形资产，依照法律规定和章程的约定享有占有、使用和处分的权利。

五、制定章程

（一）农民专业合作社章程

农民专业合作社章程是农民专业合作社在《农民专业合作社法》及国家法规、政策规定的框架内，由本社的全体成员根据本社的特点和发展目标制定的，并由全体成员共同遵守的行为准则。可以说，农民专业合作社章程就是农民专业合作社的“宪法”。没有章程，农民专业合作社就无法建立、无法运行。

（二）制定农民专业合作社章程的原则

在制定合作社章程时要注意以下两点：一是制定的章程要遵守我国的法律法规，要在《农民专业合作社法》及其他相关法律规定的框架之内；二是制定的章程要结合本社的实际情况，要因势利导，参照示范章程来草拟，但切忌照搬照抄。

（三）制定农民专业合作社章程的要求

合作社章程由本社的全体成员一致通过并共同遵守，是全体成员的行为准则。所以，合作社章程应当采用书面形式，全体设立人在章程上签名盖章。农民专业合作社的章程是农民专业合作社自治特征的重要体现，因此，对于合作社的重要事项，都应当在本社章程中写明。另外，章程若要修改，须经成员大会做出修改本社章程的决议，并依照《农民专业合作社法》的规定，只有占本社成员表决权总数的三分之二以上通过，修改的章程方能生效。

《农民专业合作社法》同时也规定，农民专业合作社成员的权利和义务还要根据本社的实际情况加以具体化，以适应本社发展的需要。

（四）组织机构及其产生办法、职权、任期、议事规则

1. 产生办法

农民专业合作社必须设立成员大会作为最高权力机构。章程需作出具体规定的事项有：成员大会由谁召集，是理事长还是理事会；成员大会除行使《农民专业合作社法》第二十九条规定的职权外，根据本社实际需要，还需行使职权；除《农民专业合作社法》第三十一条规定的召开临时成员大会的三种形式外，什么情况下还可以召开临时大会，是行使成员大会的部分职权还是全部职权；必须设立理事长作为法定代表人；是否设立理事会；是否设立执行监事或监事会。

2. 职权

如果合作社设立执行监事或监事会，在章程中具体规定出理事长、理事、执行监事、监事会的职权。

3. 任期

章程中应明确规定组织机构的成员职数与任期。

4. 议事规则

通过召开成员大会且出席人数必须达到三分之二以上；选举或作出决议，必须本社成员表决权数二分之一通过，修改章程或者合并、分立、解散的决议必须三分之二以上的表决权数通过。另外，章程还可以对修改章程或合并、分立、解散的决议表决权数作出更高的规定，如四分之三人数通过，但是不能低于三分之二。做出更高规定的，从其规定。成员大会必须是一人一票。附加表决权不能超过百分之二十。如果设理事会、监事会，作出决定

时，其理事会、监事会成员只能是一人一票，而且不能行使附加表决权。

（五）成员的出资方式、出资额

成员出资是成员对合作社应尽的义务。出资方式，每个成员出多少，最低限额和最高限额是多少，都应在章程中具体规定。

1. 成员的出资方式

成员以什么方式出资，由章程规定。货币可以出资，实物、知识产权可以作价出资；但是土地承包经营权不能作价出资，劳务不能作价出资。

2. 成员的出资额

成员的出资额在《农民专业合作社法》中并没有做具体规定，由农民专业合作社根据自身情况确定，并在农民专业合作社章程中明确规定。

（六）财务管理及盈余分配

1. 财务管理

合作社应当严格按照国务院制定的财务会计制度来制定本社的财务管理办法，以强化本社的财务管理工作。

2. 盈余分配

合作社若有盈余，一般应该首先提取公积金，提取公积金后才是可分配盈余，但是否提取公积金，提多大比例，由章程规定。如提取公积金，必须量化为每个成员的份额，也可以转为成员出资。公积金量化办法主要参照《农民专业合作社法》的规定：一是以成员出资为标准量化；二是把成员出资与交易（额）结合起来，两者各占一定比例量化；三是单纯以交易量（额）量化，到底如何具体量化，章程应作出具体规定。其次是可分配盈余，按成员与本社的交易量（额）比例返还社员，返还总额不得低于百分之六十，具体返还多少，由合作社视情况确定并在章程中明确规定。

（七）章程修改程序

合作社章程若要修改，须经过成员大会讨论，并经成员表决权总数的2/3通过。合作社章程可以对修改章程的表决权数做出最高的规定，同时章程中也应规定修改章程的具体步骤。

（八）解散事由和清算办法

1. 解散

当法定事由出现或约定的条件发生时，合作社可以解散，比如约定的任期届满或者业务活动已结束等。合作社章程对解散事由应予以规定。如章程可以规定合作社的存续期间，可以规定完成特定业务。这些规定的解散事由出现时，成员大会或者成员代表大会可以决议解散合作社，但必须至少有本社成员表决权数三分之二以上通过。章程还可以对解散事由的表决权数作出更高规定，如四分之三。如果成员大会不想解散合作社，可以修改章程，但应当办理变更登记。

2. 清算

《农民专业合作社法》在第六章对清算办法做了规定，清算办法按法律规定办，但应当细化。

（九）公告事项及发布方式

为保证农民专业合作社的成员、交易相对人和其他有利害关系的人员及时了解本社生产经营等情况，章程中应当根据本社的业务特点和成员、债权人的分布情况，对本社相关情况的公告事项与方式作出明确规定。

（十）附加表决权的设立、行使方式和行使范围

附加表决权《农民专业合作社法》第二十二条规定净出资额或者与本社交易（额）较大的成员按照章程规定，可以享有附加表决权。本社的附加表决权总票数，不得超过本社成员基本表决权总票数的百分之二十。享有附加表决权的成员及其享有的附加表决权数，应当在每次成员大会召开时告知出席会议的成员。章程可以限制附加表决权行使的范围。理解和设置附加表决权应当注意：第一，附加表决权是对出资额或者与本社交易量（额）较大的成员对合作社做出的一种肯定。第二，附加表决权的作用是有限的，因为法律规定一个合作社的附加表决权总票数，不得超过本社成员基本表决权总票数的百分之二十。第三，农民专业合作社对附加表决权的设置是有选择的，其可以选择不设置附加表决权，也可以选择设置附加表决权；选择设置附加表决权的合作社还可以在《农民专业合作社法》规定的限度内，自行决定本社附加表决权总票数占本社成员基本表决权总票数的百分比，如百分之五或者百分之十；此外，章程还可以对附加表决权行使的范围做出限制。

（十一）需要规定的其他事项

合作社根据自身实际情况，需在章程中载明其他事项。按照《农民专业合作社法》的规定至少要有下列六项。

1. 成员向合作社进行交易，这是成员对合作社应尽的义务之一。成员与合作社交易，可以是交售农产品，也可以是购买合作社的生产资料和农业投入品，还可以是有偿利用合作社提供的技术、信息、储藏、运输等服务。章程应对成员向合作社的交易量、交易额、交易内容、交易时间作出具体规定。

2. 成员对合作社承担亏损，这也是成员对合作社应尽的义务之一。成

员不仅在合作社存续期间应承担亏损，而且资格终止的成员也必须分摊资格终止前本社的亏损。怎么承担、按什么比例和标准承担，章程应作出具体规定。

3. 成员资格终止的，农民专业合作社应退还记载在该成员账户内的出资额和公积金份额，采取什么样的退还方式、什么期限内退还，章程应作出规定。

4. 资格终止的成员，章程应对其分摊资格终止前本社的债务作出规定。

5. 本社的资金能否借贷给他人，能否以本社资产为他人提供担保，章程应作出规定。

6. 附加表决权的规定。什么事项可以行使附加表决权，什么事项不能行使附加表决权，要经全体设立人充分讨论，在章程中写清楚，以防止少数人说了算和少数人滥用附加表决权。

第二节　农民专业合作社注册

一、注册流程

（一）工商行政管理局登记，需要提交材料

（1）设立登记申请书。

（2）全体设立人（最少5个人，80%是农业户口）签名、盖章的设立大会纪要。

（3）全体设立人签名、盖章的章程。

（4）法定代表人、理事的任职文件和身份证明。

（5）全体出资成员签名、盖章予以确认的出资清单。

（6）法定代表人签署的成员名册和成员身份证明复印件。

（7）住所使用证明。

（8）指定代表或者委托代理人的证明。

（9）合作社名称预先核准申请书。

（10）业务范围涉及前置许可的文件，不收任何费用。

（二）公安局定制刻章，需要提交材料

（1）合作社法人营业执照复印件。

（2）法人代表身份证复印件。

（3）经办人身份证复印件。

（三）质量技术监督局办理组织机构代码证，需要提交材料

（1）合作社法人营业执照副本原件及复印件一份。

（2）合作社法人代表及经办人身份证原件及复印件一份。

（3）如受他人委托代办的，须持有委托单位出具的代办委托书面证明；收费标准：108 元/证，工本费正本每份 10 元，副本每份 8 元；技术服务费 90 元。

（四）税务局申领税务登记证，需要提交材料

（1）法人营业执照副本及复印件。

（2）组织机构统一代码证书副本及复印件。

（3）法定代表人（负责人）居民身份证或者其他证明身份的合法证件复印件。

（4）经营场所房产证书复印件。

（5）成立章程或协议书复印件，免收税务登记工本费。

（五）办理银行开户和账号，需要提交材料

（1）法人营业执照正、副本及其复印件。

（2）组织机构代码证书正、副本及其复印件。

（3）农民专业合作社法定代表人的身份证及其复印件。

（4）经办人员身份证明原件、相关授权文件。

（5）税务登记证正、副本及其复印件。

（六）当地农经主管部门备案，需要提交材料

（1）法人营业执照复印件。

（2）组织机构代码证书复印件。

（3）农民专业合作社法定代表人的身份证复印件。

（4）税务登记证正、副本复印件。

二、设立登记

要想成为一个合法的市场经济主体，必须进行设立登记，按照《农民专业合作社法》第二章第十六条规定，设立农民专业合作社，应当向工商行政管理部门提交相关文件，申请登记。

该条同时规定，登记机关应当自受理登记申请之日起二十日内办理完毕，向符合登记条件的申请者办理营业执照；农民专业合作社法定登记事项变更的，应当申请变更登记；农民专业合作社登记办法由国务院规定。办理登记不得收取费用。

三、成员资格条件

（1）自然人资格对于自然人来讲，必须是具有民事行为能力的公民。这里主要强调，农民专业合作社的成员至少要符合二个条件：一是为中国公民，这是对自然人国籍身份的要求；二是要具有民事行为能力，也就是要符合法律规定的相关条件，在合作社中能以自己的名义享受权利并承担义务。

（2）企业、事业单位及其他社会组织的资格对于企业、事业单位及其他社会组织而言，《农民专业合作社法》要求其必须从事与农民专业合作社业务直接相关的生产经营活动。

（3）具有管理公共事务职能的单位不得加入农民专业合作社。其原因是，具有管理公共事务职能的单位不仅是各级政府机关，也包括依法授权具有管理公共事务职能的其他组织，也就是国家机关以外的组织。这些组织在我国有很多，比如经授权的企业、事业单位和社会团体等。

四、办理登记手续

依法登记是农民专业合作社开展生产经营活动并获得法律保护的重要依据。设立农民专业合作社办理登记，涉及工商、公安、税务、质监、银行、农业等多个部门。

（一）办理登记手续的步骤

1. 申领合作社法人营业执照

办理部门为工商行政管理局。依据《农民专业合作社法》第十六条规定，提交文件包括：

（1）登记申请书。

（2）全体设立人签名、盖章的设立大会纪要。

（3）全体设立人签名、盖章的章程。

（4）法定代表人、理事的任职文件及身份证明。

（5）出资成员签名、盖章的出资清单，需要特别注意的是，农民专业合作社向登记机关提交的出资清单，只要有出资成员签名、盖章即可，无须其他机构的验资证明。

（6）住所使用证明。能够证明农民专业合作社对其住所享有使用权的住所使用证明（房产证、土地证、租房协议、村民委员会证明等）。

（7）法律、行政法规规定的其他文件。收费内容不收任何费用。需要注意的是，农民专业合作社名称为“行政区划＋字号或商号＋产业类别＋专业合作社”；农民专业合作社法人营业执照不需要年检。

2. 办理合作社公章

（1）办理部门是公安局。

（2）依据《公安部印章管理办法》提交材料，包括合作社法人营业执照复印件、法人代表身份证复印件、经办人身份证复印件。

（3）收取刻章费，根据章的材料不同，几十元到一百元不等。

（4）注意事项，目前专业合作社需要的公章有行政章、财务专用章、法人代表章共3枚。

3. 申领组织机构统一代码证

（1）办理部门是质量技术监督局。

（2）依据《组织机构代码管理办法》。

（3）提交材料，合作社法人营业执照副本原件及复印件一份，合作社法人代表及经办人身份证原件及复印件一份，如受他人委托代办的，须持有委托单位出具的代办委托书面证明。

（4）收费内容有工本费、技术服务费、IC卡工本费，标准不等，一般150元左右。

（5）注意事项，合作社自工商局批准成立或核准登记成立之日起30日内办理组织代码证，代码证有效期限为4年，到期需要换证，代码证实行年检制度，年审费一般25元/次。

4. 申领税务登记证

（1）办理部门是国家、地方税务局。

（2）依据《税务登记管理办法》。

（3）提交材料，法人营业执照副本及复印件；组织机构统一代码证书副本及复印件；法定代表人（负责人）居民身份证或者其他证明身份的合法证件复印件；经营场所房屋产权证书复印件；成立章程或协议书复印件。

（4）注意事项，合作社应当自领取工商营业执照之日起30日内申报办理税务登记，未按照规定期限申报办理者，可处2000元以下的罚款；税务登记证定期验证、换证和年检，一年验证一次，三年更换一次。

5. 办理银行开户和账号

办理部门是任意一家商业银行、农村信用社。提交材料包括：

（1）法人营业执照正、副本及其复印件。

（2）组织机构代码证书正、副本及其复印件。

（3）农民专业合作社法定代表人的身份证及其复印件。

（4）经办人员身份证明原件、相关授权文件。

（5）税务登记证正、副本及其复印件。

（6）合作社公章和财务专用章及其法人代表名章。注意在银行办理完账号、账户后，需要提交账户到国家税务总局；每月到税务局报税。

6. 到当地工商部门备案

提交材料包括：

（1）法人营业执照复印件。

（2）组织机构代码证书复印件。

（3）农民专业合作社法定代表人的身份证复印件。

（4）税务登记证正、副本复印件。

（二）办理登记手续的注意事项

申请登记的文件是农民专业合作社显示组织合法存在的证明，也是成员资格和权利有效存在的重要证明，其真实可靠性是保证社会交易安全的必然要求。

1. 农民专业合作社虚假登记、提供虚假材料等欺诈行为的表现形式

《农民专业合作社法》第七十条规定的农民专业合作社虚假登记、提供虚假材料等欺诈行为有两种表现形式：一种是农民专业合作社向登记机关提供虚假登记材料或者采取其他欺诈手段取得登记的；另一种是农民专业合作社在依法向有关主管部门提供的财务报告等材料中，做虚假记载或者隐瞒重要事实的。提供虚假登记材料是指故意向登记机关提供虚假的设立、变更合作社的登记申请书、章程、法定代表人或理事的身份证明等文件。采取其他欺诈手段是指采用除提供虚假登记材料以外的其他隐瞒事实真相的方法欺骗登记机关的行为。

2. 农民专业合作社虚假登记、提供虚假材料等欺诈行为的法律责任

对于上述两种违法行为的认定都要考虑是否出于当事人的故意，并以骗取登记为目的。《农民专业合作社法》对这两种欺诈行为设定了不同的法律责任，其中第七十条规定，农民专业合作社向登记机关提供虚假登记材料或者采取其他欺诈手段取得登记的，由登记机关责令改正；情节严重的，撤销登记。第七十二条规定，农民专业合作社在依法向有关主管部门提供的财务报告等材料中，做虚假记载或者隐瞒重要事实的，依法追究法律责任。根据法律实施同步有效性的特征，农民专业合作社的登记办法也应在 2017 年与《农民专业合作社法》同步实施。

（三）合作社法定变更登记事项

为维护农民专业合作社全体成员及其交易人的合法权益，稳定交易环境，《农民专业合作社法》明确规定了合作社法定变更登记事项，主要包括：

（1）经成员大会法定人数表决修改章程。

（2）成员出资情况发生变更。

（3）法定代表人、理事发生变动。

（4）合作社住所发生变动，以及法律、法规规定的其他变更情况。

除以上情况以外，合作社也可以根据自身发展的需要对相关登记事项进行变更。由于需登记的变更事项往往对合作社的影响重大，并直接影响交易活动的正常开展，所以，如果合作社没能根据相关规定及时进行变更事项的登记，则需承担由此产生的法律后果。同时本法还规定，登记机关应当在自受理登记申请之日起20日内办理完毕所有登记事项，包括设立登记、变更登记和注销登记。

第三节　农民专业合作社成员入社与退社

一、新成员的入社

入社是指合作社接纳新成员的过程，即在合作社存续期间，现有合作社成员以外的公民、企业、事业单位或者社会组织申请加入合作社并被合作社接纳，从而成为合作社的新成员。考虑到已成立的农民专业合作社的经营范围、组织机构、财务分配等都已成形，如果有新的成员加入可能会打乱现有模式，有的甚至影响合作社的运行。因此，有必要在法律中对新成员的入社进行规定，防止损害合作社现有成员的权益。

根据《农民专业合作社法》第二十四条的规定，申请加入已成立的合作社的新成员，符合本法第十九条规定的公民、企业、事业单位或者社会组织，合作社接纳新成员后要符合第二十条规定的成员构成比例，并且加入已成立的合作社需履行一定的程序。

1. 向理事长或者理事会提出书面申请

理事长是合作社的法定代表人，理事长或者理事会负责具体经营管理工作，全面掌握合作社的情况，新成员要求加入合作社的，首先应当向理事长或者理事会提出书面申请，理事长或者理事会在提交成员大会或者成员代表大会表决前，可对申请加入者进行简要审核，审核其是否符合本法第十九条规定的资格条件，本社是否符合第二十条规定的成员构成比例等情况，可向成员大会员或者成员代表大会提出是否接纳新成员的意见，供成员大会或者成员代表大会参考，但理事长或者理事会没有决定权，在成员大会或者成员代表大会表决中也仅仅享有一票，最终，代表大会或者成员代表大会是否接受新成员应由成员表决通过。

2. 经成员大会或者成员代表大会表决

成员大会或者成员代表大会是合作社的权力机关，负责就合作社的重大事项做出决议。吸收新成员入社，对合作社的运营有可能产生影响，属于合作社的重要事项，因此，须经成员大会或者成员代表大会表决通过后，才可吸收新的成员加入。达不到本法规定的本社成员，需要获得成员大会或成员代表大会表决权总票数过半才能成为合作社的新成员。当然，合作社对表决权数有较高规定的，应按合作社的规定执行。

3. 注意事项

（1）认真审查入社申请书的内容。入社申请书可以使用固定格式的印刷品，直接由农民手填，发起人及相关负责人一定要严格审查农民的入社申请书。

（2）规范入社股金收据。农民专业合作社在未注册登记之前，只能先由发起人按申请人的名单造册并收取股金，并由出资成员签名盖章。等到农民专业合作社注册登记完成之后，再统一使用正式的股金收据。

（3）制发成员证。确定要加入农民专业合作社的成员，在缴纳出资之后，就可以拿到统一的成员证。

入社申请表范例

<table>
<tr><td colspan="9">××社入社申请表</td></tr>
<tr><td rowspan="3">基本情况</td><td>姓名</td><td></td><td>性别</td><td></td><td>文化程度</td><td></td><td>政治面貌</td><td></td></tr>
<tr><td>家庭住址</td><td colspan="3"></td><td>家庭人口数</td><td colspan="3"></td></tr>
<tr><td>身份证号</td><td colspan="3"></td><td>联系电话</td><td colspan="3"></td></tr>
<tr><td>入社申请</td><td colspan="8">××农民专业合作社：
我已经仔细阅读《××农民专业合作社章程》，充分理解其内容，自愿申请加入××农民专业合作社，遵守合作社章程、制度，执行合作社各项决议，履行社员义务，接受合作社的管理和指导，积极参与合作社的各项活动，维护本社的权益和声誉，和全体社员共同协作，共同推进合作社发展。</td></tr>
<tr><td>选择入社方式</td><td colspan="8">请选择入社形式：
可以依以下三种形式进行合作：①委托代管：以自己所承包的土地入股，耕、种、管、收、卖完全交由合作社管理，尽章程规定的一切义务，享有合作社所有的股权利益；②委托帮管：委托合作社进行耕、种、管、收、卖，收入完全归自己，但相关的一切费用自理，不享有合作社所有的股权利益；③自我管理：按合作社的统一要求，自我进行耕、种、管、收，收入完全归自己，可申请合作社给予力所能及的服务和帮助，不享有合作社所有的股权利益。也可依以下形式加入合作社：④愿意为合作社服务；⑤投资入社；⑥其他形式。
我申请依第　　种合作形式入社
申请人：　年　月　日</td></tr>
</table>

（续）

<table>
<tr><td rowspan="2">理事会
意见</td><td>____年____月____日经理事会研究，同意____加入合作社</td></tr>
<tr><td>理事长（签章）：
____年____月</td></tr>
</table>

二、成员的退社

实践中，退社主要有两种情形：一是主动退社，例如有的成员根据自身实际情况，认为合作社的发展与自己的预期不符而主动提出退社；二是被迫退社，因成员出现了法定事由被除名，使该成员非自愿地失去成员资格。

1. 主动退社

"入社自愿、退社自由"是农民专业合作社坚持的原则，也是合作社成员的基本权利，是成员自主决定是否行使的权利。也就是说成员有自由选择加入合作社的权利，也有要求退出的权利。在生产经营过程中，当有的成员认为合作社提供的服务不方便，提供的服务效益较低，或者客观上不能利用合作社提供的服务时，就可以选择退社。成员自主选择退社的原因多种多样，合作社不能非法限制或禁止。但是为了不影响合作社的正常运行及其他成员的利益，《农民专业合作社法》第二十五条规定，成员要求退社的应当按照本条章程规定的时间提出申请，并办理相关手续后，方可退社。

(1) 申请时间。为了给合作社调整业务的准备时间，成员提出退社申请一般应受提前通知合作社的限制。根据本条规定，自然人成员要求退社的，应当在会计年度终了的三个月前提出；企业、事业单位或者社会组织成员要求退社的，应当在会计年度终了的六个月前提出。合作社可根据自身业务情况，由章程另行规定提出退社申请的期限。

(2) 退社程序。合作社成员要求退社，是成员行使自己的权利，不需要任何批准，只要向理事长或者理事会提出书面申请，办理相关手续即可。

(3) 资格终止时间。由于成员退社时，合作社需通过对盈余状况总结，以确定退社成员的盈余分配和亏损承担份额，因此，成员实际退社的时间还要受方便结算的限制。年度中途退社，不仅合作社的事务处理麻烦，对业务的执行也会产生阻碍。因此，本条规定退社成员的成员资格自会计年度终了时终止。需要指出的是退社自由不是自由退社。实践中，自由退社与任意限制或禁止退社现象都存在。成员自由退社是合作社的经营不断变动的状态，使合作社无法获得更多的商业信用和发展空间，影响合作社的正常运行，导致合作社的效率低下。有的合作社限制或禁止成员退社，主要是为了获得政府扶持资金。当前，存在政府资金支持同合作社成员人数挂钩情况，由于担心成员退社导致政府扶持减少或丧失，合作社便会限制或禁止成员退社。《农民专业合作社法》关于主动退社方面，仅仅对退社申请和资格终止的时间做出了规定，可理解为适度限制，有利于保障合作社的正常运行和维护其他成员的权益。

2. 成员除名

除名毕竟是多数成员强制剥夺个别成员资格的行为，应当慎重，否则就有可能发生多数成员联合起来排挤少数成员的情形，损害少数成员的利益。因此《农民专业合作社法》专门增加一条，即第二十六条，对成员除名的事由、程序等做出了较为具体的规定，以保障被除名成员的权益不受侵犯。

（1）除名的事由。根据《农民专业合作社法》第二十六条规定，合作社成员有下列情形的，经成员大会或者成员代表大会表决通过，可以将其除名。不遵守农民专业合作社的章程、成员大会或者成员代表大会的决议；严重危害其他成员及农民专业合作社利益的。《农民专业合作社法》规定强调的是“严重危害”其他成员及农民专业合作社利益，哪些属于严重危害行为，可由合作社章程具体规定。

（2）除名的程序。根据《农民专业合作社法》第二十六条规定，成员的除名，应当经成员大会或者成员代表大会表决通过。为防止其他成员利用除名的形式排挤某一成员，损害合作社及该成员的合法权益，在实施表决前，还应当为该成员提供陈述意见的机会，成员大会或者成员代表大会可根据拟被除名成员的陈述做出判断，是否将其除名。实施除名既要保证合作社的合法权益不被侵犯，也要保护被除名成员的权益。

（3）成员资格的终止时间。根据《农民合作社法》规定，被除名成员的成员资格自会计年度终了时终止。成员大会或者成员代表大会召开的时间可能与会计年度存在时间差，因此，被除名成员经成员大会或者成员代表大会表决通过后，其成员资格并没有立即终止，需等会计年度终了时终止。

三、成员退社的后续事宜

无论是主动退社还是被动除名，该成员与合作社的合同是否继续履行以及其盈余分配和债务分担等问题，应按照《农民专业合作社法》第二十五条和第二十八条等规定处理。即成员资格终止的，除章程另有规定或者与本社另有约定外，成员在其资格终止前与农民专业合作社已订立的合同，应当继续履行；农民专业合作社应当按照章程规定的方式和期限，退还记载在该成员账户内的出资额和公积份额。对社员资格终止前的可分配盈余，依照《农民专业合作社法》第二十八条的规定向其返还；资格终止的成员应当按照章程规定分摊资格终止前本社的亏损及债务。为了防止因农民专业合作社成员发生变更，农民成员低于法定比例，《中华人民共和国市场主体登记管理条例》规定，农民专业合作社因成员发生变更，农民成员低于法定比例的，应当自事由发生之日起6个月内采取吸收新的农民成员入社等方式使农民成员达到法定比例。农民专业合作社联合社成员退社，成员数低于联合社设立法定条件的，应当自事由发生之日起6个月内采取吸收新的成员入社等方式使农民专业合作社联合社成员达到法定条件。

第四节　农民专业合作社社员教育与培训

一、教育与培训的原则

教育与培训要注重实效，不要走形式。所谓实效，简单地说就是要在最短的时间内达到最好的效果。合作社教育与培训的对象包括普通社员与合作社管理人员，普通社员的培训以农产品生产技术为主，合作社管理人员的培训以合作社经营管理知识和政策法规为主。结合合作社自身的特点规划自己的专业设置和课程体系，明确合作社教育培训的承担机构并加强联系，确保合作社教育培训工作长期、有效、持续地进行。

合作社的教育培训要与合作社当前的生产经营及未来的发展相结合，做到有组织、有计划，重要的学习内容可随时安排培训、学习。教育与培训要有考勤和测试，对学习成绩优秀者给予一定的物质奖励，对不积极者给予一定的处罚。通过教育培训，不断提高成员的互助合作精神，推广先进的生产技术，同时提升成员的市场意识、增强市场参与能力，最终提高合作社生产经营效率及成员的收入水平。

二、教育与培训的方式

合作社教育是为合作社事业的发展服务的，教学上应突出其有效性与实用性。通过灵活多样的教学方式，如案例教学、田间教学、现场教学等，鼓励学员参与讨论、交流和进行实践，提升教学效果。具体的教育与培训的方式有：

（1）实例教学。

（2）田间教学。

（3）生产现场教学。

（4）集中培训与个人自主学习相结合。

（5）专题学习培训与广泛参与培训相结合。

方法上可以采取短期进修、参观考察等多种灵活的形式，鼓励社员参与讨论、相互交流和进行实践，提升教学效果。适当考虑推行资格认证制度，对合作社理事会、监事会、经营管理层人员逐渐采取资格认证上岗制度。

当前，我国具有多种可利用的农业教育培训资源，包括高等农业院校、农业广播电视学校、农业职业技术学院、供销合作社系统院校以及农业干部教育培训体系的院校，可以聘请这些学校的专业教师或研究人员为合作社提供教育培训服务，也可以组织学员到这些院校进修。此外，还可以组织学员到优秀的合作社参观考察，取长补短，学习别人的先进经验，从而少走弯路，实现快速发展。

三、教育与培训的内容

（1）农民专业合作社的发展历程。

（2）国外农民专业合作社的发展及成功经验。

（3）农民专业合作社的基础知识。

（4）农民专业合作社的章程与管理制度。

（5）农民专业合作社的经营运作。

（6）农民专业合作社的金融与信贷。

（7）农产品市场营销和农产品贸易。

（8）农业生产及种养技术。

（9）国内农民专业合作社的典型案例（成功与失败案例）。

（10）农民专业合作社的法律法规政策及其最新动态。

（11）涉农法律法规。

（12）法律维权知识。

（13）农产品品牌建设。

合作社教育旨在提升合作社自我发展能力和市场竞争能力。纵观各国合作社教育的内容，既包括合作意识的培养、合作社知识的了解，又包括合作社管理、合作社经营等方面的知识与技能，还包括市场营销、现代农业技术等增强合作社竞争能力的内容。如韩国农协教育培训机构根据各自的职能和培训对象，开办了技术教育、文化教育、素质教育等各种类型的课程和培训班，教学内容主要是经营管理、农产品流通、金融信贷、农协组织管理、新型农业生产技术、家政知识、健康知识、汽车修理等，学员毕业后到农协基层组织中去任职，大大提高了合作社的专业技术管理水平。美国合作社教育的内容重点是增强人们对于合作社原则和实践的理解，将合作社的组织原则在农村各类事务中更广泛地应用。此外，还特别注重提升合作社领导人、雇员以及社员制订商业计划的能力；不断提升合作社财务运营能力和市场营销水平，最终实现增强合作社实力、提高成员收入的目的。

我国的合作社教育培训大多还处于起步、探索阶段，还不能做到像发达国家那样规范且成体系，合作社的教育与培训首先要解决最紧迫的问题。就当前合作社发展的内、外部环境来看，合作社的教育与培训要以提高农产品生产技术为主，要逐步实现标准化生产，要生产出安全、高质量的农产品。此外，合作社管理人员的培训也是一项重要的内容，培训要以合作社生产经营管理知识和政策法规以及农产品市场营销为主，并逐渐与合作社金融与信贷、农产品贸易、国外合作社发展介绍等方面的教育培训内容相结合。

本章小结

本章主要讨论了农民专业合作社的设立和登记。首先阐述了农民专业合作社的设立的条件、基本流程、程序等内容，合作社设立需满足七个基本条件，设立经过六个阶段；创建的基本程序分别是发起人发现需要、宣传动员、组织核心成员、拟定章程、参加者召开设立大会、所有者登记注册、经营者组织生产经营和互助性服务。《农民专业合作社法》对合作社成员的个人产权和法人产权有明确的规定。农民专业合作社章程是由本社的全体成员根据本社的特点和发展目标制定的，并由全体成员共同遵守的行为准则。其次阐述了农民专业合作社注册的流程、设立登记、成员资格条件、办理登记手续。需要掌握的是注册流程的六个步骤、设立登记需要提交的材料清单、成员的资格条件及办理登记手续的六个步骤。最后阐述了成员的入社与退社、社员的教育与培训内容，其中入社与退社方面主要介绍了新成员入社、成员退社、成员退社的后续事宜等内容，需要掌握社员入社与退社的内涵及注意事项；社员的教育与培训方面主要介绍了教育与培训的原则、方式、内容，教育与培训要注重实效，不要走形式；采用灵活多样的教学方式，如案例教学、田间教学、现场教学等，鼓励学员参与讨论、交流和进行实践，提升教学效果；教育与培训的内容尽可能广泛，涉及合作意识的培养、合作社管理、合作社经营、市场营销、现代农业技术等方面知识。

本章习题

1. 农民专业合作社的设立条件及基本流程有哪些？
2. 农民专业合作社章程的主要内容是什么？
3. 注册农民专业合作社的具体步骤有哪些？
4. 社员退社、入社的基本流程分别有哪些？
5. 社员教育培训的目的是什么？主要有哪些培训方式？

参考文献

陈建国，陈光国，韩俊，2018. 中华人民共和国农民专业合作社法解读［M］. 北京：中国法制出版社.

顾仁恺，2019. 农民专业合作社创建与经营管理［M］. 北京：中国农业出版社.

梁巧，2014. 农业产业组织与农民合作社研究系列：中国农民合作社的设立、治理与效率［M］. 杭州：浙江大学出版社.

李瑞芬，2018. 农民专业合作社你问我答［M］. 北京：中国科学技术出版.

李瑞芬，2013. 农民专业合作社工作手册［M］. 北京：金盾出版社.

全国人大常委会办公厅，2018. 中华人民共和国农民专业合作社法［M］. 北京：中国民主法制出版社.

卫书杰，姬红萍，黄维勤，2016. 农民专业合作社经营管理（新型职业农民培育系列教材）［M］. 北京：中国林业出版社.

王正祥，2014. 新型职业农民专业合作社［M］. 北京：中国农业科学技术出版社.

郑福辉，2017. 农民专业合作社运营实务（新型职业农民示范培训教材）［M］. 北京：中国农业出版社.

张正一，杨光丽，2015. 新型职业农民培育工程规划教材：农民专业合作社经营与管理［M］. 北京：中国农业科学技术出版社.

第三章　农民专业合作社的合并、分立、解散及清算

本章要点

1. 熟悉农民专业合作社的合并、分立、解散与清算的基本概念
2. 了解农民专业合作社的合并、分立、解散与清算的基本流程
3. 了解农民专业合作社联合社的概念、作用与主要类型

关键词

合作社合并；合作社分立；合作社解散；合作社清算；农民专业合作社联合社

第一节　农民专业合作社合并

一、合并的概念

农民专业合作社合并是指两个或者两个以上的农民专业合作社通过订立合并协议，合并为一个农民专业合作社的法律行为。一般是为了某种共同的经营目的，如扩大生产经营规模，更好地为成员服务，开发服务项目等，合并组成为一个合作社的情形。合作社合并时，合并各方的债权、债务应当由合并后存续或者新设的合作社承继。

农民专业合作社合并根据形式可分为两类：一是创设式合并，指两个以上的社归并组成一个新社，而原有的社归于消灭的合并方式；二是吸收式合并，指一个以上的社归并于其他社，归并后只有一个社存续，被归并社均告消灭的合并方式。

二、合并的基本程序

农民专业合作社合并要遵循以下六个程序。

（一）订立合并协议

参与合并的合作社各方，通常先由理事会代表各自的合作社签订合并协议。由于合作社合并须经成员大会特别决议方能进行，故理事会代表各自合作社签订的合并协议未经各自成员大会以特别决议方式通过是不能生效的。因此，这种合并协议是附条件协议，协议中必须明确：协议未经各自合作社成员大会决议通过，不发生法律效力。

（二）通过合并协议

理事会代表各自合作社签订的合并协议，须经各自合作社成员大会以特别决议方式通过，方能发生法律效力。但需要明确几点：其一，如果合并的结果加重了成员的责任，比如提高了每股金额等，那么，未经成员本人同意，对其不产生约束力；其二，对合并协议持有异议的成员，可以退出原合作社；其三，若参与合并的合作社有一方成员大会对合并协议决议不通过，除非有特别约定，否则原各方签订的合并协议即归于无效。

（三）编制资产负债表与财产清单

合并协议经各自成员大会决议通过后，参与合并的各方即应编制资产负债表及财产清单，并经审计部门审计确认。这些资产负债表、财产清单及审计部门出具的审计报告应当备置于合作社，以供合作社成员及其债权人查阅。

（四）通知债权人

合作社进行生产经营，不可避免地会对外产生债权债务。合作社合并后，至少有一个合作社丧失法人资格，而且存续或者新设的合作社也与以前的合作社不同，对于合作社合并前的债权债务，必须要有人承继。为了保护债权人的利益，农民专业合作社法第四十六条规定：农民专业合作社合并，应当自合并决议作出之日起十日内通知债权人。合并各方的债权、债务应当由合并后存续或者新设的组织承继。

（五）实施合并

合并协议经参与合并各方成员大会决议通过后即发生法律效力，但是，合并协议发生法律效力并不等于参与合并的各方已经合并。参与合并的各合作社必须经过特定的合并行为，方能完成合并。在吸收合并中，消灭合作社的成员应当办理加入存续合作社手续，并应当迅速召集合并之后的成员大会，报告合并事项，有修改合作社章程必要的，应当进行修改，召开成员大会后，参与合并的各方合作社应当被视为已经合并。在新设合并过程中，应当推选专人起草合作社章程，召开创立大会，在创立大会完成后，参与合并的各方合作社应当被视为已经合并。

（六）合并登记

合作社合并后，应当及时申请登记。这里所说的登记包括三种情况：其一，合并后存续的合作社，应当申请办理变更登记；其二，合并后消灭的合作社，应当申请办理注销登记；其三，合并后新设的合作社，应当申请办理设立登记。

三、合并的注意事项

农民专业合作社合并时，需要注意以下几点：

（1）合并各相关合作社法律地位平等，是否合并、如何合并等都由各合作社自行决定，任何单位和个人不得干预。

（2）合作社的合并，应当并只能依照法律规定和法定程序进行，人为强制和行政命令撮合下的合并是无效的。

（3）各农民专业合作社合并后，为了保护债权人的利益，原来的各种债权、债务要自动继承，并且要无条件加以继承。在农民专业合作社中，如果采取缴纳股金形式筹集资金的，成员就是合作社的债权人，决不能因为合作社的合并使他们的利益受到损害。在合作社合并时，要对成员的债权债务予以特别关注，并小心谨慎地处理好。

（4）无论是采取吸收合并，还是采取新设合并，合作社合并以后，除了退社的成员之外，原合作社的成员资格可自动转为合并后存续或者新设的合作社的成员。

第二节　农民专业合作社分立

一、分立的概念

农民专业合作社分立，是指一个农民专业合作社依法分成两个或者两个以上的农民专业合作社的法律行为。农民专业合作社分立的方式，有新设分立和派生分立两种。合作社的新设分立，是指将一个合作社依法分割成两个或者两个以上新的合作社。按照这种方式分立合作社，原合作社应当依法办理注销登记，其法人资格消灭；分立后新设的合作社应当依法办理设立登记，取得法人资格。合作社的派生分立，是指原合作社保留，但对其财产作相应分割，另外成立一个新的合作社。原有合作社应当依法办理财产变更登记，派生的新合作社应当依法办理设立登记。

二、分立的程序

农民专业合作社分立的程序与合并的程序基本一致。

（一）通过分立决议

合作社的分立必须经成员大会以特别决议的方式通过。至于合作社分立的议案，可以由理事会主动提出，也可以由一定比例的成员申请理事会提出。由成员大会通过分立决议是分立程序的第一步。

（二）签订分立协议

分立各方必须签订分立协议，就成员安排、分立形式、财产分割方案、债权债务承继方案、违约责任、争议解决方式以及分立各方认为需要规定的其他事项进行约定。分立协议应当自分立各方签订之日起生效，分立各方另有约定的除外。

（三）编制资产负债表和财产清单

分立协议生效后，原合作社即应编制资产负债表与财产清单，并经审计部门审计确认。这些资产负债表、财产清单及审计部门出具的审计报告应当备置于合作社，以供成员及其债权人查阅。

（四）通知债权人

《农民专业合作社法》第四十七条规定，农民专业合作社分立，其财产作相应的分割，并应当自分立决议作出之日起 10 日内通知债权人。分立前的债务由分立后的组织承担连带责任。但是，在分立前与债权人就债务清偿达成的书面协议另有约定的除外。农民专业合作社的分立一般会影响债权人的利益，根据《农民专业合作社法》规定，合作社分立前债务的承担有以下两种方式：一是按约定办理。债权人与分立的合作社就债权清偿问题达成书面协议的，按照协议办理；二是承担连带责任。合作社分立前未与债权人就清偿债务问题达成书面协议的，分立后的合作社承担连带责任。债权人可以向分立后的任何一方请求自己的债权，要求履行债务。被请求的一方不得以各种非法定的理由拒绝履行偿还义务。否则，债权人有权依照法定程序向人民法院起诉。

（五）实施分立

分立协议发生法律效力并不等于合作社已经分立。分立各方必须通过实施特定的分立行为，方能完成分立。在存续分立中，新设合作社应当推选专人起草合作社章程，召开创立大会。原合作社也应当迅速召开分立后的成员大会，报告分立事项。有修改合作社章程必要的，应当进行修改。新设合作社创立大会与原合作社成员大会后，分立各方应当被视为已经分立。原合作社应当按照分立协议约定向新设合作社交付财产，并办理债权债务承继手续。需要进行财产登记的，新设合作社成立后应及时办理登记手续。在新设分立中，各新设合作社应当推选专人起草合作社章程，召开创立大会。创立大会后，分立各方应当被视为已经分立。新设各合作社也应当按照分立协议约定，对原合作社财产进行分割，并办理债权债务承继手续，需要进行财产登记的，新设合作社成立后应当及时办理财产登记手续。

（六）分立登记

合作社分立后，应当及时申请登记。这里所说的登记包括三种情况：其一，分立后存续的原合作社，应当申请办理变更登记。其二，分立后消灭的原合作社，应当申请办理注销登记。其三，分立后新设的合作社，应当申请办理设立登记。

第三节　农民专业合作社解散

一、解散的概念

农民专业合作社解散是指合作社因发生法律规定的解散事由而停止业务活动，最终使法人资格消灭的法律行为。其法律特征主要包含三方面：一是合作社解散的目的和结果是要终止合作社法人主体资格；二是合作社解散不等于合作社消灭，只有合作社登记机关的注销行为才直接导致合作社消灭；三是为了维护交易安全并保障成员与债权人的权益，除合作社因合并与分立而解散外，其余解散必须经过法定清算程序，才能消灭合作社。

二、解散的类型及原因

依据解散是否属于合作社自身的意思表示，可将合作社解散分为自愿解散与强制解散两类，其各自解散的原因及解散的法律效果如下。

（一）自愿解散

自愿解散是指合作社依据章程或者成员大会决议而解散。这种解散属于合作社自己的意思，表示与外在因素无关，取决于合作社成员的意志。自愿解散的原因主要有如下几个方面。

1. 合作社章程规定的解散事由

通常指合作社约定的存续期限届满，成员大会未形成继续存在决议而解散。一般来说，解散事由是合作社章程的必要记载事项，合作社的设立大会在制定合作社章程时，可以预先约定合作社的各种解散事由，如合作社的存续期间、完成特定业务活动等。如果在合作社经营中，规定的解散事由出现，成员大会或者成员代表大会可以决议解散合作社。如果此时不想解散，可以通过修改章程的办法，使合作社继续存续，但这种情况应当办理变更登记。

2. 成员大会决议解散

成员大会是合作社的权力机构，根据《农民专业合作社法》的规定，它有权对合作社的解散事项作出决议。《农民专业合作社法》第三十条规定，农民专业合作社召开成员大会，作出解散的决议应当由本社成员表决权总数的三分之二以上通过。章程对表决权数有较高规定的，从其规定。成员大会决议解散合作社，不受合作社章程规定的解散事由的约束，可以在合作社章程规定的解散事由出现前，根据成员的意愿决议解散合作社。合作社作为成员自愿、自治的组织，可按成员大会决议而解散。由于合作社解散涉及多方面的利益，需要慎重对待，因此，合作社解散需要成员大会特别决议。

3. 成员人数少于法定最低人数

《农民专业合作社法》有最低法定成员人数的限制，合作社在运行中，如果成员人数少于最低法定人数，那么，合作社就丧失了存在的法定要件，应当解散。

4. 合作社合并

在吸收合并中，被吸收的合作社应当解散；在新设合并中，合并各方均应当解散。

5. 合作社分立

当合作社分立时，如果原合作社存续则不存在解散问题；如果原合作社分立后不再存在时，则原合作社应当解散。合作社的合并、分立应由成员大会作出决议。

（二）强制解散

强制解散是指根据国家行政部门的决定或者人民法院的判决而发生的解散。这种解散不是合作社自己的意思表示，而是外在意思的结果。强制解散的原因主要如下。

1. 破产

农民专业合作社破产适用《中华人民共和国企业破产法》的相关规定。当合作社不能清偿到期债务，并且资产不足以清偿全部债务或者明显缺乏清偿能力时，合作社及其债权人均可以向人民法院提出破产清算申请；合作社已解散但未清算或者未清算完毕，资产不足以清偿债务的，依法负有清算责任者应当向人民法院申请破产清算。这里所说负有清算责任者有两种情况：自行解散的，负有清算责任者是成员或成员大会确定的人员；被责令关闭解散的，负有清算责任者是合作社主管部门。

2. 行政解散

行政解散属于行政处罚的方式，是指合作社违反法律、行政法规而被行政主管机关依法责令解散。换言之，当合作社营运严重违反了工商、劳动、环境保护等法律法规与规章时，为了维护市场秩序，有关主管机关可以作出吊销营业执照、责令关闭或者撤销主体资格等决定，从而解散合作社。例如，依法被吊销营业执照或者被撤销。依法被吊销营业执照，是指依法剥夺被处罚合作社已经取得的营业执照，使其丧失合作社经营资格。被撤销，是指由行政机关依法撤销农民专业合作社登记。如《农民专业合作社法》第五十四条规定，农民专业合作社向登记机关提供虚假登记材料或者采取其他欺诈手段取得登记的，由登记机关责令改正；情节严重的，撤销登记。当合作社违反法律、行政法规被吊销营业执照或者被撤销的，应当解散。

3. 司法解散

合作社的司法解散是指合作社经营管理发生严重困难，继续存续会使成员利益蒙受重大损失，通过其他途径不能解决的，合作社一定比例以上（一般不能少于 10 人）成员可以请求人民法院解散合作社。合作社一经解散即不能再以合作社的名义从事经营活动，并应当进行清算。合作社清算完结，其法人资格消灭。但是，并非所有的合作社解散必须清算，例如依照《农民专业合作社法》第四十一条第一款第三项规定：因合作社合并或者分立需要解散的，其债权债务全部由合并或者分立后存续或者新设立的合作社承继，因此不需要成立清算组进行清算。

第四节　农民专业合作社清算

一、清算的含义

农民专业合作社清算是指农民专业合作社解散后，依照法定程序清理合作社债权债务，处理合作社剩余财产，使合作社归于消灭的法律行为。《中华人民共和国民法典》第四十条规定，法人终止，应当依法进行清算，停止清算范围外的活动。清算的目的是保护合作社成员和债权人的利益，除合作社合并、分立两种情形外，合作社解散后都应当依法进行清算。

二、清算的工作内容

合作社的解散清算工作，因经营状况和经营内容等不同而有差异，但从《农民专业合作社法》第六章规定的清算组职责和有关事项处置程序上理解，其主要业务工作内容包括以下几个方面。

（一）按程序成立清算小组并明确清算职责

清算小组成立的途径有两条：一是自行推选清算组。当合作社解散事由出现，应当在解散事由出现之日起 15 日内由成员大会推举成员组成清算组，对合作社的解散进行清算。二是由人民法院指定清算组。合作社解散时，在本法规定的期限内，因一时难以找到合适人选等原因，不能及时自行组成清算组时，由成员、债权人向人民法院申请，由人民法院指定成员组成清算组。清算小组从成立之日起全权接管合作社，负责所有清算事宜。清算小组属临时性工作机构，其实际职责只在合作社决定解散时才行使，清算结束后，自动终止解散。清算小组在清算期间，主要负责制定清算清偿方案，并报成员（代表）大会审议通过，清理处置财产及债权，清偿法定债务，编制资产负债表和财产清单，处理未了财务事项，分配剩余财产等职责。另外，成员大会在推举清算小组成员时，应当充分考虑吸收或保留一定比例的财务会计人员参加，以便业务操作。

（二）界定清算财产范围

清算财产包括宣布清算时，合作社账内账外的全部财产以及清算期间取得的资产等，都应当列入清算财产一并核算。但为保证清算规范和清算兑现，对已经依法作为担保物的财产相当于担保债务的部分，不能再列入清算财产。另外，为规范清算工作，保全合作社债权人与债务人的合法权益，避免以后发生误会或矛盾纠纷，在宣布经营终止前一定日期（如规定 6 个月或 3 个月等）至经营终止之日的期间内，如有发生隐匿私分或者无偿转让财产、压价处理财产、增加债务担保、提前清偿未到期的债务、随意放弃债权等财务行为的，应视为无效，涉及资产应作为清算财产入账。清算期间未经清算小组同意，不得处置合作社财产。

（三）计算清算财产价值

对清算财产应进行合理作价，防止“图省事，估大堆”，要为清偿分配打下好的基础。根据会计客观性原则和权责发生制原则，对清算财产一般以账面净值或者变现收入等为依据计价，也可以重估价值或按聘请专业机构评估的结果为依据计价。但应注意，只要能够保持合作社清算工作顺利进行，各方当事人意见能够协调一致，就不必采取评估方式计价，以尽量简化工作程序，节约清算成本。合作社解散清算中发生的财产盘盈或者盘亏，财产变价净收入，因债权人原因确实无法归还的债务，确实无法收回的债权，以及清算期间的经营收益或损失等，全部计入清算收益或者清算损失。

（四）确定财产清偿分配顺序

合作社进行解散清算中不产生共益债务。所以在清算财产及收益确定后，依照惯例应首先拨付清算费用，然后按照《农民专业合作社法》第四十八条规定的顺序，分配清偿相关的债务和应付款项，最后向成员分配清算完毕后的剩余财产；但清算资产不足以清偿债务的，应经依法申请破产转为破产清算。

三、清算的工作程序

因章程规定的解散事由出现、成员大会决议解散或者依法被吊销营业执照、被撤销等原因解散的，应当在解散事由出现之日起 15 日内由成员大会推举成员组成清算组，开始解散清算。逾期不能组成清算组的，成员、债权人可以向人民法院申请指定成员组成清算组进行清算，人民法院应当受理该申请，并及时指定成员组成清算组进行清算。清算组是指在合作社清算期间负责清算事务执行的法定机构。合作社一旦进入清算程序，理事会、理事、经理即应停止执行职务，而由清算组行使管理合作社业务和财产的职权，对内执行清算业务，对外代表合作社。清算组自成立之日起接管农民专业合作社，负责处理与清算有关未了结业务，清理财产和债权、债务，分配清偿债务后的剩余财产，代表农民专业合作社参与诉讼、仲裁或者其他法律程序，并在清算结束时办理注销登记。清算组成员应当忠于职守，依法履行清算义务，因故意或者重大过失给农民专业合作社成员及债权人造成损失的，应当承担赔偿责任。农民专业合作社清算工作的程序如下。

（一）清算人员选任登记

清算人员被选任后，应当将清算人员的姓名、住址等基本情况及其权限向注册登记机关登记备案。首次确定的清算人员及其权限应当由合作社理事会申请登记；更换清算人员与改变清算人员权限应当由合作社清算组申请登记。人民法院任命或者解任清算人员的登记，也应当依此规定进行。

（二）处理合作社未了结事务

合作社未了结事务，是指合作社解散的时候尚未了结的事务，一般指经营事务。为处理未了结事务，清算中的合作社也可以与第三者发生新的法律关系。

（三）通知、公告合作社成员和债权人

合作社在解散清算时，由清算组通知本社成员和债权人有关情况，通知公告债权人在法定期间内申报自己的债权。为了顺利完成债权登记、债务清偿和财产分配，避免和减少纠纷，农民专业合作社法对清算组通知、公告合作社成员和债权人的期限和方式作了限定；清算组应当自成立之日起 10 日内通知本社成员和明确知道的债权人；对于不明确的债权人或者不知道具体地址和其他联系方式的，由于难以通知其申报权，清算组应自成立之日起 60 日内在报纸上公告，催促债权人申报债权。但如果在规定的期间内全部成员、债权人均已收到通知，则免除清算组的公告义务。债权人应在规定的期间内向清算组申报债权。具体来说，收到通知书的债权人应自收到通知书之日起 30 日内，向清算组申报债权；未收到通知书的债权人应自公告之日起 45 日内，向清算组申报债权。债权人申报债权时，应明确提出其债权内容、数额、债权成立的时间、地点、有无担保等事项，并提供相关证明材料，清算组对债权人提出的债权申报应当逐一查实，并做出准确翔实的登记。这里需要说明的是不能对债权人进行清偿，如果清算组在此期间对已经明确的债权人进行清偿，有可能造成后申报债权的债权人不能得到清偿，这是对其他债权人权利的严重侵害。

（四）提出清算方案由成员大会确认

清算方案是由清算组制定的如何清偿债务、如何分配合作社剩余财产的整套计划。清算组在清理合作社财产，编制资产负债表和财产清单后，应尽快制定包括清偿农民专业合作社员工的工资及社会保险费用，清偿所欠税款和其他各项债务以及分配剩余财产在内的清算方案。清算组制定出清算方案后，应报成员大会通过或者人民法院确认。

（五）实施清算方案，分配财产

清算方案经农民专业合作社成员大会通过或者人民法院确认后实施。分配财产是清算的核心。清算方案的实施必须在支付清算费用、清偿员工工资及社会保险费用，清偿所欠税款和其他各项债务后，再按财产分配的规定向成员分配剩余财产。如果发现合作社财产不足以清偿债务的，清算组应当停止清算工作，依法向人民法院申请破产。参照我国企业破产法有关破产财产

清偿顺序的规定，结合合作社的本质要求，农民专业合作社财产分配顺序应当是：（1）支付清算费用和共益债务；（2）支付合作社雇用人员工资和医疗、伤残补助、抚恤费用，所欠的应当划入雇员个人账户的基本养老保险、基本医疗保险费用以及法律、行政法规规定应当支付给雇员的补偿金；（3）合作社欠缴的其他社会保险费用和所欠税款；（4）清偿合作社债务，包括记入成员账户的成员与本社的交易额；（5）按解散时各成员个人账户中记载的出资额和量化为该成员的公共积累份额之和的比例，或者按照合作社章程或成员大会的决议，分配剩余财产。合作社被宣告破产后，其清算程序应当比照我国企业破产法的规定进行，至于破产财产分配，则应当按照上述财产分配顺序进行。

（六）清算结束办理注销登记

这是清算组的最后一项工作，办理完合作社的注销登记，清算组的职权终止，清算组即行解散，不得再以合作社清算组的名义进行活动。

第五节　农民专业合作社联合社

一、农民专业合作社联合社的概念

农民专业合作社联合社是由多个农民专业合作社联合起来的组织。根据《农民专业合作社法》第五十六条、第五十七条、第五十八条规定，三个以上的农民专业合作社在自愿的基础上，可以出资设立农民专业合作社联合社。农民专业合作社联合社依照本法登记，取得法人资格，领取营业执照，登记类型为农民专业合作社联合社。

农民专业合作社联合社以其全部财产对该社的债务承担责任；农民专业合作社联合社的成员以其出资额为限对农民专业合作社联合社承担责任。

二、农民专业合作社联合社的功能

联合社可以解决单一合作社发展规模小、经营实力弱、市场竞争力有限等问题。

一是联合社在农业生产资料的购买和农产品的销售上，可以更好地实现大规模购销，节约交易成本和费用，争得交易价格上的优惠，争取对外谈判的主动权，让社员获得更多的经济实惠，其经营规模和效益是一般的农民专业合作社难以企及的。

二是联合社克服合作社难以适应大市场的矛盾，在一些地区和一些产业的问题，携手联合，实现二次合作，有效避免恶性竞争。

三是联合社可以解决单个合作社因势单力薄难解决的问题，满足社员对服务的多样化需求。如扩大农产品销售，实现产品直销功能；兴办农产品加工项目，实现加工增值功能；开展信用合作，实现资金互助功能等。

三、农民专业合作社联合社的主要形式

联合社从实践中看可以分为同业型联合社、同域型联合社和同项型联合社。

（1）同业型，同行业的农民专业合作社联合组建的联合社。

（2）同域型，同地区的不同行业的农民专业合作社自愿组建的联合社。

（3）同项型，同地区的不同行业的合作社为开展某项服务活动组建的联合社。

四、农民专业合作社联合社的设立条件

联合社与专业合作社类似，应当有名称、组织机构、住所、章程、成员出资等。《农民专业合作社法》第五十六条规定：“农民专业合作社联合社应当有自己的名称、组织机构和住所，由联合社全体成员制定并承认的章程，以及符合章程规定的成员出资。”

五、农民专业合作社联合社的组织机构

根据《农民专业合作社法》第五十九条和第六十条规定，农民专业合作社联合社应设立由全体成员参加的成员大会，其职权包括修改农民专业合作社联合社章程，选举和罢免农民专业合作社联合社理事长、理事和监事，决定农民专业合作社联合社的经营方案及盈余分配，决定对外投资和担保方案等重大事项。

农民专业合作社联合社不设成员代表大会，可以根据需要设立理事会、监事会或者执行监事。理事长、理事应当由成员社选派的人员担任。农民专业合作社联合社的成员大会选举和表决，实行“一社一票”。

本章小结

本章主要讨论了农民专业合作社的合并、分立、解散与清算。首先阐述了农民专业合作社的合并与分立，需要掌握合并与分立的定义，合并需遵循

五个程序，合并时需要注意合并各相关合作社法律地位平等、依照法律规定和法定程序进行、要对成员的债权债务特别予以关注，原合作社的成员资格自动转为合并后存续或者新设的合作社的成员等问题，分立的程序与合并的程序基本一致。其次阐述了农民专业合作社的解散与清算，需要理解解散与清算的内涵，实践中依据解散是否属于合作社自身的意思，可将合作社解散分为自愿解散与强制解散两类。清算工作的内容分别是按程序成立清算小组并明确清算职责、界定清算财产范围、计算清算财产价值、确定财产清偿分配顺序；清算工作的程序是清算人员选任登记、处理合作社未了结事务、通知、公告合作社成员和债权人、提出清算方案由成员大会确认、实施清算方案，分配财产、清算结束办理注销登记。最后阐述了农民专业合作社联合社的概念、功能、主要形式、设立条件、组织机构，需掌握农民专业合作社联合社的概念；联合社可以解决单一合作社发展规模小、经营实力弱、市场竞争力有限等问题；联合社分为同业型、同域型和同项型三种类型的联合社；联合社与专业合作社类似，应当有名称、组织机构、住所、章程、成员出资等；联合社应当设立由全体成员参加的成员大会，不设成员代表大会的可以根据需要设立理事会、监事会或者执行监事。

本章习题

1. 什么是农民专业合作社的合并，基本流程有哪些？
2. 什么是农民专业合作社的分立，基本流程有哪些？
3. 什么是农民专业合作社的解散，解散类型及原因是什么？
4. 什么是农民专业合作社的清算，清算程序有哪些？
5. 什么是农民专业合作社联合社，其功能和主要形式有哪些？

参考文献

白兆秀，孙晓宁，梁鹏，2016. 农民专业合作社财务管理［M］. 北京：中国农业大学出版社.

冯开文，2009. 农村合作社知识读本［M］. 北京：中国农业大学出版社.

季玉福，2012. 农民专业合作社规范化建设［M］. 北京：中国农业科学技术出版社.

娄锋，2017. 如何经营合作社［M］. 昆明：云南大学出版社.

李秀萍，赵永军，葛万钧. 2016. 新型职业农民培育系列教材：农民专业合作社建设与管理［M］. 北京：中国农业科学技术出版社.

李庆元，赵慧霞，2014. 新型职业农民科技培训教材：农民专业合作社［M］. 北京：中国农业科学技术出版社.

李中华，2009. 合作社实务［M］. 北京：社会科学文献出版社.
孙贺，2018. 合作社理论［M］. 长春：吉林出版集团有限责任公司.
申龙均，潘峻岳，2015. 国内第一本关于农民合作社的全国高等院校教材：农民合作社研究［M］. 北京：北京理工大学出版社.
王伟，李中华，王婉，等，2015. 中国农民专业合作社研究［M］. 济南：山东人民出版社.
宗义湘，2012. 农业与农村经济管理丛书：农民专业合作社管理与实务［M］. 北京：金盾出版社.
王玉华，贾晓娟，2017. 新型职业农民示范培训教材：农民专业合作社会计实务［M］. 北京：中国农业出版社.
王玉华，2015. 农民专业合作社会计实务同步技能训练（新型职业农民培育系列教材中等职业教育农业部规划教材）［M］. 北京：中国农业出版社.

第四章　农民专业合作社规章制度管理

本章要点

1. 熟悉农民专业合作社的组织结构及运行标准
2. 了解项目投资管理、生产销售的相关管理制度
3. 掌握农民专业合作社的财务管理的相关制度及标准

关键词

农民专业合作社；财务管理；项目投资；生产销售；社务公开

第一节　组织结构

一、合作社的主人——社员

（一）社员的来源

农民专业合作社的社员以农民为主。我国《农民专业合作社法》第十九条规定："具有民事行为能力的公民，以及从事与农民专业合作社业务直接有关的生产经营活动的企业、事业单位或者社会团体，能够利用农民专业合作社提供的服务，承认并遵守农民专业合作社章程，履行章程规定的入社手续的，可以成为农民专业合作社的成员。但是，具有管理公共事务职能的单位不得加入农民专业合作社"。第二十条还规定："农民专业合作社的成员中，农民至少应占成员总数的百分之八十。成员总数二十人以下的，可以有一个企业、事业单位或者社会组织成员；成员总数超过二十人的，企业、事业单位和社会组织成员不得超过成员总数的百分之五。"

（二）社员的权利与义务

1. 社员的权利

《农民专业合作社法》规定了社员享有的权利：参加社员大会，并享有表决权、选举权和被选举权，按照章程规定对本社实行民主管理；利用本社

提供的服务和生产经营设施；按照章程规定或者社员大会决议分享盈余；查阅本社的章程、社员名册、社员大会或者社员代表大会记录、理事会会议决议、监事会会议决议、财务会计报告和会计账簿以及章程规定的其他权利，这充分体现了社员作为合作社的主人对合作社民主管理与民主控制的原则。

2. 社员应承担的义务

作为合作社的主人，社员也要承担相应的义务：执行社员大会、社员代表大会和理事会的决议；按照章程规定向本社出资；按照章程规定与本社进行交易；按照章程规定承担亏损；承担章程规定的其他义务。

二、合作社的最高权力机构——社员大会

（一）社员大会性质

社员大会是农民专业合作社的最高权力机构，属于法定设立机构，因此合作社必须设立社员大会。合作社属全体社员所有，社员大会是合作社所有者（股东）的大会，由全体具有社员资格的成员组成（社员资格要符合社章的规定与要求）。若社员在150人以上，可按照社章规定民主选举产生社员代表并组成社员代表大会。社员代表大会依社章的规定，经社员大会授权可以行使社员大会的部分或全部职权。

（二）社员大会的职权

根据《农民专业合作社法》第二十九条的规定，成员（代表）大会主要行使以下职权：

（1）修改章程。

（2）选举和罢免理事长、理事、执行监事或者监事会成员。

（3）决定重大财产处置、对外投资、对外担保和生产经营中的其他重大事项。

（4）批准年度业务报告、盈余分配方案、亏损处理方案。

（5）对合并、分立、解散、清算，以及设立、加入联合社等作出决议。

（6）决定聘用经营管理人员和专业技术人员的数量、资格和任期。

（7）听取理事长或者理事会关于成员变动情况的报告对成员的入社、除名等作出决议。

（8）公积金的提取及使用。

（9）章程规定的其他权利。

可见，社员大会是合作社的最高权力机构、决策中心，是广大社员表达意见、直接行使最高管理控制权，实现民主管理的一个重要组织机构。

（三）社员大会的召开

社员大会每年至少召开一次。社员大会依其召开时间的不同，分为定期会议和临时会议两种。

1. 定期会议

即按社章规定召开的大会（社章须规定一年召开几次会议，具体什么时间召开等）。例如，甲合作社的章程规定，每年召开两次社员大会，具体召开时间分别为每年的 6 月 30 日和 12 月 31 日。定期会议每年至少召开一次，一般情况下在每年年末结算后召开，召开的目的主要是商议盈余返还、股金分红事项，总结这一年合作社的生产经营情况并规划下一年度的生产经营等。

2. 临时大会

合作社在生产经营过程中可能会出现某些特殊情况，需要由社员大会审议决定某些重大事项，因未到社章规定召开定期社员大会的时间，这时召开的社员大会就称为临时性社员大会。《农民专业合作社法》规定，有下列情形之一的，应当在 20 日内召开临时成员大会：①30%以上的社员提议；②执行监事或监事会提议，如执行监事或监事会发现理事长、理事会或其他管理人员不履行职责，或者其他重要情况发生时，有义务提议召开临时社员大会；③章程规定的其他情形。

（四）社员大会的表决

社员代表大会对会议决议进行表决时，为体现社员人人平等，实行“一人一票”制，规定每名成员各享有一票的基本表决权，部分事项按社章规定可行使附加表决权。附加表决权是对于出资额或交易额（量）大的成员，按照章程规定可以享有多于一票的表决权，但附加表决权的票数不得超过社员基本表决权票数的 20%，并且章程可以限制附加表决权行使的范围。享有附加表决权的成员及其享有的附加表决权数，应当在每次成员大会召开时告知出席会议的成员。这既保证了合作社对人（劳动者）民主的性质，也照顾了大股东或交易大户的利益。

合作社召开社员大会，出席会议的人数应达到社员总数的三分之二以上。社员大会做选举决议，应当经半数以上有表决权的社员通过；社员大会作出修改章程及合并、分立、解散的决议，应当由本社的社员表决权总数过半数通过；作出修改章程或者合并、分立、解散的决议，应当由本社社员表决权总数的三分之二以上通过。从规定可见，我国合作社社员大会执行多数决定原则。

总之，社员大会对内是合作社的最高权力机构，它是社员作为合作社财产的所有者对合作社行使财产管理权的组织；它由全体社员组成，对合作社重大事项进行决策，有权选聘和解除理事会、监事会成员，并对合作社的一切生产经营管理拥有最高和最广泛的决定权，合作社一切重大的人事任免和重大的经营决策要得到社员大会认可和批准方能实施。社员大会只能通过召开会议表决的方式来行使最高管理控制权，即社员通过行使“一人一票”的表决权，来行使对合作社的管理控制权。社员大会结束后，应形成书面决议并作为重要档案文件妥善保管。

三、合作社的监督机构——监事会

（一）监事会的性质

监事会是农民专业合作社的专职监督机构，代表全体社员监督合作社的生产经营、管理和业务执行情况；与理事会平级，不受理事会领导，直接对社员大会负责。监事会不是必设机构，但监事会的设立与完善可以保证合作社生产经营决策的正确合理，保证理事会、财务部门等正确地执行社员大会的相关决议，防止徇私舞弊行为损害合作社利益相关方的权益等。实践中许多合作社已认识到监事会的重要性，因而大多设立了监事会。

（二）监事会的产生

监事会成员由监事长和监事组成。监事会成员由社员大会从本社成员中民主选举产生，依照《农民专业合作社法》及社章的规定行使职权，对成员大会负责。监事长按社章规定从监事中民主选举产生，负责监事会的工作，监事会至少有 3 名监事，其中设 1 名监事长，由社员大会选举产生。监事长任期由社员大会民主决定，可连任。理事长、理事、经理和财务会计人员不得兼任监事或执行监事。

（三）监事会的职权

监事会负责监督理事会经营管理的执行情况，并维护全体社员的利益，有权对理事会的经营管理工作提出质询，经调查取证，要求理事会作出合理解释，并向成员大会报告，必要时有权提议召开成员大会，可以列席理事会会议，向理事会工作提出建议。监事会的职权如下：

（1）监督理事会对成员大会决议和本社章程的执行情况。

（2）监督检查本社的生产经营业务情况，负责本社财务审核监察工作。

（3）监督理事长或者理事会成员和经理履行职责的情况。

（4）向成员大会提出年度监察报告。

（5）向理事长或者理事会提出工作质询和改进工作的建议。

（6）提议召开临时成员大会。

（7）代表本社负责记录理事与本社发生业务交易时的业务交易量（额）情况。

（8）履行成员大会授予的其他职责。

为使农民专业合作社监事会行使的职权有章可循，农民专业合作社监事会制度就应该对以下事项作出规定：①监事会的规模大小、选举办法及流程，成员任期长短、是否连任；②监事会的职责；③监事会会议的表决办法；④监事长的选举办法及流程；⑤监事长的主要职责；⑥监事会的日常工作程序等。

（四）监事的选拔

《农民专业合作社法》规定，执行监事或监事会成员由社员大会从全体社员中民主选举产生，合作社的所有成员及外聘工作人员均属于监事履行职责的监督对象，监事会监督的对象或与监督对象有利害关系的人员不得担任（兼任）监事或监事长。从现实情况来看，执行监事或监事会成员大都是为人处世公正、公平，有一定威信、能力或拥有行政职务的成员，各指标中，社员们比较看重候选人的族群威信、能力和行政职务。

通常情况下，应重点从两个方面来对监事会成员进行考察选拔。

1. 品质

作为监事，要具有一定的奉献精神，热爱本职工作，愿为成员服务，有时甚至是无偿服务；要能够独立和公正地完成监督工作，忠实履行职责；应具备思想端正、大公无私、敢于坚持原则的品质。

2. 能力

熟悉所在合作社的生产经营业务监事应具备农业生产、合作社管理、相关财务、合作社经营甚至是市场营销方面的知识。具备善于学习本合作社各种专业知识以及监察、检查能力；监事及监事长要具备语言文字的简单汇报能力；具备相关的财务会计知识，最好学习过会计课程或曾经从事会计工作达一年以上。

（五）优化监事会的人数

西方各国农业合作社对监事的人数大多有规定，但在我国还需具体情况具体分析。规模小的合作社可以只设一名监事长或执行监事，规模大的合作社可设监事会。基于效率的原则，合作社监事会成员数应适中，成员过少，信息收集不充分，不利于对管理机构及人员的监督；成员过多，形成统一意见及决议的成本过高，容易形成“扯皮”，不利于及时有效的处理问题，最好根据合作社生产经营业务量大小及管理的技术复杂程度设定人数，具体人数可由社员大会依上述原则民主决定。

（六）审时度势与因地制宜地构建监事会业绩评估制度

依据西方合作社成功的经验，监事会应构建业绩评估的激励机制。对监事会及其成员业绩评估激励机制的构建，在合作社监督管理工作中具有十分重要的意义，业绩评估结果将决定监事工作业绩的评价、薪酬的确定、社会声誉，等等，能激发监事会成员对合作社监管的积极性和创造性。监事会的业绩评估制度的建设应由社员大会负责，考核的程序及内容应写入合作社章程，以便规范化管理。对监事的考核由社员大会主持，主要是对监事的能力、责任心和业绩进行考核，其中包括业务能力、工作态度、监督结果、职业道德、品行和工作业绩等内容。为了便于比较和保证评估的公开、公正与公平，社员大会每年都要对监事会及其成员的考核情况进行总结，并及时公示，接受广大社员的监督。

四、合作社的经营管理机构——理事会及其负责人（理事长）

（一）理事会的性质

理事会是社员大会按社章民主选举产生并任命，接受全体社员委托，执行社员大会决议、承担受托责任的权力机构。理事会负责合作社的具体生产经营管理工作，对社员大会负责，为社员利益最大化服务。社员大会是合作社管理的最高权力机构，但大会不可能对合作社生产经营中的任何业务都开会讨论，这就要选举产生理事会并授权其负责合作社具体的经营管理工作。理事会就相当于合作社的管家，社员大会拥有对合作社管理的最高决策权，并拥有对理事会工作的监督管理权，对理事会工作失误造成的损失拥有追究权。

（二）理事会的组成

理事会成员由理事长和理事组成。理事会至少由 5 名成员组成。理事会成员由社员大会在本社社员中选举产生，任期三年，可连任。社员直接在理事会成员中民主选举一名理事长，理事长为本社的法定代表人，领导理事会工作。社员较少的合作社可以不设立理事会，只设一名理事长，按社章规定在社员中民主选举产生。根据《农民专业合作社法》第三十七条、第三十八条规定，农民专业合作社的理事长、理事不得兼任业务性质相同的其他农民专业合作社的理事长、理事、监事。执行与农民专业合作社业务有关公务的人员，不得担任农民专业合作社的理事长、理事、监事、经理或者财务会计人员。

（三）理事会的职权

理事会行使下列管理职权：

（1）组织召开社员（代表）大会并报告工作，执行社员（代表）大会决议。

（2）制定本社发展规划、年度业务经营计划、内部管理规章制度等，提交社员（代表）大会审议。

（3）制订年度财务预决算、盈余分配和亏损弥补等方案，提交社员（代表）大会审议。

（4）组织开展社员培训和各种协作活动。

（5）管理本社的资产和财务，保障本社的财产安全。

（6）接受、答复、处理、执行监事或者监事会提出的有关质询和建议。

（7）决定社员入社、退社、继承、除名、奖励、处分等事项。

（8）决定聘任或者解聘本社经理、财务会计人员和其他专业技术人员。

（9）履行社员（代表）大会授予的其他职权。

为使农民专业合作社理事会行使的职权有章可循，农民专业合作社理事会制度应该对以下事项作出规定：

（1）理事会的规模大小、选举办法及流程、成员任期长短、是否连任。

（2）理事会的职责。

（3）理事会会议的表决办法。

（4）理事长的选举办法及流程。

（5）理事长的主要职责。

（6）理事会的日常工作程序等。

（四）理事会的决策与表决

理事会会议按合作社章程的规定定期召开。临时会议由理事长根据实际情况召集召开。理事会会议的表决，实行“一人一票”制度。重大事项集体讨论，并经过三分之二以上理事同意方可形成决定。理事会应当将所议事项的决定做成会议记录，出席会议的全体理事应当在会议记录上签名，理事个人对某项决议有不同意见时，其意见记入会议记录并签名。监事或者监事长、经理和社员代表可列席理事会会议，列席者无表决权，可见，合作社经营管理事项是在合作社利益相关方监督下，通过理事会民主讨论来决定，表决也实行多数决定原则。

（五）理事长

社员大会民主选举产生理事会并通过理事会对合作社实施管理控制。理事会是合作社经营管理的决策机构，这个机构的负责人就是理事长，理事长是法定必设职位，《农民专业合作社法》规定，合作社应当设理事长一名，作为本社的法定代表人，可连选连任。理事长在国家法律、法规以及章程规定的职权范围内行使职权、履行义务，代表合作社参加商业或民事活动，对合作社的经营和管理全面负责，并接受全体成员、监事会和有关机关的监督。理事长行使以下职权：

（1）主持成员大会，召集并主持理事会会议。

（2）签署本社成员出资证明。

（3）签署聘任或者解聘本社经理、财务会计人员和其他专业技术人员聘书。

（4）组织实施成员大会和理事会决议，检查决议实施情况。

（5）代表本社签订合同等。

（6）履行成员大会授予的其他职权。

五、经营管理执行机构——经理层

合作社的经理层包括经理及其聘任的下属，他们具体执行理事会的决议，负责合作社的日常生产经营与管理。

（一）经理

随着合作社的发展，其要在市场中与上游的农资供应商和下游的批发商、生产商进行合作，与同一生产领域的合作社及其他生产经营组织、企业进行市场竞争，合作社的生存压力会越来越大。为了提高生产经营效率以增强自身实力，合作社内部分工协作将会变得越来越复杂，这就要求掌握合作社市场营销、日常经营管理的专业技术人员加入，这些专业技术人员就是经理。

经理不一定是合作社的股东，按《农民专业合作社法》的规定，经理由合作社的理事会或理事长聘任，具体执行理事会或理事长的决定，负责合作社的日常生产经营与管理工作。经理可在理事会或理事长的授权下聘任其下级工作人员，他们共同组成经理层。现阶段我国绝大多数合作社没有外聘职业经理，而西方农业合作社大多设立了经理岗位，由受过专业化训练的职业经理对合作社进行日常经营与管理，国内合作社可根据自身的实际情况决定是否外聘职业经理。

（二）经理的产生

合作社的理事长或者理事会可以按照成员大会的决定聘任经理，理事长或者理事也可以兼任经理。经理按照章程规定和理事长或者理事会授权，执行理事会决议，具体负责合作社的日常生产经营活动。按照我国《农民专业合作社法》的规定，经理不是必设岗位，是否聘经理，合作社可依据自身的情况而定。根据《农民专业合作社法》第三十七条、第三十八条规定，农民专业合作社的经理不得兼任业务性质相同的其他农民专业合作社的经理。

（三）经理职权

经理按照章程规定和理事长或者理事会的授权，负责合作社的日常生产经营活动，具体行使以下职权：主持本社的生产经营工作，组织实施理事会的决议；组织实施年度生产经营计划和投资方案；拟订经营管理制度；提请聘任或者解聘财务会计人员和其他工作人员；聘任或者解聘除应由理事会聘任或者解聘之外的经营管理人员和其他工作人员；理事会授予的其他职权。可见，经理主要是执行理事会的决议，负责合作社的日常生产经营与管理。

（四）经理决策

经理按照章程规定和理事长或者理事会授权，负责合作社具体的生产经营活动，经理对理事会负责。经理拥有聘任权，可以聘任或解聘下级工作人员。

（五）经理选拔

选拔经理时，要求其能准确理解社员大会和理事会的决议，具有贯彻执行的能力。要熟悉合作社的生产经营，具有专业化管理才能；熟悉农村基层的情况，熟悉农业生产，熟悉市场营销。此外，在经理的聘用上要不拘一格，要打破身份、性别、地域限制，切实将热爱合作社事业、有奉献精神、诚实可靠、具有相应管理技能的人才选聘到经理的岗位上来。

需要注意的是，理事会成员、监事会成员和经理在合作社的内部管理中不得有以下行为：利用职权侵占、挪用或者私分本社资产；违反章程规定或者未经成员大会同意，将本社的资金借贷给他人或者以本社资产为他人提供担保；将他人与本社交易的佣金归为己有；从事损害本社经济利益的其他活动。理事会成员、监事会成员和经理有违反前述规定的，其所得收入应当收缴归本社所有；给本社造成损失的，应当承担相应赔偿责任，情节严重的应移交司法机关处理。

六、社员大会、理事会与监事会的关系

合作社设置了“社员大会—理事会—监事会”三权分立的治理结构，社员大会、理事会与监事会分别为合作社的最高权力机构、合作社的执行机构与监督机构。这三个机构功能各异、相对独立、相互分工配合与制衡，构成了合作社内部治理结构不可分割的有机整体。三个机构权力的相互制衡，确保了合作社内部管理、监督的有效性，防止权力不受限制而产生的机会主义、徇私舞弊，甚至是犯罪行为。社员大会、理事会与监事会“三会”之间的相互关系如下图所示。

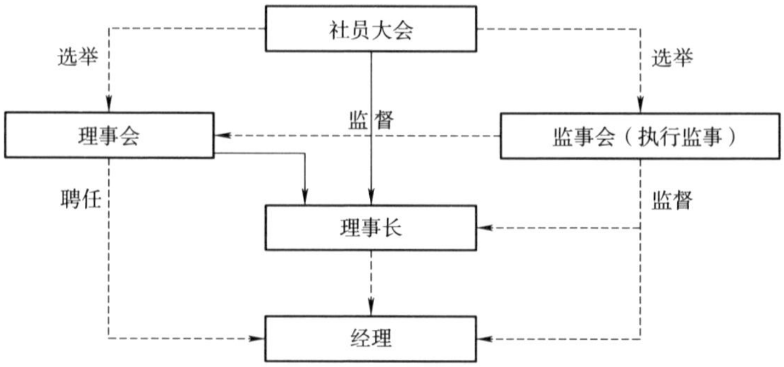

社员大会是合作社的最高权力机构，通过召开会议选举产生理事（包括理事长），形成理事会。理事是全体社员信任的受托人，承担受托责任，负责经营合作社，为全体成员的利益服务。如果合作社已设立了理事会，理事长可按社章规定由理事会成员从理事中民主选举产生；如合作社不设理事会，理事长可按社章规定由社员大会从全体成员中民主选举产生。社员大会与理事会之间形成一种基于信任的委托代理的权利、义务关系，其中社员大会是委托方，理事会是代理方。一旦理事会或个别理事（包括理事长）玩忽职守、徇私舞弊，社员大会可以依法解散理事会或解除理事（包括理事长）的职务直至移送司法机关处理。

理事会以经营管理知识、工作经验、专业技能和创新能力等为标准挑选和聘任适合于本合作社的经理人员。经理人员接受理事会的委托，便有了对合作社日常生产经营事务的管理权和代理权，但其权力受到理事会委托范围的限制，经理人员在其经营管理工作中不能越权。

社员大会拥有最高监督权，但其不可能“事必躬亲”。为了保证合作社正常有序地进行生产经营，防止理事会成员和经理人员滥用权力、徇私舞

弊，危及合作社、社员及第三方的权益，因此客观上需要设置一个机构对理事会成员和经理人员进行制衡和监督，这个机构就是监事会。监督工作中，理事会的决策程序、议事规则和决策人的职务行为，理事会的决策落实情况、合作社的生产经营情况都可置于监事会的监督之下。对理事会和合作社的生产经营进行有效监督能提高合作社决策的民主化、科学化和透明度，有效杜绝超权限、违反决策程序等违规甚至是违法行为的出现。合作社有了相应的管理机构、职权配置后，还应加强对各个机构的管理，以使其高效、健康、持续地运行。

第二节　人 才 聘 用

依据《农民专业合作社法》第二十九条第六款规定，“决定聘用经营管理人员和专业技术人员的数量、资格和任期”应由合作社成员（代表）大会决定。

一、聘用方式

一般来说，合作社的工作人员，主要是指专门聘任的经理、副经理和聘用的财务会计等专业技术人员。合作社选聘工作人员的途径主要有两条：一条途径是从合作社外部选聘。外部选聘的方式和来源也有很多，如通过人才市场选聘，加强与科研部门、高校联系合作，从中发现和挖掘人才。另一条途径是从内部选拔。内部培养和选拔人才的具体做法很多，但主要是要有一套系统的内部培养和选拔体系。如在合作社内部选拔销售、市场、财务、人力资源等人才集中培训，形成自下而上、梯队晋升、金字塔形人才储备制度；对关键岗位经理分职能培训，有针对性地培养专业化人才；对中层以上管理人员实行目标聘任制，并周期性按照任期目标责任制逐项评议，并将评议结果纳入晋升考核指标体系；建立内部人员晋升体制，为合作社工作人员明确其职业晋升路线，留住优秀人才等。

二、选聘流程

不管用哪种方式选拔人才，都要遵循一般的选聘流程。

1. 确定用人标准，明确拟选聘人员的岗位与数量，以及其履行职责所需要掌握的知识、技能和经验等要求。

2. 实行公开招聘，采用多种形式，向社会公布招聘工作人员的综合性信息，热情做好应聘人员的接待工作，明确告知参加笔试、面试等考核的内容安排和具体地点、时间。

3. 组织具体考核，按照履行岗位职责的综合素质要求，由理事会或理事会指定的专人负责，组成专门班子，对应聘者进行考察。

4. 决定录用人员，召开理事会，听取对应聘者考核情况的汇报，经过充分商议以后，最终从候选名单中确定具体录用人员。

5. 办理录用手续，根据理事会的决定，公布录用人员名单，依照有关法律、法规与其签订录用合同，具体明确规定双方的权利与义务。

第三节　项目投资管理

农民专业合作社在项目投资管理制度方面的制定，主要规定了以下内容。

一、项目投资范围

项目投资管理制度所规定的项目投资是指与农民专业合作社的生产经营有关项目的内部投资。

二、投资项目立项

农民专业合作社的理事会在接受投资项目的建议之后，便会派一支专门的调查小组进行实地考察和调查研究，以便最终确定是否采纳此项目。如果调查小组认为该项目是可行的，便会编制出一份可行性报告及实施方案，并按照法定的程序进行权限审核和审批。当农民专业合作社理事会对报送的投资项目可行性报告在审核之后也认为可行的，那么这份项目可行性论证材料才会得以审核并按程序提交有关会议审定。通常，一份完整的项目可行性论证内容应该包括：市场状况分析、投资额度、投资资金筹措、投资回报率、投资风险、投资占用时间、政策优惠条件、收益分配等。

三、投资项目审批和实施

通常，凡是超过理事长个人在农民专业合作社股金额度 2 倍以上的投资都属于重大投资。对于农民专业合作社的重大投资项目，应该由理事会审核，社员（代表）大会批准，理事会组织实施。一般投资则直接由农民专业合作社监事会审核，理事会审批，组建项目部实施。

四、项目投资资金筹措管理

1. 农民专业合作社的投资项目资金筹措应该以实现本社最广泛的社员及其最大限度的收益为原则，进而来确定资金的筹措渠道和范围。

2. 在国家部分投资，农民专业合作社有能力配套投资项目建设的情况下，农民专业合作社不得再动员社员入股投资和贷款投资。

3. 项目投资本合作社社员在规定时间内能优先入股投资。部分合作社社员不愿入股投资的，其他合作社社员的个人入股投资最高不得超过总投资额的20%，理事长个人入股投资最高不得超过总投资的30%，团体社员入股投资最高不得超过总投资额的40%。

4. 项目投资额度在合作社社员入社出资总额30%以内的，合作社经理事会决定，可以直接利用贷款投资。使用政府贴息贷款和农业担保公司担保贷款的项目投资，理事会审批投资权限额度可提高到社员在合作社入股出资总额的80%。

5. 采用合作社贷款投资项目的额度最高不得超过社员入社总出资额的80%，并要经过社员（代表）大会三分之二以上的参会人员同意。

五、投资项目建设监督管理

农民专业合作社监事会负责投资项目建设的质量、进度、安全和资金使用的监督管理。项目建设结束后，监事会需要组织项目建设验收和项目建设资金内部审计。

六、建成项目的经营管理

在项目建成验收之后，由农民专业合作社理事会负责，该项目纳入合作社一体化经营管理，但社员与合作社共同投资建设的项目要单独核算。

七、投资项目收益分配

1. 项目投资收益按投资股份分配。

2. 凡农民专业合作社使用国家扶持资金、其他捐赠资金、合作社公积金、社员未分配盈余和合作社贷款投资项目的，均属合作社对项目的投资，其投资收益应该计入合作社收入中，合作社社员可按盈余分配制度进行分配。

3. 由社员在合作社完成基本出资入股的基础上，又直接投资入股与合作社共同投资建设的项目收益，是按投资股份分配的。该制度的解释权由农民专业合作社理事会负责。

第四节　生产销售管理

农民专业合作社的生产销售管理制度主要体现在六个方面。

一、统一生产计划

农民专业合作社每年都需要根据市场需求和合作社的产品实际情况制订年度生产计划和每阶段生产规划。在制订了统一生产计划后，再签订相应的生产合同，并由合作社成员或加工厂等按计划落实生产进程。在签订合同时，要注意做到“八定”，即定面积产量、定质量规格、定农资农械需求、定技术服务、定安全生产责任、定产品交售办法、定加工要求、定管理人员工资报酬奖惩。

二、统一供应农资

农民专业合作社每年都需要根据合作社的生产和技术需求，统一为合作社成员或生产厂、加工厂组织采购、供应生产资料和设备。之所以要实行统一规模的采购工作，是为了尽可能地减少合作社成员的生产成本。农民专业合作社在统一采购时必须由专人负责，且保证所供应农资产品的质量至少要达到本合作社的各种生产、质量安全技术标准，若在购买农资方面造成的损失也应当由负责采购的当事人予以赔偿。

三、统一技术标准

农民专业合作社在制订了统一的生产计划，购买了优质农资产品后，需要进行农产品生产工作。在此过程中，需要有统一的生产技术予以指导，以便生产的农产品能够达到生产质量标准，能够有质量保证。所以在制定生产销售管理制度时，一定要逐步建立起产品质量追溯、检测监督等制度。

四、统一产品认证

在制定农民专业合作社统一认证方面的制度时，一定要注意提及无公害基地、无公害农产品、有机产品及地方名牌、著名商标等方面的内容，以便激励农民专业合作社不断改善生产技术，提升产品质量，以达到优质产品的标准。

五、统一指导服务

农民专业合作社主要实行管理人员或社员代表分生产区域、产业产品品种负责制，以便统一对社员或加工厂等进行产前、产中、产后的指导服务和管理。关于农民专业合作社的管理人员的报酬或补助分发，主要按照他们的任务完成情况进行考量。如果管理人员的工作出现问题，提供的服务不到位，并给农民专业合作社造成了一定的损失，那么这些损失应该由相关的管理人员负责赔偿。

六、统一加工销售

农民专业合作社统一生产加工，统一商标品牌，统一包装销售，能够更有力地打开市场，扩大销售渠道，从而降低销售费用，提高产品的附加值，增加成员的收入。为了使这一目标能够顺利实现，农民专业合作社应该在统一加工销售方面进行相应的制度建设。在收购合作社社员生产的产品时，相关负责人和社员一定要严格执行合同的规定，注意产品的质量、价格和数量，维护本合作社的形象和利益，在最短的时间内完成收购任务，以便农产品能够及时地进入市场。

第五节　社务公开

一、社务公开的内容

1. 合作社的发展规划，年度工作目标及执行情况；成员（代表）大会和理事会讨论决定事项的实施情况；理事会的年度工作目标执行情况；监事会的工作目标完成情况。

2. 合作社的年度财务计划、财务决算和债权债务情况。

3. 合作社成员的入社、退社、除名情况；成员在合作社的入股情况，公积金、国家财政扶持资金及接受其他捐赠量化到社员个人账户份额情况；成员与合作社的交易额（量）情况；成员的盈余分配、投资收益分配等情况。

4. 国家对本合作社的扶持及本合作社接受其他捐赠的收支、使用、管理情况。

5. 管理人员和技术人员的聘请、解聘及其工资、奖金、补贴和福利情况，公务活动方面的开支情况，工作业绩情况。

6. 资产的购置、使用、处置等管理情况以及收益情况；本合作社建设项目的投资、管理和收益情况。

7. 本合作社的办公费、差旅费、招待费、宣传费等非生产性支出情况。

8. 涉及本合作社成员的利益，以及成员普遍关心和要求公开的其他事项。

二、社务公开的形式

（一）以公开栏的形式公开

在农民专业合作社的办公地点设置社务公开栏，将公开事项逐条予以公布，并设置意见箱。

（二）以会议和公开信的形式公开

通过召开成员（代表）大会，发放社务公开内容资料，宣读公开内容进行公开，并且合作社还需要定期印发社员公开信并公开社员应知的内容。

（三）以填写发放社员证的形式公开

设计制作集注明社员身份、股金证明、社员个人账卡、社情员意、明白卡等各项信息于一体的社员证，适时填写发放公布，但不得取代公开栏。

三、社务公开的时间

每季度月底应该公布基本社务，且每年需定期公开四次。财务公开内容需每月公开一次。填发社员证公开，一般一年一次。此外，应当及时公开的事项需要随时予以公布。

四、社务公开的程序

1. 依照政策法规和社员的要求，监事会需根据本社的实际情况，提出社务公开的具体方案。

2. 理事会在对方案进行审查、补充、完善之后，需要根据公开的内容采取多种不同形式，并安排相关部门和人员及时并予以公布。

3. 监事会需要建立社公开档案以备查。

五、社务公开的意见反馈

每次在社务公开之后，理事会需要负责收集、听取、接受成员反映的询问、意见和投诉，并及时予以解释和答复。理事会能够当场答复的，需要当场给予答复；不能够当场答复的，应当于 7 日内作出答复。如果半数以上的成员对于社务公开的事项不同意，那么应当坚决予以纠正，并重新公布。对反映突出的问题要组织专门人员调查、核实、纠正，并督促整改落实。

六、社务公开的监督管理

对不按规定进行社务公开的，监事会可以责令其限期公开；对弄虚作假、欺瞒成员的，应该给予有关责任人员批评教育，并责令其改正；对拒不改正或者情节严重以及有打击报复行为的，可以建议理事会按程序对有关责任人员予以罢免职务和除名；对社务公开中发现有挥霍、侵占、挪用、贪污合作社财物及其他违法行为的，应当及时处理；对其中构成犯罪的，移交司法机关依法处理。

第六节 财务管理

一、农民专业合作社成员出资

《农民专业合作社法》规定，成员是否出资以及出资方式、出资额均由章程规定。因此，成员加入合作社并不一定都要以货币形式出资，而要看具体章程的规定。实践中，多数合作社都实行成员出资制度，这既是法规和政策的引导，也是实践的需要。一般来说，合作社实行成员出资制度，有以下几方面的原因：

一是实行成员出资制度，成员的出资可以作为合作社从事经营活动的主要资金来源，有利于合作社筹集资金，缓解资金压力，扩大经营规模。

二是成员以出资的方式加入合作社，有利于成员与成员之间、成员与合作社之间建立紧密的合作关系，促进成员对合作社的管理参与和业务参与，提高合作社的治理效率。

三是合作社实行成员出资制度，这部分出资可以明确合作社对外承担债务责任的信用担保基础，有利于合作社进行融资，提高市场信誉和竞争实力。根据法规规定，结合实践发展，合作社出资的种类和认定方式有一定的特殊性，这也是合作社与其他市场主体的重要区别之一。

（一）关于合作社成员出资的种类

合作社成员可以用货币出资，也可以用实物、知识产权等能够用货币估价并可以依法转让的非货币财产作价出资，如房屋、农业机械、注册商标等。成员不得以劳务、信用、自然人姓名、商誉、特许经营权或者设定担保的财产等作价出资。条例未规定成员可以用土地承包经营权作价出资。我国地少人多，目前全国农村社会保障体系尚未全面建立，土地承包经营权和宅基地使用权是农民安身立命之本，所以，目前多数地方仍不具备条件，不宜广泛提倡合作社的农民成员用土地承包经营权作价出资，特别是合作社的成员出资额及成员出资总额没有最低限额，要引导农民成员用其他非货币财产作价出资。对农民成员申报用土地承包经营权作价出资的，登记机关应当做好宣传、解释工作，讲清利害关系，并妥善处理。

（二）关于合作社成员出资的认定方式

合作社成员以非货币财产出资的，由全体成员评估作价。这一规定与《中华人民共和国公司法》关于“股东缴纳出资后，必须经依法设立的验资机构验资并出具证明”的规定截然不同；与新的《中华人民共和国合伙企业法》关于“需要评估作价的，可以由全体合伙人协商确定，也可以由全体合伙人委托法定评估机构评估”的规定也有所区别。合作社的出资认定制度与公司及企业法人的注册资本验资制度相比，成本很低，简便易行，有利于促使合作社在最简便的资产基础上尽快建立起来，从而促进农民专业合作社发展。

二、农民专业合作社的成员账户及作用

农民专业合作社的成员账户，是指合作社在进行某些会计核算时，要为每位成员设立明细科目分别核算。根据《农民专业合作社法》第四十三条的规定，成员账户主要记载三项内容：一是记录该成员出资额；二是记录成员的公积金份额；三是记录成员与合作社交易量（额）。这些单独记录的会计资料是确定成员参与合作社盈余分配、财产分配的重要依据。

通过成员账户，可以分别核算其与合作社的交易量，为成员参与盈余分配提供依据。根据《农民专业合作社法》第二十一条第三款规定，农民专业合作社成员可享有按照章程规定或者成员大会决议分享盈余的权利；第四十四条规定，在弥补亏损、提取公积金后的当年盈余，为农民专业合作社的可分配盈余。可分配盈余主要按照成员与本社的交易量（额）比例返还。合作社的可分配盈余应当按成员与本社的交易量（额）比例返还，返还总额不得低于可分配盈余的60%。而返还的依据是成员与合作社的交易量（额），因此分别核算每个成员与合作社的交易量（额）是十分必要的。

通过成员账户，可以分别核算其出资额和公积金变化情况，为成员承担责任提供依据。根据《农民专业合作社法》第六条的规定“农民专业合作社

成员以其账户内记载的出资额和公积金份额为限对农民专业合作社承担责任。”在合作社因各种原因解散而清算时，成员如何分担合作社的债务，都需要根据其成员账户的记载情况而确定。

通过成员账户，可以为附加表决权的确定提供依据。根据《农民专业合作社法》第二十二条第二款规定，“出资额或者与本社交易量（额）较大的成员按照章程规定，可以享有附加表决权”。只有对每个成员的交易量和出资额进行分别核算，才能确定各成员在总交易额中的份额或者在出资总额中的份额，确定附加表决权的分配办法。

通过成员账户，可以为处理成员退社时的财务问题提供依据。《农民专业合作社法》第二十八条第一款规定，“成员资格终止的，农民专业合作社应当按照章程规定的方式和期限，退还记载在该成员账户内的出资额和公积金份额：对成员资格终止前的可分配盈余，依照本法第四十四条的规定向其返还”。只有为成员设立单独的账户，才能在其退社时确定其应当获得的公积金份额和利润返还份额。

除上述法律规定外，成员账户还具有方便成员与合作社之间进行其他经济往来的作用，比如成员向合作社借款等。

三、农民专业合作社成员账户建立

为便于将合作社与成员和非成员的交易分别核算，《农民专业合作社法》规定了成员账户的核算方式。合作社为每个成员设立单独账户进行核算，就可以清晰地反映出其与成员的交易情况，与非成员的交易则通过另外的账户进行核算。根据《农民专业合作社法》第四十三条的规定，成员账户主要记载三项内容：一是记录该成员的出资额。包括入社时的原始出资额，也包括公积金转化的出资，成员退社时，应将出资额退还给成员；二是记录量化为该成员的公积金份额；三是记录成员与合作社交易量（额）。

交易量（额）的大小，体现了成员对合作社贡献的大小。交易量（额）是成员账户的一项重要指标，也是对成员进行盈余返还的重要依据。《农民专业合作社法》第四十二条第二款进一步明确，“每年提取的公积金按照章程规定量化为每个成员的份额。”每个成员量化所得的公积金就记载在成员账户内，但成员退社时可以带走。公积金进行量化的标准，法律并没有明确规定，而是由合作社在章程中规定。实践中，有成员人数、成员出资、交易量（额）等不同量化标准。

四、农民专业合作社公积金的提取及使用

农民专业合作社提取的公积金，是农民专业合作社为巩固自身的财产基础，提高本组织的对外信用和预防意外亏损，依照法律和章程的规定，从利润中积存的资金。根据《农民专业合作社法》第四十二条规定，“农民专业合作社可以按照章程规定或者成员大会决议从当年盈余中提取公积金。公积金用于弥补亏损、扩大生产经营或者转为成员出资”。这条规定说明了合作社提取公积金的程序、方式和用途。

农民专业合作社是否提取公积金，由其章程或者成员大会决定，不是强制性的规定。这是因为不同种类的农民专业合作社对资金的需求不同，不同种类的农民专业合作社的盈利状况也不一样，因此不能强求每个农民专业合作社都提取公积金，而是要根据合作社自身对资金的需要和盈利状况，由章程或者成员大会自主决定。

公积金从农民专业合作社的当年盈余中提取，比例由章程或者合作社成员大会决定。只有合作社当年有了盈余，即合作社的收入在扣除各种费用后还有剩余时，才可以提取公积金。

公积金的用途。公积金的用途主要有三种：一是弥补亏损。由于市场风险和自然风险的存在，合作社的经营可能会出现波动，有的年度可能有利润，有的年度则可能出现亏损。有了亏损，就会影响合作社的正常经营和运转，因此，在合作社经营状况好的年份，从盈余中提取公积金以弥补以往的亏损或者防备未来的亏损才能维持合作社的正常经营和健康发展。二是扩大生产经营。为了给成员提供更好的服务，合作社需要扩大生产经营，如购买更多的农业机械、加工设备、购买运输车辆，建设贮藏农产品的设施等，这些都需要增加合作社的资金实力。在没有成员增加新投资的情况下，从当年盈余中提取公积金，可以积累扩大生产经营所需要的资金。三是转为成员的出资金。在合作社有盈余时，可以提取公积金，并将这些成员所占份额转为成员出资。

五、农民专业合作社的公积金量化

根据《农民专业合作社法》第四十二条第二款规定，合作社“每年提取的公积金按照章程规定量化为每个成员的份额”，这是合作社在财务核算中的一个重要特点。农民专业合作社的公积金的产生，来源于成员对合作社的利用，本质上是属于合作社成员所有的。为了明晰合作社与成员的财产关系，保护成员的合法权益，农民专业合作社法规定公积金必须量化为每个成

员的份额。

为了鼓励成员更多地利用合作社，在一般情况下，公积金的量化标准主要依据当年该成员与合作社的交易量（额）来确定。当然，合作社也可以根据自身情况，根据其他标准进行公积金的量化。一种是以成员出资为标准进行量化；另一种是把成员出资额和交易量（额）结合起来考虑，两者各占一定的比例来进行量化；还可以单纯以成员平均的办法量化。此外，由于成员与合作社的交易量、出资比例每年都会发生变化，每年的盈余分配比例也会有所变化，因此，应当每年都对公积金进行量化。需要特别注意的是，每年公积金的量化情况应当记载在成员账户中。

六、农民专业合作社盈余分配

农民专业合作社经营所产生的剩余收益，《农民专业合作社法》将其称为盈余。举个简单的例子，假设某农民专业合作社将成员生产的农产品（假设共 3000 千克）按 11 元/千克卖给市场，为了弥补在销售农产品过程中所发生的运输、人工等费用，合作社会首先按 10 元/千克付钱给农民，同时按 1 元/千克留在合作社，共计 3000 元钱。假设年终经过核算所有费用合计为 2000 元，这样合作社就产生了 1000 元剩余，这 1000 元剩余就是成员的农产品出售所得扣除共同销售费用后的剩余，即合作社的盈余。

《农民专业合作社法》第四十四条第一款规定，“在弥补亏损、提取公积金后的当年盈余，为农民专业合作社的可分配盈余”。即可分配盈余＝当年盈余－弥补亏损－提取公积金。如上，虽然当年的盈余为 1000 元，但如果合作社上一年有 200 元的亏损，那么在分配前就应当先扣除 200 元以弥补亏损。如果按照章程或者成员大会规定需要提取 200 元作为公积金，那么当年的可分配盈余就只有 600 元（1000 元－200 元－200 元）。可分配盈余的分配，主要应根据交易量（额）的比例进行返还。根据《农民专业合作社法》第四十四条规定，“按成员与本社的交易量（额）比例返还，返还总额不得低于可分配盈余的 60％”。剩余部分可以根据合作社自身情况，按照成员账户中记载的出资额和公积金份额，以及本社接受国家财政直接补助和他人捐赠形成的财产平均量化到成员的份额，按比例分配。实践中，合作社成员出资额不同的情况大量存在。

七、农民专业合作社的可分配盈余与分配

依据《农民专业合作社法》第四十条规定：农民专业合作社的理事长或

者理事会应当按照章程规定，组织编制年度业务报告、盈余分配方案、亏损处理方案以及财务会计报告，于成员大会召开的十五日前，置备于办公地点，供成员查阅。

农民专业合作社的可分配盈余是在合作社盈余中扣除弥补亏损、提取公积金后，可供当年分配的那部分盈余。如上面的例子，虽然当年的盈余为1000元，但如果合作社上一年有200元的亏损，在分配前就应当先扣除200元以弥补亏损。如果按照章程或者成员大会规定需要提取200元作为公积金，那么剩余的600元就是当年可分配盈余。

可分配盈余的分配，主要应根据交易量（额）的比例进行返还。根据《农民专业合作社法》第四十四条规定，按成员与本社的交易量（额）比例返还的盈余不得低于可分配盈余的60%。农民专业合作社是从事农业生产的农民组建的互助性经济组织，成员利用合作社的服务是合作社生存和发展的基础。比如农产品销售合作社，如果成员都不通过合作社销售农产品，合作社就收购不到农产品，也就无法运转。对于农业生产资料合作社来讲，如果成员不通过合作社购买生产资料，合作社也就失去了存在的必要。因此，成员享受合作社服务的量（即与合作社的交易量）就是衡量成员对合作社贡献的最重要依据。成员与合作社的交易量也就是产生合作社盈余的最重要来源（当然成员出资也扮演了重要角色）。

按交易量（额）的比例返还是盈余返还的主要方式，但不是唯一途径。合作社可以根据自身情况，按照成员账户中记载的出资额和公积金份额，以及本社接受国家财政直接补助和他人捐赠形成的财产平均量化到成员的份额，按比例分配部分利润。这是因为，在现实中，一个合作社中成员出资不同的情况大量存在。在我国农村资金比较缺乏，合作社资金实力较弱的情况下，必须足够重视成员出资在合作社运作和获得盈余中的作用。适当按照出资额进行盈余分配，可以使出资多的成员获得较多的盈余，从而实现鼓励成员出资，壮大合作社资金实力的目的。此外，成员账户中记载的公积金份额、本社接受国家财政直接补助和他人捐赠形成的财产平均量化到成员的份额，也都应当作为盈余分配时考虑的依据。这是因为，补助和捐赠的财产是以合作社为对象的，而由此财产产生的盈余则应当归全体成员平均所有。

本章小结

本章主要讨论了农民专业合作社的规章制度管理。首先阐述了组织结构与人才聘用，完整的农民专业合作社的组织结构应包括社员、社员大会、监事会、理事会及其负责人（理事长）、经理层等；合作社决定聘用经营管理人员和专业技术人员的数量、资格和任期应由合作社成员（代表）大会决定，通常从合作社外部选拔聘用、内部选拔聘用，外部选聘需要遵循选聘流程。其次阐述了农民专业合作社的项目投资管理与生产销售管理，项目投资管理方面主要讨论了项目投资范围、投资项目的立项、审批、实施、资金筹措管理、建设监督管理、经营管理、收益分配等内容，当前引导合作社了解项目投资管理很有必要；生产销售管理方面主要介绍了管理制度的“六统一”，即统一生产计划、统一供应农资、统一技术标准、统一产品认证、统一指导服务、统一加工销售。最后阐述了社务公开与财务管理，财务公开方面主要介绍了社务公开的内容、形式、时间、程序、意见反馈、监督管理等内容，为了增强合作社的凝聚力，合作社应按照规定及时进行社务公开；财务管理方面主要介绍了合作社的成员出资、成员账户及作用、成员账户建立、公积金的提取及使用、盈余分配及可分配盈余与分配等内容，合作社需结合自身实况，制定切实可行的分配方案，编制年度业务报告、盈余分配方案、亏损处理方案以及财务会计报告等。

本章习题

1. 农民专业合作社的组织结构主要有哪些？

2. 农民专业合作社在项目投资管理制度方面主要包含哪些内容？

3. 农民专业合作社的生产销售管理制度主要体现在哪些方面？

4. 农民专业合作社社务公开的形式主要有哪几种？

5. 什么是农民专业合作社的可分配盈余？其计算方式和分配办法是怎么进行的？

参考文献

白兆秀，孙晓宁，梁鹏，2016. 农民专业合作社财务管理［M］. 北京：中国农业大学出版社.

白立枕，2007.《农民专业合作社法》解读［M］. 北京：中国社会出版社.

陈建敏，2020. 农民专业合作社利益分配法律制度研究［M］. 北京：中国林业出版社.

胡北忠，2021. 农民专业合作社财务核算与管理［M］. 北京：科学出版社.

姜孟亚，2006. 农民专业合作社法释义［M］. 北京：中国法制出版社.

任中秀，2019. 农民专业合作社法治化治理［M］. 北京：经济管理出版社.

许英，2020. 农民专业合作社社员权制度研究［M］. 北京：法律出版社.

幸平，2008. 农民专业合作社法律指南［M］. 西安：陕西人民出版社.

第五章 农民专业合作社规范运营管理

本章要点

1. 掌握农民专业合作社规范运营标准
2. 熟悉农民专业合作社规范运营抓手
3. 了解农民专业合作社规范运营模式

关键词

农民专业合作社；规范运营；农民专业合作社运营模式；运营管理

第一节 规范运营标准

规范的农民专业合作社至少应该具备以下特点：基础设施完备、组织结构健全、章程制度完善、社务管理民主、财务管理规范、成员权益明确、服务经营能力强、经营效益良好、经营服务统一、盈余返还合法。具体来说应具备以下九方面标准。

（1）依法登记注册。合作社申请设立、发生变化、联合社登记，须及时向工商部门登记、申请变更或备案、按照相关管理文件办理。

（2）规范合作社规章制度。真正体现“民管”，制定出符合合作制原则又切合当地实际的章程，建立健全成员代表大会、理事会、监事会“三会”制度，规范财务管理制度和人事管理制度等，并建立合理的利益分配及积累机制等。

（3）实行年度报告制度。农民专业合作社要通过企业信用信息公示系统定期向工商部门报送年度报告。有关部门根据年报公示信息，加强对农民专业合作社的监督管理和配套服务，实施奖惩制度。

（4）完善协调运转的组织结构。合作社要依法建立成员（代表）大会、理事会、监事会等组织机构。各组织结构要切实履行职责，密切协调配合。

（5）健全财务管理制度。认真执行财务会计制度，配备会计人员或将农民合作社财务进行委托代理，设置会计账簿，规范会计核算，并及时向登记机关和农村经营管理部门报送会计报表，并抄报有关行业主管部门。

(6) 建立成员账户和管理档案。合作社应为每个成员建立成员账户，准确记载成员出资额、公积金量化份额、与农民合作社交易量（额）等内容。加强档案管理，建立符合自身产业特点、行业要求的基础台账。

(7) 收益分配公平合理。收益分配事关农民合作社成员的切身利益，农民合作社应按照法律和章程制定盈余分配方案，经成员（代表）大会批准实施。

(8) 定期公开社务。建立社务公开制度，法律章程要求公开的必须向成员如实公开，逐步实现公开事项、方式、时间、地点的制度化。

(9) 坚持诚信守法经营。强化产品质量安全，实行农产品质量标识制度。开展种植养殖废弃物利用和无害化处理，防止环境污染。加强合作文化建设，弘扬互助协作、扶贫济困、团结友爱传统美德，营造良好的乡风民风社风。

第二节　规范运营抓手

要想使农民专业合作社得以规范化运营，合作社就必须遵循“指导、扶持、服务”和“成员所有、成员控制、成员受益”的两大原则，主要从以下十个方面着手做出努力。

一、抓好宣传培训

首先，从农民专业合作社的角度而言，合作社要定期对本社成员开展知识培训和技能培训。另外，合作社也要积极地做好技术交流和经验总结，为本社做好宣传和推广工作。其次，从各级党委和政府的角度而言，要充分利用其各级行政组织资源，通过各种形式宣传贯彻与合作社相关的法律法规和优惠政策，以促使该地的农民专业合作社及时获取政策信息。再次，从各级经管（农业）部门的角度而言，要充分利用各种培训指标对农民专业合作社的辅导员、负责人和财务会计人员进行培训，以提升合作社人员的工作质量和效率。

二、抓好示范指导

为促进农民专业合作社的发展，各地应该在众多的合作社中选取一批优秀的、有潜质的合作社进行重点指导与建设，让它们达到示范社的标准。之后可将这些示范社作为标准，引导和带动其他合作社健康快速发展。除了要抓好示范建设之外，各地也应该加强对农民专业合作社的指导力度。首先要指导合作社建立好辅导员制度，并促使各辅导员深入合作社进行现场指导工作，以协助解决合作社的相关问题。其次要指导合作社健全其组织机构，以充分发挥农民专业合作社成员大会、理事会、监事会等职能。最后要指导合作社制定完善的章程和各项规章制度，如制定成员大会、成员代表大会、理事会、监事会、经营管理、财务、人事、档案等各项制度，以保障社员当家做主的权利和地位。

三、抓好登记备案

之所以要抓好登记备案，主要是为了提高农民的组织化程度，保障社员的合法利益不受侵犯。除了农民专业合作社的有关部门要做好此项工作之外，各地相关机构、组织也要监督。同时积极引导农民合作社在设立登记、建章立制、股权量化、利益分配、信息公开、民主管理等方面开展规范化建设，提高管理水平，通过完善运营机制、强化生产服务、增强营销能力、强化利益联结等途径，提高农民合作社规范化建设水平。

四、抓好统一服务

这里所说的“统一服务”指的是农民专业合作社按照成本原则为社员提供联合购买、联合销售、技术帮助等服务。一般来说，农民专业合作社的统一服务做得越好，社员与合作社之间的关系就越紧密，合作社的规模、效益也就越稳定。所以，各地的农民专业合作社应该积极做好此项工作，以便将合作社做大做强，进而提高抵御自然风险和市场风险的能力，最终发展成为一个真正为社员谋福利的、有能力参与市场竞争的现代化农业经营组织。

五、抓好财务管理

农民之所以会加入农民专业合作社，一部分原因是要获取更高收益，所以，合作社要想赢得成员的信任，就必须在财务方面做好工作。抓好财务管理的核心工作就是要为每个成员建立账户，以清晰记录并明确每个成员在合作社付出了多少成本，每个社员与合作社之间有多少交易量，量化给每个社员的公积金分别是多少等问题。

六、抓好盈余分配

做好农民专业合作社的盈余分配工作，需要注意以下几种情况：一是如果合作社执行的是“成本原则”，年终没有盈余就不分配；二是如果年终合作社有盈余，并且经成员们商议之后统一留作积累，也可不分配；三是如果年终合作社有盈余，而且成员们讨论之后决定要进行分配，那么合作社就应该按照《农民专业合作社法》的相关规定来进行分配。分配的基本原则是按交易额返还盈余不得低于盈余分配总额的60％。

七、抓好服务能力

农民专业合作社规范化运营对其发展非常重要。首先，规范化运营有利于提升农民专业合作社的运作管理机制，更便于合作社的日常业务管理及盈余分配等工作的开展。其次，规范化运营是农民专业合作社赢取国家政策扶持、金融支持的根本前提。再次，规范化运营有利于农民专业合作社吸纳更多的新社员，为合作社未来做强、做大提供有利条件。此外，规范化运作达两年的农民专业合作社不仅有资格申请国家的示范社项目，还可以重点围绕产业发展来申报各类项目。

八、抓好联合合作

鼓励和引导农民合作社进行联合或合并重组，扩大经营服务规模，培育发展一批起点高、规模大、竞争力和带动力强的合作社。一是同行联合。依托区域特色优势产业，同行业、同类型农民合作社在劳动、产品、资本等方面开展联合，增强发展实力。二是同域联合。同地区不同行业的合作社通过联合，解决一些合作社共同需要、单个无法办理或办起来不合算的事情，提高产业组织化水平。三是同链联合。鼓励合作社与龙头企业采取订单、农业生产托管、保底收益、信贷担保、风险补偿等多种方式，建立农业产业化联合体，提高产业竞争力和抗风险能力。

九、抓好风险排查

积极引导农民合作社增强风险意识，强化底线思维，建立健全风险防控长效机制。开展农民合作社领域金融风险排查工作，重点排查打着合作金融的旗号，超范围吸收资金，用于转贷赚取利差的农民合作社。开展农民合作社涉黑涉恶线索摸排，重点排查农民合作社是否涉及黑恶势力垄断农业资源、侵犯农民群众合法财产、扰乱市场正常秩序等问题。

十、抓好清理整顿

根据“运营规范”“运营一般”“未运营”三种类型，开展农民合作社运营调查摸底工作。对运营规范的合作社，完善运营制度，提升管理水平和带动能力，提质增效；对运营一般“弱、小、散”的合作社，按照“缺什么补什么”的原则，明确整改要求限期规范完善；对长期未经营，无发展条件，又无法联合或合并的“空壳社”和“挂牌社”，进行清理注销；对尚有发展条件的合作社，实行“一社一策”，帮助建立各项运营制度，按照规范化发展要求，逐步促其规范运营。

第三节　规范运营模式

一、“能人＋合作社＋农户”模式

该模式一般由多年从事生产、运销、技术推广和村镇管理的乡村专业大户、经纪人、技术员和村干部等精英牵头，联合从事同种专业生产的农民自发创立。这些乡村精英多数技术上有专长，善经营、会管理，有丰富的种养经验或营销经验，并有一定的社会资源和社会影响。具体有：专业大户引领型、技术能手领办型、运销大户或经纪人领办型、乡村干部带动型、农民经纪人带动型。“能人＋合作社＋农户”的运营模式主要是由懂技术、会经营，长期专门从事农产品种养、生产、运销等有威望的能人（或农村精英）利用他们现有的技术、生产能力或销售渠道，联合从事同类农业生产的农民自愿参与并牵头组建的专业合作社模式。这种类型的合作社在当今农村最为普遍，在引导农民发展生产、疏通产销环节、获取市场信息、顺利进入市场等方面起了很大的作用。在该模式下，合作社主要依靠能人大户的投资开展各种生产经营活动，能人大户既是管理负责人又是决策者，因此能人的技术生产水平、经营组织能力、社会资源、市场开拓与奉献精神等各方面的能力、品质与资源对合作社的整体经营发展起着决定性作用。合作社的实际生产经营及管理往往由能人包办，组织与成员之间的关系主要依靠能人的个人威望来维系。此外，由于在合作社的整个经营过程中决策权都由能人大户掌控，小户社员由于投入资金少，发言权有限，因而不能激发小户社员的参与积极性，也使得他们不能有效行使监督权，加之合作社对大户过分依赖，一旦能人大户决策失误，必将造成合作社的重大损失。

二、“龙头企业+合作社+农户”模式

该模式由农户负责农业生产，专业合作社侧重联系和服务，公司侧重产品营销和加工，实行市场牵“龙头”，“龙头”带基地，基地连农户，进行一体化经营，形成“风险共担，利益共享”的经济共同体。农村专业合作社与龙头企业之间通过合同关系或股份合作关系保持稳定的业务联系和利益联结。在农业产业化经营过程中，由于加工流通企业的拉动效应常被相关的研究者和政策制定者称为“产加销”“农工贸”一体化经营的“龙头”。高度发达的现代加工流通企业，特别是具有规模化生产和销售市场的食品加工企业，更需要建立质量稳定的原材料批量供应基地和组织，这就为龙头企业主动引导农户创建专业合作社提供了动力。

龙头企业在此特指规模较大、经济效益好、带动能力强、具有市场竞争力的农产品加工和流通企业。龙头企业负责提供农资采购、技术指导、农产品加工、获取信息、市场销售等服务，农户负责农产品生产，作为在企业与农民之间起桥梁作用的合作社则侧重联系和服务，把农户与企业之间的直接交易转化为组织化的间接交易，将农户农业一线产品生产与龙头企业农产品专业化加工、销售联结起来，发挥企业的生产技术、市场营销等优势，以达到产、加、销一体化经营的目的。这种模式的优点是利用合作社作为中介机构把农户和企业联结起来，使农产品有稳定的销路，可以在一定程度上降低农户的市场交易费用和风险。同时企业在技术、资金、加工、储运、销售和市场信息等方面有较为明显的优势，可以指导合作社农户进行规范化、专业化、规模化农业生产，并对合作社的农产品进行深加工，拓展其增值空间。

龙头企业与合作社往往通过签订合同以明确双方的权利、义务，合作社作为中介并与农户结成利益共同体。一般情况下，合作社负责农业一线生产，龙头企业则向合作社提供技术、市场信息等服务。联合经营中，合作社具有动员、组织和管理大量分散农业生产者的能力，产业化经营中能为龙头企业降低人力管理成本和违约风险；再者，龙头企业具备完善的产品生产、加工、营销机制，市场竞争力强。同时龙头企业的管理、技术、营销等优势资源通过合作社可延伸到农户的生产过程中，有利于农户提高生产经营效率，双方优势互补，从而实现合作共赢。

企业带动型也有其不足之处，即企业和农民双方的权利义务关系完全由合同或协议界定，企业通常都处于强势地位，而分散的农户则处于依附地

位，因而合同中的权利与义务往往是不对等的，一旦市场发生变化，企业往往以其强势地位向农户转嫁风险，结果损失最多的还是农民，农民常常成为受害者。

三、“政府部门十合作社十农户”模式

政府部门引导型的专业合作社通常是指政府相关部门为了贯彻农业发展战略，利用政府行为号召农民联合起来，并具体指导和帮助农民组建形成具有合作性质的农村经济组织的一种模式。这类的专业合作组织的组织体系都是在政府主导推动下形成的，或多或少地带有官办的色彩。典型的例子有日本、印度、泰国和韩国等亚洲国家。主要有两种类型：一是科协或农技部门领办型，一般采用“部门＋协会＋农户”的运营模式。二是政府部门领办型，即由政府有关部门发起创建“部门＋合作社（协会）＋农户＋基地”模式的专业合作社。

四、“基层组织十合作社十农户”模式

为充分发挥地区资源的优势，做大做强农业产业，通常由乡镇或区县政府出面组织，全县乡范围内围绕发展当地主导产业，联合加工企业、科研单位、农户等形成的行业协会或经济合作组织。一般由政府依据自己的行政力量在其所辖区域内先搭起专业协会的“架子”，然后再吸收一些专业大户为理事，自上而下组建。典型模式如贵州安顺塘约村模式、山东烟台模式、贵州毕节党组织领办集体合作社、浙江缙云县好溪村模式。

农村基层组织包括设在镇（办事处）和村一级的政府各种基层组织，这里主要指村级组织，包括基层政权、基层党组织和其他组织，一般为村民委员会、村党组织和政府基层部门。农村基层组织通过行使动员、组织农民群众的职能，将普通农民群众以利益为纽带组织起来，帮助引导农民从以独立个体劳动为主的分散小农生产方式向相互依存、资源共享、分工协作、共同创造财富的规模化经营方式转变。该运作模式正是由村民委员会、村党组织、基层部门挖掘和运用其资源和优势（特别是行政资源优势），以维护农民的合法权益为宗旨，组织农民围绕当地的特色农业进行生产经营而创办的农民专业合作模式。

该模式主要是能发挥村级组织的带动能力和村干部整体素质较高的优势，根据本村的生产条件和经营传统、习惯，把同行业的农户组织起来成立合作社，合作社为他们提供统一服务，解决生产经营中的难题。该经营模式

的主要特点包括：第一，以集体所有的土地、农机、水源、房屋等要素作为经营基础，较多采用股份合作制的组织形式，对集体土地实行集中经营，提高了经营效率。第二，经营的综合性比较强，一方面，对集体的耕地、林地等进行综合规划，统筹安排，因地制宜，分类经营、管理，提高了经营效率；另一方面，由于受地方政府的保护与支持，这类合作社大多拥有较强的经济实力和比较优越的资源条件，有些还建立了由集体投资的企业，能够用企业的收益支持合作社的发展。第三，村级行政组织与合作社管理合二为一，能够充分利用村集体组织的人力资源。第四，农村基层组织作为最贴近农民的村级组织，通过动员、示范、维权等方式激发农民合作生产的积极性与主动性，切实有效地动员和带领农民以合作的方式开展农业生产活动。同时由于基层组织最了解农民，可通过适当的教育培训，增强农民的市场意识，不断引导农民根据市场需求进行生产，不断提高其在市场竞争中的实力。

但该经营模式也存在缺陷，主要包括：第一，合作社建立在原有的集体经济之上，以土地承包经营权股份合作作为产权基础，使得合作的范围一般仅限于本村村集体的范围之内，覆盖面窄，社员也局限于同乡、同村范围内，发展规模小，农副产品科技含量低，产品销路单一，辐射发展带动能力差。第二，受集体组织经济实力与资源条件影响较大，只适应于农村工业化、农业产业化发展比较充分的地区和党支部、村委会经营管理能力强的村。第三，合作社很大程度上或依靠或依附于基层组织，生产经营与管理往往没有独立性，长此以往，合作社最终可能异化为基层组织的一个职能部门。

五、“集体经济＋合作社＋农户”模式

一是由乡村集体经济改制形成。依托村或乡镇社区组织优势，以社区组织的人力、物力为后盾，吸收本村及周围农村从事同一专业生产的农民建立合作社，发展专业化生产，实行社会化服务和企业化管理。具有一定的区域性，多是村集体延伸兴办服务组织，村经济联合社干部指导农民生产，组织集中销售，使农民增收。

二是由乡镇供销合作社转制形成。

三是“支部＋协会”型。

四是由集中资源联合经营。这种农村合作经济组织形式以村组为单位，将农民分散的资源集中起来联合经营，进行规模化种养。

五是农村合作经济组织联合会。农村合作经济组织服务范围涵盖了植保、农机、养殖等产业及金融、物流等领域，加入农村合作经济组织联合会的会员是农民专业合作社、村级综合服务社、农技水利服务中心、各类农业龙头企业、供销合作社、农村信用社等市场经营服务主体，同时也有相关负责人、各村经联社社长、农产品经纪人、种养殖大户等。

上述五种合作社的运营模式各有利弊，应根据当地的经济条件、资源禀赋、合作对象、市场化程度、政府的支持力度等情况，因地制宜、因势利导，选择合适的发展模式。同时还要注意在不同的经济发展阶段审时度势，选择恰当的经营模式以帮助合作社发展取得成功，实现提高广大成员收益的目的。

第四节 规范运营管理

一、法人治理正规化

按照《农民专业合作社法》的规定，农民合作社其内部的法人治理结构一般由入社成员（代表）大会、理事会、监事会等三部分组成。其中成员（代表）大会是最高权力机构，理事会是工作执行机构，监事会则是监督机构。在法人治理结构上应注意以下三方面问题。

（一）合作社内部可发展和存在两种社员制

一是入社又入股的叫正社员，一般都要放到常务理事会与监事会中；二是入社未入股的叫准社员，他们只享受合作社服务的优惠条件。

（二）股份制合作社中应实行“非均股制”

目的在于鼓励资金雄厚的农民入股，以扩大和增强合作社经济发展的实力。

（三）合作社的重大问题采取两种表决形式

即“一人一票制”和“一人权票制”。在“一人一票制”基础上，实施“一人权票制”，不得超过总票数20%的附加表决票。

二、权利义务明朗化

所谓权利义务明朗化，是指入社成员与合作社双方的权利义务在章程中有明确、详细的规定。在合作社实际运作中要有制度作保证，防止在以后运作中入股、入社的农民在与合作社的经济交往时出现麻烦。做到明朗化必须注意以下三点。

（一）履行成员入社相关手续

要由本人自愿申请，理事会通过，缴纳会费，履行合作社权利义务，合作社予以登记在册，并同时发给《社员证》，入股社员发给《正社员证》，不入股的社员发给《准社员证》。无论哪种社员证，都要贴有本人照片，并加盖合作社公章，方为有效证件。

（二）发放合作社《章程》

对正社员每户务必发放一本由本人签字盖章的合作社《章程》，便于双方经常对照各自的权利义务，打牢合作社的基础。同时，合作社要制订在《章程》指导下的相关规章制度，在打造制度的执行力上“来真的、动实的”，以保证合作社发展的严肃性和规范性。

（三）签订必要的责权利合同

在协调合作社内部利益调整上，必须要靠经济合同的契约来规范，特别是对于统一购销活动、盈余分配、税后分红等，更要注意按合同办事。

三、服务功能多样化

目前广大产业农民对当今成立起来的农民合作社“期望值”很高。因此，农民合作社在有条件的时候，应该逐步做到全方位服务。具体应做到以下六点。

（一）信息服务要及时

当前要重点帮助农民解决好信息不及时、不全面、不对称、不真实的情况。尤其产品价格信息，这是农民最关心的问题。所以，农民合作社要把信息服务放在首位。

（二）资金服务要创新

农民合作社如果在资金服务有能力的前提下，可直接无利息地借助农民发展产业；也可以协调地方信用部门贷款给农民发展生产；还可以探索在合作社内部成立资金互助社，开展互助活动，把农民的闲散资金集合起来变成合作信贷资本，灵活方便地服务农民。

（三）物质服务要拓展

农民合作社可根据自己生产产品所需农用物资实际，由合作社统一组织保本代办，以降低生产成本，保证物资质量，缓解流动资金压力，直接增加经济收入。同时，逐步做到不仅在生产资料购销上统一服务，而且在大宗生活用品或食品上，如入社农民家庭所食用的大米、白面、食用油等，均可实行统一购买，确保入社农民生产生活都能降低成本和保证购进产品的质量。

（四）技术服务要实用

作为农民合作社要定期或不定期地开展科技培训活动。同时要尽量在本乡本土聘请技术人才，他们提供的生产技术，农民易学、易懂、易接受，听了能学会、学了能应用。这样不仅可以将科学技术直接转化为生产力，而且比一家一户聘请技术顾问要省钱省事得多，这也是降低科学技术成本的重要方面。

（五）营销服务要配套

入社成员生产的农产品或畜牧产品，一般要经过合作社销售出去。有的采取订单形式，统一价格对内收购，再对外销售；有的采取经纪人集中收购，然后再对外销售。但对于订单形式集体收购销售的，必须找好定点的销售单位或企业；集中销售的要做好经纪人的工作保证产供销协调发展。

（六）品牌服务要跟上

农民合作社要勇于出资为入社农民生产的产品申办商标、注册品牌；同时对生产的农副产品或畜牧产品，还要申报无公害产品、绿色食品和有机食品的绿色标识。这样不仅能提高入社农民生产的产品的“身价”，增加经济效益，而且还能占领市场份额。

四、财务核算独立化

财务核算独立化有两层含义：一是要有财务核算，建立财务账，并设立社员个人账户。规模较小的合作社可委托代理建账；规模较大且产品经营量多的合作社务必设立专职的财会人员队伍。二是要独立核算，独立建账。尤其对那些依托龙头企业、农业服务部门或其他单位组建的合作社，更要独立建账；国家注入财政扶持资金后，其财务管理更要规范，以备随时审计。具体做好以下三项工作。

（一）建立健全各类明细账

坚决禁止农民合作社与其他法人一本账、财政项目专款与其他经营资金“一锅煮”等问题

（二）资金使用要严格规范

要做到专款专用，不能随意混淆。尤其国家下拨的财政资金项目，一定要按照批文和规定去实施，绝不许随意调整或篡改；更不能挪作他用。

（三）召开社员（代表）大会

每年年终要召开正社员与准社员（代表）大会。公布合作社的财务收支情况，做到民主理财制度化。对于国家财政项目的资金来源、数额、用途与

使用情况等，都要让入股入社成员清楚和掌握。

本章小结

本章主要讨论了农民专业合作社规范运营管理。首先阐述了规范运营标准与规范运营抓手，规范的农民专业合作社至少应该具备基础设施完备、组织结构健全、章程制度完善、社务管理民主、财务管理规范、成员权益明确、服务经营能力强、经营效益良好、经营服务统一、盈余返还合法等特点；农民专业合作社规范化运营须遵循“指导、扶持、服务”和“成员所有、成员控制、成员受益”的两大原则，从以下抓好宣传培训、抓好示范指导、抓好登记备案、抓好统一服务、抓好财务管理、抓好盈余分配、抓好服务能力、抓好联合合作、抓好风险排查、抓好清理整顿方面着手做出努力。其次阐述了农民专业合作社的规范运营模式，分别是“能人＋合作社＋农户”模式、“龙头企业＋合作社＋农户”模式、“政府部门＋合作社＋农户”模式、“基层组织＋合作社＋农户”模式、“集体经济＋合作社＋农户”模式。最后阐述了规范运营管理内容，分别是法人治理正规化、权利义务明朗化、服务功能多样化、财务核算独立化。当前国家比较重视农民专业合作社规范运营，在运营管理实践中合作社需要掌握规范运营的标准、抓手、模式及具体要点，切实提高规范运营管理水平。

本章习题

1. 农民专业合作社规范运营的标准主要包括哪些方面？
2. 农民专业合作社的规范运营应该抓好哪些方面工作？
3. 常见的农民专业合作社规范运营模式有哪些？各自有哪些特点？
4. 如何进行农民专业合作社规范运营管理？

参考文献

何忠伟，2016. 北京农民专业合作社发展模式研究［M］. 北京：中国农业出版社.

李艳萍，2022. 农民专业合作社运营管理与实务［M］. 北京：化学工业出版社.

刘颖娴，2018. 农民专业合作社纵向一体化经营研究：影响因素、组织绩效与发展模式［M］. 北京：中国农业出版社.

卫书杰，2016. 农民专业合作社经营管理［M］. 北京：中国林业出版社.

辛子军，2017. 农民专业合作社运营实务［M］. 北京：中国农业出版社.

杨凌，2013. 欠发达地区农民专业合作组织模式［M］. 昆明：云南人民出版社.

张俊，2019. 农民专业合作社营销渠道模式与选择研究［M］. 北京：经济科学出版社.

第六章　农民专业合作社经营管理

本章要点

1. 掌握农民专业合作社经营决策的概念、类型及决策程序
2. 熟悉农产品品牌建设流程
3. 了解市场营销的相关概念及营销策略
4. 掌握相关的农业风险管理措施

关键词

农产品经营决策；农产品品牌建设；市场营销；风险管理

第一节　经 营 决 策

一、经营决策的概念

经营决策是指企业对未来经营发展的目标及实现目标的战略或手段进行最佳选择的过程。著名经济学家西蒙（H. Simon）有一句名言："管理就是决策"。经营决策是企业管理全部工作的核心内容，良好的决策能力是实现成功管理的关键。在企业的全部经营管理工作中，决策正确与否直接关系到企业的兴衰成败，合作社也不例外。

二、经营决策的内容

经营决策贯穿于合作社企业生产经营活动的全过程。在一定意义上，管理就是决策。合作社的生产经营管理实质上是一种决策工作。在生产经营全过程的每一个环节，要做出科学决策。这些决策主要包括：①经营战略与方针决策；②经营目标与计划决策；③产品决策；④技术开发与技术改进决策；⑤投资决策；⑥资源开发与利用决策；⑦价格决策；⑧成本决策；⑨生产方案决策；⑩市场开发与销售决策；⑪财务决策；⑫经营组织与体制决

策；⑬劳动与人事决策；⑭专业化协作与横向化联合决策。

三、经营决策的类型

合作社经营决策的内容，可以按不同标准进行分类，从而了解和把握各类决策的特点、方法和它们之间的联系。由于经营决策内容广泛，层次不同，方法多样，可以从不同的角度分成许多类型，主要类型如下。

（一）按照决策的重要程度（即决策问题在经营中的地位）划分

1. 战略性决策

即属于全局性、长期性的大政方针方面的决策。此类决策旨在使合作社企业的经营活动在与外部环境的适应中求得合作社企业的生存和发展。如合作社经营目标及经营方针的决策、产品决策、投资决策、市场开发及销售决策等。

2. 管理决策

指实现战略决策的战术性的决策。此类决策旨在提高合作社企业的管理效能，实现合作社内部生产技术经济活动的协调，合理利用资源，组织动员合作社内部力量，保证战略决策的实现。如成本决策、设备更新决策等。

3. 业务决策

指日常生产活动中旨在提高生产效率和工作效率所做的决策。如生产方案的决策、库存储备量的决策等。

（二）按照决策发生的重复率和解决问题的经验成熟程度划分

1. 程序性决策

指那些经常重复出现的决策，已经积累了解决这些问题的经验，有必要也有可能预先规定处理此种决策的程序和规则，故称为程序性决策。如库存储备决策、生产方案决策。

2. 非程序性决策

是对不重复发生或很少重复发生的问题做出的决策。由于所要解决问题具有偶发性，对解决这种问题没有经验，或者非常缺乏经验，事先难以确定此种决策的程序和规则，故称为非程序性决策。如投资决策、市场开发决策等。

程序性决策由于决策程序可以标准化，因此可以授权业务部门进行，高层决策人员一般不必躬亲，只按例外原则处理一些例外情况。非程序性决策的程序不能标准化，往往需要高级决策人员亲自参与，并发挥其经验与判断分析能力。

（三）按照决策问题所处的条件和决策方法划分

1. 确定型决策

当决策事件未来的各种自然状态非常明确而又比较固定时，各种方案的分析都会得到一个明确的结果，从中选择一个最优方案付诸实施，必将得到预期效果，这种决策就是确定型决策。确定型决策一般均可用数学模式求得最优解。如设备更新决策、库存储备量决策等。

2. 风险型决策

当决策事件未来的各种自然状态是随机性的，不能预先肯定，存在不可控制的因素。然而，各种自然状态的发生可以从以往的统计资料或分析判断得到一个概率值，有了概率值，就可以求得这个事件的期望值。在这种条件下，任何决策方案都有一定的风险，故称之为风险型决策。如产品决策、横向联合决策等，往往都是风险型的。

3. 非确定型决策

当决策事件的各种自然状态发生的概率无法预料，每个方案的结果也很难确定，这种决策就是非确定型决策。对未来事件的信息知道得越少，决策的非确定性也就越大。

（四）按照决策者所处地位划分

1. 基层决策

即由合作社企业基层组织、基层领导进行的决策。这种决策多属于业务决策。

2. 中层决策

即由合作社企业中层组织、中层领导进行的决策。这种决策多属于管理性决策。

3. 高层决策

由合作社企业最高领导层所进行的决策。主要是合作社战略性决策，它往往是非程序性的、非确定型的或风险型决策。

（五）按决策性质划分

1. 定性决策

指从性质上进行决策。如技术改造决策，是否进行技术改造，技术改造重点项目是什么，这些都属于性质上的决策。

2. 定量决策

指通过定量计算，以计算结果为依据进行决策。如运用净现值法，计算两个投资方案的净现值率，选取净现值率大的方案作为备选方案。当然，定性决策与定量决策并不能截然分开，两者相辅相成，相互渗透。定量决策为定性决策提供依据，定性决策为定量决策提出课题，并以定量决策为其具体实施的条件。没有定性决策，定量决策就没有前提，没有定量决策，定性决策就失去科学依据，也无法组织实施。

四、经营决策的程序

一般而言，合作社的经营决策包括五个步骤。

（一）决策的目标

必须辨识所面对的问题是什么，以及该决策所要实现的目标是什么、如果按照决策的重要性来区分，有些决策是战略性的，有些决策是局部性的、战术性的，因此，决策的目标也将相应地具有不同层次的意义。局部服从于全局，合作社企业的总体目标应该是具有根本性的。

（二）措施与策略

决策者需要确定为解决所面对的问题或实现决策的目标，合作社企业可能采取哪些措施或竞争策略。在具体决策中，究竟采用其中的哪些策略，或者需要同时采用几种策略，都需要根据具体的决策问题来加以判断。

（三）解决方案

针对问题，考虑到可能的策略选择，决策者需要设计多种可能的解决方案。方案的设计就是在搜集大量信息的基础上，列出决策面临的几种可能的方案。对一些重要的决策来说，方案可能很多，极端地说，甚至可能有无穷种方案。当然，在实践中，有意义的方案或可行性较大的方案大概不会超过十种，那么，在选择某种方案之前，就必须了解可能有几种方案、每一种方案的难点何在、结果如何、实现的条件是什么、实现的可能性有多大，等等。实际上，在设计方案的时候，决策者面临着来自两方面的约束，一方面是合作社企业外部环境的约束，另一方面是合作社企业内部的组织与资源约束。

（四）方案评估

在设计了备选方案之后，还需要对这些方案进行评估，并在评估的基础上选出最优方案。方案的评估需要一个明确的基准，通常可以是合作社企业目标的具体量化指标。方案选择也就是俗话所说的“拍板”。方案评估与方案选择是紧密联系的。最优方案的选择看起来是一个简单的步骤，但实际上并不简单，因为方案的选择涉及选择的准则，不同的准则将得出不同的结果。例如，不同方案有着不同的风险，因此敢冒风险的人可能选择风险较大的方案，因为往往相应的收益比较大；稳重保守的人则会选择风险较小的方案，尽管收益会较低，但失败的可能性也较小。

（五）决策的实施

这个阶段常常要求持续地进行监测，以确保结果与预期相一致。如果不一致，需要在可能的时候对原先选定的方案进行修正。

第二节　农产品品牌建设

一、概念界定

（一）品牌

品牌的英文单词是“brand”或“trademark”，它们也常常被译成“商标”。在《牛津大辞典》中，品牌被定义为用来证明所有权，作为质量的标志或其他用途。而按照美国市场营销协会的定义，品牌是用以识别某人或某群销售者的产品或劳务，并使之同竞争对手的产品和服务相区别的名称、术语、标记、符号或设计及其组合，这一定义被广泛接受。由这个定义可以看出，品牌是一种用以区别不同商品的符号，不管这种符号是语言还是图案，也不管这种符号是听觉的还是视觉的。换个角度来看，任何能够使一种商品与另一种商品区别开的符号都属于品牌或品牌的组成部分。

（二）农产品品牌

农产品品牌是指在农产品上开发的品牌元素及其在相关利益者（包括顾客、员工、竞争对手、合作伙伴等）心目中建立起来的认知、联想和偏好经由一系列相关符号体系的设计和传播，形成特定的消费者群体、消费联想、价格体系、传播体系等因素综合而成的特定的整合体。该整合体起源于农产品的独特识别和差异化，并经由各相关利益者认知、认同甚至忠诚、信仰。因此，一个农产品品牌应有一个属于它的农产品，并以各类质量认证及商标等形成一系列整合的符号体系，经由对产品与符号体系的创建，到达消费者及其相关利益者的认同，才能形成一个独特的农产品品牌。

（三）农产品品牌建设

品牌建设是在市场经济条件下，合作社通过全方位整合其经济与文化资源，以提供优质服务为载体，以强化差异和特色为重点，努力树立社会对其产品品牌的认知和肯定，以寻求竞争优势的经营战略建设。21世纪是品牌经济的世纪，在全球经济基本处于买方市场的情况下，市场竞争更多地表现为品牌的竞争，品牌意味着高附加值、高市场占有率、高利润。

二、农产品品牌建设的作用

（一）有助于消费者识别商品的出处

这是品牌经营最基本的作用，是生产经营者给自己的产品赋予品牌的出发点。在市场上，特别是在城市的超级市场中有众多的同类农产品，这些农产品又是由不同的生产者生产的，消费者在购买农产品的时候，往往是依据不同的品牌加以区别。随着农业科学技术的飞速发展，不同农产品的品质差异相距甚远。即使有两种品牌的农产品都能达到国家相关的质量标准，甚至符合绿色食品标准，仍可能存在很大的品质差异，如风味、质地、口感等。这些差异是消费者无法用肉眼识别的，消费者也不可能在购买之前都亲口尝一尝。所以，消费者就需要有容易识别的标志，这一标志只能是品牌。

（二）有助于宣传推广农产品

商品进入市场有赖于各种媒体进行宣传推广，依赖于商品实体的品牌是其中一种宣传推广的重要媒体，而且它是不用花钱的广告媒体。商品流通到哪里，品牌就在哪里发挥宣传作用。品牌是生产者形象与信誉的表现形式，人们一见到某种商品的商标，就会迅速联想到商品的生产者、质量与特色，从而刺激消费者产生购买欲望。因此，独特的品牌和商标很自然地成为一种有效的宣传广告手段。

（三）有助于建立稳定的顾客群

品牌标记送交管理机关注册成为商标，需要呈报产品质量说明，作为监督执法的依据。这样，品牌也就成了产品质量的象征，可以促使生产者坚持按标准生产产品，保证产品质量的稳定，兑现注册商标时的承诺。如生产者降低产品质量，管理机关便可加以监督和制止，维护消费者的利益。一个成功的品牌实际上代表了一组忠诚的顾客，这批顾客会不断地购买该企业的产品，形成企业稳定的顾客群，从而确保了企业销售额的稳定。

（四）有助于维护专用权利品牌标记

经过注册成为商标后，生产者既有上述保证产品质量的义务，也有得到法律保护的权利。商品注册人对其品牌、商标有独占的权利，对擅自制造、使用、销售本企业商标以及在同类、类似商品中模仿本企业注册商标等侵权行为可依法提起诉讼，通过保护商标的专用权，来维护企业的利益。

（五）有助于扩大农产品销售量

从我国农产品市场的发展趋势来看，农产品市场即将进入“品牌时代”，消费者将越来越关注农产品的质量、安全性等特性，实施农产品品牌建设，可以通过农产品的品牌信息充分、清楚地标识产品的质量与安全性，从而提高农产品的市场影响力和竞争力，扩大农产品的销量，提高经济效益，增加成员收益。此外，合作社采取品牌策略，以品牌形象面向市场，用品牌将合作社和产品的综合信息“一揽子”传递给消费者，可以起到降低合作社宣传和产品推广成本的作用，达到事半功倍的效果。

（六）有助于有效规避农产品市场风险

农产品以品牌的形象进入市场，有利于建立长期稳定的销售渠道和网络，而且长期稳定的销售渠道和网络有助于保持农产品销售量的稳定，还可以发展订单式农产品，有效规避农产品的市场风险，增加合作社盈利和成员的收入。

（七）有助于降低消费者的购买风险

品牌农产品以合作社信誉作出承诺，以品牌作为质量标志，降低消费者的购买风险。对消费者来说，农产品品牌化有助于消费者了解农产品质量，区别选购农产品，形成品牌消费习惯，稳定合作社的消费群。

（八）有助于推进农业现代化和产业化

实施农产品品牌化建设，加强与提高农产品的生产与管理水平，不仅有助于提高生产经营者的管理素质和技术素质，加快技术进步，有助于优化资源配置，促进产业结构优化，还可以农产品品牌建设为突破口，改革传统生产方式和管理手段，实现发展经济、保护环境、提高消费者健康水平的目标。

三、合作社农产品品牌建设的步骤

（一）找准产品品牌定位

品牌定位是合作社构筑品牌的前提和基础，合作社在构筑品牌之初若有明确的产品品牌定位，会对品牌建设起到事半功倍的作用。合作社的产品品牌定位首先需要对农产品消费市场进行分析，做好市场调研工作，并根据自身优势，确定自身适当、合理的市场位置，进而确定一个符合消费者需求的、有强竞争力的产品品牌定位，从而使自己的农产品在消费者的心目中占据一个有利的位置，当某种需要一旦产生，消费者就会立即想到合作社的某一产品品牌。合作社产品品牌建设需要重点做好以下两方面的工作。

1. 要做好市场调研工作，确定品牌定位

市场调研是合作社了解市场现状、消费者特点、消费者需求、竞争对手

情况等信息的有效手段。只有做好了市场调查才能够使品牌定位具有科学性、合理性。具体地说，某一农产品要进行品牌化建设时，需要全面深入地进行该类农产品市场消费情况调查（包括消费者的特点、需求、嗜好等），消费者对该类农产品已有品牌的认识调查，对已有品牌的态度调查、使用情况调查以及满意度调查，竞争对手的生产经营情况、品牌建设情况（成功与不足）等一系列的调查，从而依据自身的优势寻找品牌建设的突破口。对于合作社来说，如果自身没有做这类市场调研的能力，可以借助政府机构或专业非营利机构来做，一定程度上可以保证调研结果的可靠性。

2. 要发展当地特色农业，强化品牌优势

农业生产对自然环境的依赖性较强，不同地域的自然环境和优势资源的差异，造就了农产品的区域特色。在一定特色产业或主导产业基础上建立的合作社，应充分配置整合当地优势资源，发展特色农业，积极注册有地域特色的产品商标。合作社可以选择“价格、品种、地域”特色为农产品品牌发展方向，通过市场细分，在品牌定位的基础上，深度挖掘、充分利用好当地的自然、文化与历史等地域资源，丰富农产品的内涵，与竞争对手在价格、种类、文化、地域特色等方面加以区分，避免与同行或强势品牌进行正面的激烈竞争。

（二）提升农产品质量

质量是产品的生命之源。对于合作社而言，品牌建设更多的应该关注农产品的质量，要吸引消费者成为忠诚的顾客，源于品牌标识下的产品有卓越的质量。目前越来越多的合作社已引进各种质量标准管理体系来提高和监控其产品质量，将产品质量放在了关系合作社发展生死攸关的位置上，这是明智之举。提升农产品质量主要包括以下几方面。

1. 生产中要逐步建立产品质量标准体系

农产品质量标准体系指以质量控制为核心，以市场为导向，以生产技术为动力，以标准化生产为基础，以农产品的认证制度为重点，建立农产品生产、加工、贮藏、包装、运输、配送及销售的全程操作环境和质量安全控制等各方面的标准体系（条件不成熟的合作社可以从生产开始逐步建立产品质量标准体系），对农业生产的产前、产中、产后各环节进行标准化管理，实现与行业、国家、国际相配套的标准体系。建立产品质量标准体系，合作社应强化质量控制意识，把质量控制与品牌建设相结合，努力按照质量标准体系的要求对农产品生产与加工进行全面监控管理，确保农产品的质量与安全，让消费者放心消费。质量标准体系主要由三个管理系统构建而成：一是农产品经营系统，包括进货管理、销货管理、库存管理；二是监管系统，包括从农业生产资料的投入、农产品的生产、检验、加工及流通环节（产品出库审批管理、库存预警管理、产品过期预警管理等）都要进行有效的跟踪与监督管理；三是政府相关部门与合作社的互动系统，包括产品质量标准确认、产品质量检验、产品许可证验证管理、产品的质量监管等。

该管理体系加强了合作社规范生产经营行为的养成，同时监管部门能及时掌握各个可能存在安全隐患和出现问题的环节，保证产品流向可追溯、储运信息可查询，做到使追溯精确，监管长效，形成“产供销一体化”的农产品质量安全信息管理体系，将农产品管理工作从被动应付向源头管理、主动控制转变，从而逐步走上规范化、科学化的发展轨道，为合作社打造品牌产品提供了有力的支撑。

2. 进行产品质量认证

产品质量认证主要解决产品安全确认和高标准市场准入问题，因此合作社获得产品质量认证是获得市场及消费者高标准认可的前提。要获得农产品的安全、绿色、无公害等各种认证，首先要提高农产品的技术含量。合作社可借助外部科技力量（政府、龙头企业、农业院校和科研所的技术支持）来提高自身生产技术水平，同时积极自主挖掘农业生产科技潜力，不断提高农产品生产的技术水平，在此基础上进一步实施无公害、绿色、有机农产品的生产技术，发展无公害、绿色、有机农产品生产，获得无公害、绿色、有机农产品质量认证，这样就能够确实、有效地提高市场竞争力，扩大农产品在市场上的认知度，这是创立农产品名优品牌的重要保障。

（三）开拓农产品品牌传播渠道

在保持传统模式“生产者—批发商—零售商—消费者”的农产品销售和品牌传播渠道的前提下，要积极探索和实践新的农产品分销传播渠道。

1. 公关传播方式

对于合作社来说，资金短缺是品牌传播最大的瓶颈，因此合作社品牌传播的首要方式是公关传播，而非广告传播。公关传播是指合作社主要通过人际传播，辅之以少数大众媒介手段，向其外部公众传递有关合作社及其产品等各方面信息的过程。公关传播能为合作社塑造一个良好的生产经营形象，进而赢得消费者和客户的好感和信任，而好感和信任是选择一个合作社产品品牌的主导性因素。

2. 终端传播方式

“终端”通常指的是商品零售卖场，即商场、超市、零售店等出售商品的场所。作为商品与消费者面对面的展示和交易的场所，终端是产品销售的最终环节，也是对消费者购买行为产生很大影响的环节。因此，终端传播对农产品品牌的建设起着重要作用。

消费者能够直接接触产品的地方就是产品流转的终端环节，而合作社的产品也往往只能通过终端环节让消费者了解。由于当前合作社的实力所限，合作社的农产品无法频繁地出现在电视广告中，消费者对合作社农产品的了解往往只能通过终端环节，因此终端传播建设的好坏会给消费者留下品牌优劣的决定性印象。为建设好终端传播，合作社应发展自己的终端店面，同时培养部分社员成为训练有素、形象良好、热情干练的销售人员或者服务人员，这些销售人员或服务人员不仅是产品销售的保证，也是品牌传播的重要媒介，会给消费者留下深刻的印象，也会提高品牌的美誉度和忠诚度。

合作社的终端店面也可以通过与农产品生产企业、大型知名连锁企业和超市的对接合作来构建，实现农产品“从农田直接到店面”的直销专卖，减少农产品的中间流通环节、加快流通速度、减少损耗、提高流转效率、降低流转成本、形成规模经济效益，同时以更具竞争力的价格将产品直接呈现给广大消费者，从而更快、更有针对性地把农产品及其品牌信息广泛地传播开来。此外，与大型销售企业对接还有利于保证合作社农产品的质量、卫生和安全，杜绝假冒伪劣产品流向市场，保护了合作社产品品牌的声誉。

3. 互联网传播方式

当前，互联网已深刻地影响和改变着消费者的生活，合作社的品牌传播可以充分利用互联网，因为互联网的及时性、快捷性和互动性也使合作社能够及时快速地了解市场（消费者）对品牌的态度以及反馈的意见和建议，可以适时地进行调整、修正，从而在品牌建设中少走弯路和缩短品牌的建设周期。若合作社刚起步，或者规模较小，可以在先开一个网店，宣传或短距销售本社农产品。目前，依托网络平台，拥有数量巨大的消费群体，而且这个群体的数量每年正在以极快的速度增加。在合作社没有资金和实力独立建设电子商务网站时，借助现成的网络交易平台是不错的选择，既可以传播品牌，又可以将订单营销与网络营销结合，打通多种营销渠道，开拓品牌营销市场空间。

（四）积极争取当地政府的扶持

《农民专业合作社法》规定，政府有义务支持和引导合作社的健康发展，“中央和地方财政应当分别安排资金，支持合作社开展信息服务、农产品质量标准认证、品牌营销和技术推广等”。政府对农产品品牌建设的扶持，应在宣传倡导、财政补贴、产品评比与宣传等宏观层面的基础上，更多地采取有针对性的具体措施来引导和扶持合作社进行产品品牌建设。品牌建设中，关键是要落实资金扶持政策，地方政府根据国家的支农、惠农政策落实农产品品牌建设的配套资金，并且合理配置扶持资金，重点投入品牌标准化生产、品牌质量监督、品牌产业发展等方面。在检测方面，应建立并完善区域农产品检测中心等监测机构，做好农产品入市前的质量检测工作，提高农产品品牌的社会公信力。

在扶持合作社进行产品品牌建设过程中，地方政府还应合理引导合作社加强优质品种的选育与推广，促使合作社加大优质品种的生产或种植规模，提高产品品质，加速产品品牌化建设。品牌宣传方面，政府可以收集和传递市场信息、整合当地资源，为合作社与龙头企业、下游商家、超市间的协作经营牵线搭桥，并通过农产品会展、农业观光业等品牌宣传平台，积极组织合作社进行品牌推广和公关活动，组织品牌建设培训和专家指导、提供农业科技服务等。

第三节　市场营销

一、合作社市场营销的概念与对象

（一）市场营销的概念

市场营销是指农民专业合作社选择目标市场，通过提供、出售产品，以满足消费者需要，获得、保持和增加消费者，并从中获取产品价值和自身利益的一种管理过程。根据这一概念，可以看出市场营销具有以下六层含义。

1. 市场营销是一种创造性的行为

市场营销活动形式上是在出售产品，实质上是为满足消费者需要而进行的创造性活动。市场营销不仅要寻找已经存在的需求并满足需求，而且应当激发和调动消费者潜在的需求，让广大消费者认同并接受农民专业合作社的产品和服务。

2. 市场营销是一种自愿交换的行为

买卖是双方自由交换产品或劳务。通过买卖，交换双方都获得了回报，满足其自身需要。所以，交换是市场营销的基础，市场营销是一种自愿交换的行为。

3. 市场营销是一种满足需要的行为

市场营销的核心是满足消费者的需要。满足消费者的需要和欲望，是农民专业合作社市场营销工作的出发点，所以，市场营销是满足消费者需要的行为。

4. 市场营销是一个系统的管理过程

市场营销不仅包括农民专业合作社在生产销售产品（或劳务）之前的经济活动，如生产环境信息搜集、市场调研、市场机会分析、选择目标市场、产品开发等，而且包括进入销售过程的一系列经济活动，如产品定价、选择销售渠道、开展促销活动、提供销售服务等，以及售后服务、信息反馈。市场营销并不局限于流通范畴，而且涉及生产、分配、交换和消费的整个经济活动，是一项系统工程。

5. 市场营销是一种实现目的的手段

市场营销的直接目的是获得、保持和增加消费者，最终目的是为农民专业合作社及其成员争取最大利益。在市场经济条件下，农民专业合作社是以营利为目的的经济组织，通过开展市场营销，不断扩大消费群体，提高产品的市场占有率，最终实现经济效益的提高。

6. 市场营销是一根联结社会的纽带

必须权衡和兼顾农民专业合作社的利益、消费者的利益和社会利益，农民专业合作社才能实现持续、稳步的发展。

（二）合作社市场营销的对象

虽然目前合作社主要存在于农业领域，但在其他行业也逐渐浮现出合作社的影子，总体来说，合作社市场营销的对象及范围也是广义上的产品。广义的产品是指任何提供给市场并能够满足人们某种需要和欲望的产品或合作社市场营销的对象及范围，主要包括商品、服务、体验、活动、个人、组织、信息和理念等。

1. 商品

商品是能够提供给市场进行交易的实物产品，它是现代社会中生产和营销的主要内容。

2. 服务

服务是指用于出售的活动或利益，它本质上是无形的并且不会导致对任何事物的所有权改变。随着市场经济高速发展，服务在经济活动中所占比重越来越大。例如测土配方合作社、农机服务合作社、农技合作社、植保合作社等服务性合作社不断涌现。实际上，许多市场上的供应品都是由不同比例的商品和服务混合而成的。

3. 体验

通过协调多种商品和服务，人们可以创造、策划和营销体验。随着产品和服务不断地变成商品，体验已经崛起成为许多企业区别自己所提供产品而要走的下一步棋。顾客真正想要的是可以使他们眼花缭乱、触动心灵，并且刺激神经的产品、交流和营销活动。比如现在颇为流行的“采摘游”农家乐项目就是一种很好的体验活动。

4. 活动

企业常常可以策划、推广基于时间的活动，如贸易展览会、特价果品拍卖会等。

二、合作社市场营销的任务、理念及渠道

（一）合作社市场营销的任务

合作社的市场营销活动，是在不断地满足顾客需要的前提下，通过对需求的调节，建立可盈利的顾客关系，来实现其营销目标。所以，合作社市场营销的任务就是管理和处理需求并建立可盈利的顾客关系，即需求管理和顾客关系管理。

1. 需求管理

市场上的需求状态是不断变化的，合作社的市场营销活动要针对不同的需求状况，采取相应的营销策略和制定相应的营销任务。一般而言有八种典型的需求状态：①无需求状态下市场营销的任务；②潜在需求状况下市场营销的任务；③负需求状况下市场营销的任务；④充分需求状况下市场营销的任务；⑤下降需求状况下市场营销的任务；⑥不规则需求状况下市场营销的任务；⑦过度需求状况下市场营销的任务；⑧有害需求状况下市场营销的任务。由此可知，营销管理的任务是面对市场上不同的需求状态而采取不同的营销方式来适应市场需求的变化。

2. 顾客关系管理

管理需求的结果是对顾客的管理。农民专业合作社的需求来自两组顾客——新顾客和旧顾客。农民专业合作社市场营销的任务，不仅是设计市场营销策略来招揽新顾客并达成与新顾客的交易，更重要的是要保住现有顾客，建立持久稳固的顾客关系。农民专业合作社与顾客之间存在五种不同层次的营销关系，在不同层次上保持不同的顾客关系，花费的成本也不同。

（1）基本型营销。销售人员出售产品后不再与顾客联系。这是大多数农民专业合作社采用的传统营销。虽然花费的成本较小，却不利于农民专业合

作社与顾客保持良好的关系。

（2）反应型营销。销售人员出售商品的同时，鼓励顾客向农民专业合作社反馈意见，提供改进建议。只有当产品问题或顾客反映不满意时，才与顾客建立关系。

（3）可靠型营销。销售人员在出售产品后主动与顾客沟通联系，了解顾客的期望，征求顾客的意见，不断改进顾客关系。

（4）主动型营销。销售人员经常与顾客联系，介绍产品用途或开发的新产品。

（5）合伙型营销。销售人员与顾客一直保持畅通的联系，探寻影响顾客消费的营销方式，帮助顾客寻找实现消费的最佳途径。

后三种都属于主动型市场营销，有利于建立稳定的、持续的、友好的、可盈利的顾客关系。农民专业合作社要加强顾客管理，积极推行主动型市场营销，不断改进和完善顾客关系，不断拓展国内外市场。

（二）合作社市场营销的理念

20世纪50年代后期，美国的行为科学家弗雷德里克·赫茨伯格（Fredrick Herzberg）提出了“双因素论”，也叫“保健因素-激励因素理论”。该理论认为，引起人们工作动机的因素主要有两个：一是保健因素；二是激励因素。只有激励因素才能给人们带来满意感，保健因素只能消除人们的不满，但不会带来满意感。

保健因素是指工作环境和条件因素，如企业组织的政策与行政管理、基层人员管理的质量与主管人员的关系、工作环境与条件、薪金与同级的关系、个人生活与下级的关系和安全等十个方面。虽然这些因素不能直接激励员工，但缺少了它，员工一定会不满意，就会产生消极懈怠情绪，直接影响工作效率。而激励因素则往往与工作本身的特点和工作内容有关，如工作成就、工作成绩得到承认、工作本身具有挑战性、责任感、个人得到成长、发展和提升等六个方面。这类因素对员工能起到直接的激励作用。它们的改善，或者说这类需要的满足，往往能给员工以很大程度的激励，产生工作的满意感，有助于充分、有效、持久地调动他们的积极性。

在具体的管理实践中，这两个因素也会相互转换，像平均分配的工人工资、奖金等福利待遇是纯粹的保健因素，起不到激励作用。相反，如果待遇与个人工作实绩挂起钩来，就会产生明显的激励效果。尽管表扬嘉奖是激励因素，但如果标准不严，搞平均主义，轮流坐庄，激励因素也会大打折扣，甚至演变成保健因素，发挥不了任何激励作用。

企业经营中同样存在双因素理论，尤其是企业经营的成败直接与这两类因素有关：保健因素和商业创意。所谓保健因素是指某些经营方式和方法已经被公认为企业健康经营的起码要求，如果缺乏保健因素，该企业就失去了与对手同台竞争的资格。所谓商业创意是指不可复制、难以模仿、独特的商业点子和经营理念等。

一般来说，经营失败的企业大都存在如下原因：①没有一个系统规划、定位明确的战略；②面对瞬息万变的市场反应迟钝；③组织涣散，不思进取，观念落后。因此，要扭转亏损局面，唯有做到：①重视客户及其不断变化的价值体系；②独特的营销卖点；③专业化经营；④不断调整经营策略，实行差异化；⑤重视人才的培养和投资等。

（三）合作社市场营销的渠道

1. 营销渠道的定义

营销渠道又称分销渠道，有人又称之为“配销渠道”“销售通路”和“流通渠道”。根据科特勒的营销思想，农产品营销渠道是为一切促使农产品顺利地被使用或消费的一系列相互依存的组织或个人。它包括供应商、经销商（批发商、零售商等）、代理商（经纪人、销售代理等）、辅助商（运输公司、独立仓库、银行、广告代理、咨询机构等）。

农产品营销渠道是农产品营销学固有的内容，它伴随农产品营销的发展而发展。尤其在我国农产品买方市场的形成和农产品市场的国际化背景下，农产品营销发展迅速，农产品市场已经从供给管理为导向的营销观念转向产品需求管理为导向。由于农产品营销渠道的建立、改造和创新具有时滞性，所以在农产品营销运作中，往往更注重产品、定价和促销等营销策略。但建立适应市场需求的农产品营销渠道，将会保持更持久的竞争优势。

2. 农产品营销渠道的类型

（1）生产者-消费者模式。又叫直接渠道，它是指农产品生产者直接将产品销售给消费者，不经过任何中间商，是最直接、最简单和最短的渠道类型。直接渠道在农产品中表现最突出的是鲜活农产品的销售。该类产品一般由农产品生产者在地头、田边、农贸市场直接出售给消费者，或者是直接把农产品送到客户（旅馆、饭店等）手中，或者农产品生产者利用计算机网络直接与客户达成交易等。

（2）生产者-零售商-消费者模式。也称一层通道，它是指农业生产者将农产品出售给零售商，再由零售商转卖给最终消费者。生产者和消费者中间经过一道零售环节。

(3) 生产者-批发商-零售商-消费者模式。为大多数中、小型企业和零售商所采用，农业生产者将农产品出售给批发商，批发商再转卖给零售商，最后出售给消费者。我国大中城市蔬菜消费就主要通过这种渠道流通。例如，在蔬菜生产基地，批发商大量收集蔬菜并运送到大的消费地批发市场，在市场出售给零售商，零售商最终在集贸市场销售。

(4) 生产者-收购商-批发商-零售商-消费者模式。是在生产者和批发商之间又经过一道收购商环节，收购商起到了集中分散货物的作用。收购商多是在基层商业部门设立的独立核算的收购站和供销社，代表政府或企业收购农副土特产品后然后交给市、县商业批发企业。

(5) 生产者-加工商-批发商-零售商-消费者模式。是生产者将农产品出售给加工商，而不是批发商，原始形态不适合消费者直接消费，必须经过加工的农产品采用这种方式。加工是整个农产品流通过程的主要环节，采用这种渠道模式，一般在农产品产地设有农产品加工厂，便于生产者直接出售。

(6) 生产者-收购商-加工商-批发商-零售商-消费者模式。是收购商到生产者处收购，转卖给加工商，加工之后通过批发零售环节最终实现产品销售。与前一个渠道不同的是，这类农产品大多是必须经过特殊处理才能运输，或者数量达到一定数额才能销售的产品。

(7) 生产者-代理商-收购商-加工商-批发商-零售商-消费者模式。增加了代理商的环节，代理商存在的意义在于它并不拥有产品的所有权，只是代理收购并销售。例如农村地区的生猪代购代销员。

三、合作社市场营销的管理过程与影响策略

(一) 合作社市场营销的渠道

1. 建立市场营销机构

合作社应当根据自身的规模、生产经营特点及财力因地制宜地设置市场营销机构，来从事市场营销活动。

2. 分析市场营销机会

合作社市场营销的成功是建立在对营销机会的把握上，所以分析市场营销机会是合作社开展市场营销的基础。营销机会分析主要包括建立市场营销信息系统，并对环境、市场、竞争者进行分析。

3. 进行市场细分，选择目标市场

在机会分析的基础上，合作社就可以进行市场细分并选择自己的目标市场。

4. 制定市场营销组合策略

合作社确定了目标市场以后，必须运用一切能够利用的营销要素去占领市场。市场营销要素是企业在市场营销活动中可以控制的因素，主要包括产品（Product）、价格（Price）、分销渠道（Place）和促销（Promotion）4类要素，简称4P营销理论。市场营销组合是指企业综合利用的各种营销要素，并对其进行最佳的组合，以实现营销目标。1984年，营销学泰斗菲利普科特勒又在4P营销理论的基础上加了两个P：权力（Power）和公共关系（Public relation）。企业应当影响自己所在的营销环境，而不应单纯地顺从适应环境。在国际国内市场竞争都日趋激烈，各种形式的政府干预和贸易保护主义再度兴起的新形势下，合作社尤其要注意运用政治力量和公共关系，打破国际或国内市场上的贸易壁垒，为市场营销开辟道路。

5. 进行市场营销控制

市场营销控制是指通过对市场营销计划与策略执行情况的监督和检查，发现营销计划和策略实现过程中的问题，提出纠正和防止重犯错误的对策和建议，以保证市场营销战略目标的实现。具体包括确定评价地市场营销业务范围、建立衡量评价标准、确定检查控制方法、按照目标检查实施工作绩效、提出分析和改进的对策建议五个步骤。

（二）合作社开展农产品营销的策略

合作社在开展农产品营销中可考虑以下八种策略。

1. 新产品开发策略

农产品和任何事物一样，有出生、成长、成熟以至衰亡的生命周期。因此，合作社不能只顾经营现有的产品，而必须防患于未然，采取适当步骤和措施开发新产品。这是合作社提高竞争力的重要因素，也是合作社市场营销活动的主要任务。新产品开发过程一般包括新产品构想的形成、新产品构想的筛选、概念产品的形成与检验、经营分析、制出样品、市场试销、正式生产投放市场。新产品开发成功以后，还需上市，这意味着新产品被消费者采用并不断扩散。新产品开发是从营销观念出发所采取的行动，因此，首先必须是适应社会经济发展需要，试销对路的产品。没有市场的产品，再新也没有意义。消费者独特的农产品需求，使一个产品产生多种式样，刺激了新的消费动向。因此，新产品要有自己的特色，能够适应和满足消费者需求的新变化。

2. 价格策略

农产品价格的制定主要可分为两大类：一类是国家定价。农产品生产经营者对所出售的农产品价格没有决策权，如我国曾长期实行过的棉油国家统购统销价。另一类是市场价。依据农产品质量、市场供求状况等因素决定其价格。在市场经济条件下，为了刺激消费者的消费行为，通常要对基本价格作适当调整，如打折让利等，抓住消费者的心理进行促销。

3. 加工策略

农产品加工是延伸农业产业链条和实现产品增值的必要过程，是每一个经济体不可缺少的环节。

4. 促销策略

农产品促销是指农产品生产经营者运用各种方式方法传递产品信息，帮助和说服消费者购买本企业的产品，或使消费者对企业产生好感和信任，以激发他们的购买欲望，促进消费行为。农产品促销有广告推广、人员推销、关系营销、营业推广四种形式。在进行农产品营销时，要灵活运用促销策略与顾客建立长期关系，培养一批忠诚的顾客群。

5. 营销渠道策略

我国农产品物流的现代化水平、管理水平和组织化程度低，营销渠道效率也较低，与市场经济成熟国家相比存在着较大差距。

6. 绿色营销策略

农产品绿色营销策略是随着食品质量安全的问题而产生的。所谓绿色营销是指以促进可持续发展为目标，为实现经济效益、消费者需求和环境友好的统一，市场主体通过制造和发现市场机遇，采取相应的市场营销方式以满足市场需求的过程。

（1）绿色推广。通过绿色营销人员的绿色推销和营业推广，从销售现场到推销实地，直接向消费者宣传、推广产品绿色信息，讲解、示范产品的绿色功能，回答消费者绿色咨询，宣讲绿色营销的各种环境现状和发展趋势，激励消费者的消费欲望。同时，通过试用、馈赠、竞赛、优惠等策略，引导消费兴趣，促成购买行为。

（2）绿色广告。当前最受欢迎且效果明显的是广告，其中效果最好的是多媒体广告。媒体所表达的内容以及形式要有利于宣传环境保护、维护生态平衡，比如公益广告和扶贫广告，对销售边远地区的绿色农产品可以起到积极作用。像散发宣传单或在风景名胜处竖立巨大的广告牌这类方式就不宜采用。

（3）绿色公关。充分运用公共策略和技巧，开展有效的绿色公关。参与各种展览会、商品交易会或利用“文化搭台，经贸唱戏”的办法推销和扩大绿色农产品销售范围，利用体育比赛进行广告、搞慈善事业、资助希望工程等扩大绿色农产品的影响，运用知识营销举办农产品栽培技术、绿色营销训练班来传播绿色营销知识，举办新闻发布会、开发生态旅游和田园旅游，也是绿色农产品促销的可行办法。

7. 包装策略

在现代社会，包装对商品流通起着极其重要的作用，包装质量直接影响到商品能否以完美的状态传输到消费者手中，包装的设计和装潢水平直接影响到企业形象乃至商品本身的市场竞争。随着人民生活水平的提高，原有消费习惯和生活方式的改变节奏不断加快。为适应这种变化，包装设计的一项重要任务就是更好地符合消费者的生理与心理需要，通过更人性化的包装设计让人们生活更舒适、更富有色彩。因此农产品包装也是营销的重要环节。

（1）突出产品形象的包装策略。在产品包装上通过多种表现方式突出该产品是什么、有什么功能、内部有什么成分、结构如何等形象要素，这一策略着重于展示产品的直观形象。

（2）突出产品用途和使用方法的包装策略。通过包装的文字、图形及其组合，告诉消费者是什么样的产品、有什么特别之处、在哪种场合适用、如何使用最佳、使用后的效果是什么。

（3）展示企业整体形象的包装策略。企业形象对产品营销具有四两拨千斤的作用，因此，很多企业从产品经营之初就注重企业形象的展示与美誉度的积淀。

（4）突出产品特殊要素的包装策略。任何一种产品都有一定的特殊背景，如历史、地理背景，人文习俗背景，神话传说或自然景观背景等，包装设计中恰如其分地运用这些特殊要素，能有效区别同类产品，同时也可以使消费者将产品与背景有效链接，迅速建立概念。

8. 品牌策略

品牌是由名称、术语、标记、符号或图案等要素组合而成，用于体现某个销售者或某种产品或服务的独特性，使之与其他销售者的产品和服务相区别，借以促进销售的记号。

（1）以名创牌。对市场竞争力强的优势产品实行商标注册。创牌既是为了宣传，扩大影响，同时也是为了保护品牌。

（2）以质创牌。严格按照质量标准生产、提高产品品位。

（3）包装创牌，即美化农产品外表。随着现代流通方式的发展，农产品包装将成为必然趋势。发达国家的农产品是一流产品，一流包装，一流价格，而我国的农产品则是一流产品，三流包装，三流价格。

(4) 加大品牌宣传力度，树立良好品牌形象。除了企业和农民自身的宣传之外，地方政府应积极做好本地特色农产品宣传，扩大知名度，提高市场占有率。

(5) 做好品牌保护，提高商标意识，提高品牌质量。生产者一方面应对自己的产品进行商标注册，获得法律保护；另一方面应加强内部管理，提高产品质量与信誉，珍惜和维护品牌声誉。

四、农民专业合作社如何开展农超、农社、农校对接

（一）农超对接

农超对接是指农产品销售与超市对接，本质是将现代流通方式引向广阔农村，将千家万户的小生产与千变万化的大市场对接起来，构建市场经济条件下的产销一体化链条，实现商家、农民、消费者共赢。

以家乐福超市为例，合作社开展农超对接需要经过以下几个步骤：第一步，准备好合作社所有的法定文件和手续，包括营业执照、组织机构代码证、税务登记证、国税自产自销证明；第二步，准备好合作社产品符合《中华人民共和国食品安全法》的所有质量安全证明材料；第三步，与超市协商，达成意向后，与家乐福中国总部签署合同；第四步，在产地收购进行严格的质量控制，决不能收购质量不达标的产品而影响整个产品的销售；第五步，组织物流将产品发往各个地方的家乐福超市；第六步，与超市结算，为超市提供发票；第七步，稳定产品供应，满足超市需求。需要注意以下三个问题。

1. 结款时间

家乐福通常付款时间为收到发票的 5 个工作日。如果合作社缺乏流动资金来准备发货，超市可以根据合作社的具体情况，事先给合作社提供部分的预付款，比例由双方协商决定。

2. 产品损耗

家乐福在产品 ID 卡中，允许合作社有 3%的自然损耗，超过 3%的损耗由合作社自己承担。

3. 其他费用

家乐福对于参加“农超对接”项目的合作社不收取任何费用。

（二）农社对接

农社对接是指农产品销售与社区对接。面对农超对接过程中合作社的话

语权不足、供货能力有限等问题，一些合作社开始选择与社区进行对接。目前，各地开展的农社对接形式多样、内容丰富。既有固定店铺型的，也有流动摊点式的；既有传统营销型的，也有订单配送式的；既有多个合作社联合经营型的，也有单个合作社独立运作式的。按照产品特征和组织形式，可以分为以下四种主要类型。

1. 社区菜店（点）

社区菜店（点）是农社对接的最主要形式。一般具有如下特征。

（1）以销售合作社生产的蔬菜、瓜果等鲜活农产品为主，部分兼营其他食材或厨房用品，包括粮油、禽蛋、肉奶以及各类调料等。

（2）有固定营销场所，且倾向于在中低档小区的周围或内部设店，以贴近消费群体、方便居民买菜为原则。

（3）采取薄利多销的经营方式，发挥规模经济效益，主要服务于中下层消费群体，满足其对菜粮油等基本农产品的需求。社区菜店（店）模式的主要优点是服务时间长且固定，品种齐全，质优价廉，购物环境舒适，深受社区居民喜欢；缺点是初始投资较多，经营利润偏低，对合作社营销能力要求较高。这种模式一般适用于距离大中城市较近的果蔬合作社与城市中低档人口密集社区的对接。

2. 车载市场

车载市场于 2011 年 8 月首次出现于北京，是由政府搭台、创造条件帮助京郊蔬菜生产流通合作社进城直销的对接模式。最初车载市场仅在周末提供服务，故又称“周末车载市场”。在北京周末车载蔬菜市场的成功示范和商务部门的大力推动下，全国各大中城市的车载市场快速兴起。车载市场一般具有如下特征。

（1）销售产品以新鲜时令蔬菜、瓜果为主。

（2）直接进入城市社区或以运输车辆为载体进行销售，或搭建临时性销售柜台。

（3）平价销售，薄利多销。车载市场的优点是：经营灵活，对场地要求低，初始投资少；缺点是销售时段和产品品种受限，对配送能力要求高，需要小区物业积极配合等。因此，这种对接方式一般只适用于城市近郊的、配送能力较强的果蔬合作社与城市中低档人口密集社区的对接。

3. 高端配送

高端配送是指城市居民通过网络、电话等渠道提交农产品购买订单，合作社根据订单要求，将产品直接配送至居民家中或指定地点的产销对接形式。随着互联网技术的发展，高端配送作为农社对接的一种新型模式，是电子商务 B2C 模式在农产品销售领域中的具体应用，具有十分广阔的发展前景。高端配送一般具有如下特征。

（1）以销售高端农副产品为主，如有机蔬菜、高档杂粮等，营养价值和市场价值均较高。

（2）没有固定销售门店，但在小区内设有智能配送柜，服务后台和配送中心接近于产品产地。

（3）走高端销售路线，主要面向城市中高端消费群体。高端订单配送的主要优点是：适量生产、按需配送，能够降低运输损耗，保证产品的新鲜度和安全性，最大程度实现优质农产品的市场价值；缺点是技术要求和配送成本高，局限于高端消费人群。这种类型的农社对接一般适合于生产高端农产品并具有一定网络营销能力的合作社与城市中高档社区的对接。

4. 综合展销

综合展销是指单个合作社或多个合作社组成联合社，设立综合展示销售平台，以经营各种名优特农副产品为主的对接形式。综合展销一般具有如下特征。

（1）以销售合作社或联合社生产加工的某一类或某几种具有较高附加值的特色农副产品为主，如蜂产品、藕制品、豆制品、茶叶、果品，以及葫芦、草席等民俗工艺品等。

（2）有固定经营场所，且多选址在中高档小区、商场或市中心，以交通便利、人流量大为原则。

（3）包装以中高档礼品型为主，突出当地风情和地域特色。兼具批发、零售功能，既立足本地市场，面向社区居民销售或向当地超市供货，又辐射周边乃至全国，在其他大中城市设立连锁店，发挥批发代理作用。

综合展销的主要优点是店面形象上佳，经济效益良好，容易打造品牌，扩大市场影响；缺点是较少提供生鲜农产品，与居民生活的密切度较低。这种类型一般适用于生产附加值较高的农副产品或能够对农产品进行加工、包装的合作社与城市中高端消费群体的对接。

（三）农校对接

农校对接是实现农民专业合作社与高校食堂的直接对接。农校对接可以减少高校农产品采购环节，降低食堂采购成本，更好地保障师生食品安全，对促进高校稳定和农民增收均具有重要意义。与超市较为稳定的消费市场不同，高校消费群体具有相对集中、规模庞大、季节性强、需求多元和政治敏感等特点。要满足高校消费群体对农产品的种种特殊要求，单靠一家一户的农民专业合作社或生产基地是很难做到的，这就成为农校对接的障碍。现有的一对一的操作方式是不行的，只有多家农校单位共同参与，共同协作，优势互补，才能找到一个协调农民“菜园子”与高校“菜篮子”之间供求平衡的好办法。农校对接虽然困难重重，但是前途光明，对农校双方依然具有很强的吸引力。首先，需要农校双方坚定信心，开拓创新，把农校对接尝试继续搞下去，绝不能半途而废。其次，农校双方要互相宽容，顾全大局，主动让利，比如在农校对接运输成本谁来承担的问题上，要有共担风险的勇气和魄力，不要只想着自己一方合适。只要农校双方形成默契，达成共识，组成紧密的合作关系，就有可能实现双赢的局面。

五、农民专业合作社如何组织销售及增加收益

（一）产品销售方式

解决农产品卖难问题是许多合作社成立的初衷，产品销售是许多合作社的最主要功能。目前，合作社组织销售成员产品的方式主要有三类：一是代销。成员把产品交给合作社，合作社把产品统一售出后再向成员付费。二是买断。成员把产品出售给合作社，合作社立即支付费用。三是中介。合作社为成员提供销售信息，仅起到中介作用，成员直接向收购商出售产品。在定价方式上，合作社可以根据自身情况采取最低价收购的方式，也可以随行就市。合作社应该努力创建属于合作社自己的产品品牌。

（二）增加收益策略

随着我国农业的发展，部分农产品已出现了结构性、区域性过剩现象，卖难问题越来越突出。合作社可根据实际情况选择恰当的营销策略进行产品销售。

1. 生产名特优产品

实施“良种工程”，加速淘汰滞销品种，以质取胜，以优增收，以名特促发展，在提高产品档次上下功夫。

2. 上市之前先摸底

农产品在需求上存在着地域差异，许多精明的合作社在产品上市之前就已摸清市场的购销动向、行情走势，瞄准了销售对象，并建立起较为稳定的直线流通渠道，产品一上市就可销售出去。

3. 不赶旺季赶淡季

农产品由于气候、品种等因素直接影响着市场，随着季节的变化产品存

在着较大的价格差，如蔬菜、瓜果等农产品，旺季和淡季的价格往往相差很大。合作社应该掌握这个规律，努力发展早熟和反季节品种，使产品上市时间提前或推迟，或者在生产旺季时将一些农产品进行保鲜贮藏，等到淡季出售，卖出好价钱。

4. 寻找多种销售渠道

在市场经济条件下，寻找多种渠道，使产品能及时销售出去，减少不必要的损耗，不失为明智之举。在这方面可以找购销、贩运专业户经销；还可以采取联合体的办法，搞产供销一条龙经营，平等互利，共同受益。

5. 利用媒体“喊”着卖

有的农产品质量很好却卖不出去的原因就在于缺乏市场知名度。近年来，现代大众传媒，如期刊、报纸、电视、广播、网络等，已逐渐成为农村农副产品推销的主要媒体。可以尝试着通过大众传媒发布信息，让销地市场从中捕获产地信息，激发市场需求，从而促进销售。

6. 展示展销

推动合作社参加优质（特色）农产品博览会、展示会、推介会及经贸洽谈会，参与国内外的农产品博览会。有条件的合作社要借国家优惠政策，推动建立专业合作社农产品展示、展销中心，搞好产销衔接，强化营销宣传推介，培育市场品牌、提升市场影响力，更有效地占领国内外市场。

7. 选好运输方式

在得知某地急需哪种农产品的准确信息后，还应考虑运输方式。对于一些急需的瓜、果、菜等农产品，远距离运输宜采用快捷运输方式，虽然运输费用稍高一些，但如果及时抓住市场，所获的利润也往往比较丰厚。同时对于一些耐贮藏的农产品，如马铃薯、生姜、大蒜等可利用当地的铁路资源，发挥运输成本低的优势，在销地形成价格差进行销售。

六、农民专业合作社产品如何出口及发展电子商务

（一）产品出口

就农民专业合作社而言，可以参考私营生产企业申请自主进出口权的方法。同时，具备下列条件的私营生产企业可申请自营进出口权：已经在生产企业所在地工商行政管理机关依法登记注册、领取了营业执照，注册资本和净资产均在 850 万元人民币以上；连续两年年销售收入、出口供货额分别在 5000 万元人民币和 100 万美元（机电产品生产企业年销售收入、出口供货额分别在 3000 万元人民币和 50 万美元）以上；具有自营进出口业务所必需

的专业人员。企业申报材料需要有：私营生产企业或科研院所申请自营进出口权的报告；企业或院所章程；企业法人营业执照（正本复印件）；工商行政管理机关出具的连续两年企业年检合格证明和资产情况证明；申请的自营进出口商品目录：代理出口的外贸企业出具的出口供货证明材料；县级以上税务部门出具的纳税证明；高新技术企业需出具科技主管部门颁发的《高新技术企业证书》。

在申报程序上，地方企业由各省、自治区、直辖市及计划单列市外经贸委（厅、局）、商委（商业贸易厅、局）向商务部申报。部委直属企业由各主管部门向商务部申报。申报过程中需要提交的材料包括：企业经营进出口业务的可行性报告；企业行政主管部门意见；企业前一年经营情况（须提供销售统计表并要求主管部门和地方统计部门盖章确认）和进出口实绩；企业法人营业执照（复印件）；统一配送中心的情况（所在地、规模等）；企业申请经营的进出口商品目录。

从目前各地实践情况看，我国合作社做出口业务的基本模式主要有：一是找代理商代理。如北京市的一家果品合作社在取得自主进出口经营权的相关证件后，很难通过自己的力量开展进出口业务，后来找到山东省的一家代理公司，通过他们做出口贸易，事实上，这家代理商也不是非常正规的代理商，而是半正式的代理商，因为这家公司本身就做进出口业务，自己销售的同时顺便帮合作社销售，最后按销售额获取佣金。二是靠龙头企业。江西省赣州市有一家脐橙专业合作社，该合作社只负责种植脐橙，然后由当地龙头企业收购脐橙。这种模式其实是双赢的，企业不仅具有营销渠道，而且收购价格也可以达到农民的心理预期，对于龙头企业来讲也有了稳定的货源，收购后公司再统一进行打蜡、分装、出口，以企业的名义销往国外。三是龙头企业领办合作社。目前，有些具有进出口业务的龙头企业领办合作社，待产品销售后将盈余返还给农民。山西省有一家酥梨合作社，就是当地龙头企业和农民一起办的合作社，农民负责生产酥梨，企业负责做出口，销售后将各种成本扣除，按照交易额的60%返还给农民。

虽然目前我国做出口业务的合作社所占的比例还很小很有限，但是它的优越性已经体现出来。具体表现在以下两方面：一是合作社更容易收集国际市场信息，开展农产品营销。那些做出口业务的合作社一般都有自己下属的市场调研部门，专门收集进口国信息和竞争对手信息。有的合作社还利用政府相关部门收集信息，专门负责研究国外农产品市场、数据信息和预测市场趋势，同时相比于单独提供给农户信息，政府部门也更愿意将最新的市场信息提供给合作社，再由合作社根据市场需要调整生产计划，指导农场主的生产活动。二是合作社更方便对出口农产品严把质量关。合作社更方便在农产品生产过程中进行统一的标准化管理，加工过程严格按照操作规范进行。并且合作社还可以通过认证制度、关键危害点控制、追溯体系建设等一系列制度安排保证出口农产品的质量，从而降低出口农产品被进口国通报的概率，提高产品在国际市场上的市场份额。

此外，合作社办理出口业务过程中，在处理基本的基地备案、加工厂备案程序之外，还应注意如下问题：第一，在进行产品出口前，要认真核实出口产品是否在进口国的进口商品目录中；第二，合作社产品出口前，一定要了解进口国对于农药残留问题的标准；第三，合作社需要强化自身实力，保证产品供应。

（二）农民专业合作社如何发展电子商务

农民专业合作社发展电子商务营销是一种新的营销形式，目前在全国各地都只是起步阶段，但也不乏成功案例。国外经验表明，合作社借助电子信息平台开展农产品营销是大有作为的，很值得合作社结合自身特点进行有针对性的探索。目前，合作社电子商务营销主要有如下三种形式。

1. 合作社自办网站

通过网络与客商进行产销对接，将产品销到国内外。例如，北京市已有200多家专业合作社建立了自己的网站或网页。北京市大兴区建立电子商务交易体系营销模式，初步建立“网上交易，网下配送”架构。

2. 网上开店

合作社可以进驻淘宝等网上交易平台，实现合作社农副产品的网上营销。相比合作社自办运营网站，入驻成熟电子商务平台的成本相对较低。

3. 网上联合社营销模式

合作社在发展电子商务时，需要解决如下问题：一是人才短缺，特别是专业的电子商务人才。吸引优秀的电子商务专业人才对单个合作社来说成本很高，对销售人员进行电子商务专业培训可能更适合目前合作社的发展实际。二是资金困难。要运营好网站需要有持续的资金投入，很多合作社在发展电子商务初期会有投入，而在后期往往荒废，导致前功尽弃。三是合作社品牌推广存在一定难度，尤其是规模不大的合作社。其生产的农副产品不具备规模效应或品牌效应，进行电子商务时的投入产出比很低。

第四节　风险管理

一、风险管理的概念

风险管理就是经济单位和个人在对风险进行识别、预测、评价的基础上，优化各种风险处理技术，以一定的风险成本达到有效控制和处理风险的过程。农业风险管理则是基于多元主体的广泛参与，对其优势领域以及职能边界进行合理界定，通过全面识别和评估农业的风险以及对主体间各项职能措施的整合，以达到高效预防农业风险、最大程度降低农业灾情的目的的过程。就管理层次而言，农业风险管理可以分为微观风险管理、中观风险管理和宏观风险管理。对应的风险管理主体包括农户家庭、各类组织和国家政府。一般而言，只有农户家庭、经济组织和各级政府都进行风险管理，才有可能实现农业的安全保障。从农民专业合作社的角度看，其所涉及的风险管理就是风险管理主体通过对风险的认识、衡量和分析，优化组合最佳风险管理技术，以最小成本使农业生产经营者获得最大安全保障的一系列经济管理活动。

二、农业风险管理的目标

农业风险管理的总目标是以最小的成本达到最大的安全保障。具体而言，农业风险管理包括安全目标、经济目标和生态目标。

（一）安全目标

所谓安全目标就是要求农业为社会提供充足且安全可靠的农副产品，保证人们的生活质量持续提高、社会和谐稳定和文明进步。通过农业风险管理，不仅可以为社会提供充足的农产品，维持人类的基本生存，满足整个国民经济对农业的需求，还可以最大限度地消除或减轻农业风险对人们的各种危害，增强人们的安全保障程度，减轻人们的心理负担，总体上更好地承担作为国民经济基础产业的社会责任并履行其义务，避免社会为整个国民经济的平稳发展和社会的安定提供基础，进而保证人们的生活持续提高。

（二）经济目标

所谓经济目标，即对农业风险的管理应以最小的成本，获得尽可能好的社会经济效益。或者说，既要有利于资源的优化配置，提高农业综合生产力，又不要过分加重政府的财政负担，同时还要有利于实现均衡的市场价格，提高农业经营管理的水平和农业经济效益。

（三）生态目标

所谓生态目标，就是要求在进行农业生产时，必须注重合理开发利用和保护自然资源，维护和改善生态环境，把开发利用、保护治理及资源增值有机地结合起来，发挥资源优化组合功能，形成各具特色的持续平衡的生态系统，并对资源与环境的动态变化进行监测，实行科学规划和管理。资源质量的降低、数量的减少以及生态环境的恶化等影响农业生态可持续发展的问题，已成为制约农业生产和农业经济发展的不利因素，可能引发各种农业风险，使农业遭受损失。治理农业资源与环境，保证农业生态可持续发展，是农业风险管理的重要内容和主要目标。

三、农业风险管理的程序

农业风险管理的程序分为以下五个步骤。

（一）确定风险管理目标

尽管总体而言农业风险管理有安全目标、经济目标和生态目标，但对于不同的农业风险管理主体，风险管理目标可能有所侧重。即便是同一风险管理主体，在不同时期，其风险管理目标也可能不同。所以，进行农业风险管理，首要的任务是通过农业风险管理系统的研究作业，确定系统的目标，即通过对资料的收集、分析、比较和解释等活动，确定农业风险管理目标。

（二）农业风险识别

农业风险识别是对农业自身所面临的风险加以判断来鉴定其性质的过程。因为各种不同性质的风险时刻威胁着农业的生存与安全。必须采取有效方法和途径识别农业所面临的以及潜在的各种风险。一方面可以通过感性认知和经验进行判断，另一方面则必须依靠对各种会计、统计、经营等方面的资料及风险损失进行分析、归纳及推理，从而发现农业面临的各种风险及其损害情况，并对可能发生的风险的性质进行鉴定，进而了解可能发生何种损益或波动。

（三）农业风险衡量

在农业风险识别的基础上通过对所收集的资料分析农业损益频率和损益幅度进行估测和衡量，对农业收益的波动进行计算，为采取有效的农业风险处理措施提供科学依据。

（四）农业风险处理

即风险管理主体根据农业风险识别和衡量情况，为实现农业风险管理目标，选择最佳的农业风险管理技术。农业风险管理技术包括风险管理技术和财务型风险管理技术。前者以降低损失频率和减少损失度为目的，后者则以提供基金的方式，消纳发生损失的成本为目的。

（五）农业风险管理评估

农业风险管理主体在选择了最佳风险管理技术以后，要对风险管理技术的适用性及收益情况进行分析、检查、修正和评估。因为农业风险的性质和情况是经常变化的，风险管理者的认识水平具有阶段性，只有对农业风险的识别、评估和技术的选择等进行定期检查与修正，才能保证农业风险管理技术的最优使用，从而达到预期的农业风险管理目标和效果。

四、农业风险管理的措施

农业风险类别不同，其管理手段亦不相同。大致可以分为规避、预防、通过经济手段转移和救灾救济等方式。

（一）风险规避

风险规避的方式主要有两种：一是为规避某一风险带来的损失，放弃该项农业生产活动，或者为了避免新技术应用可能带来的风险，农业生产者选择成熟的、已经大面积推广的技术使用；二是通过降低农业收入在家庭总收入中的比重，规避农业风险可能带来的损失。

（二）风险预防

预防措施是指在损失发生前所采取的、为消除或减少损失而采取的各种措施。包括为降低农业风险损失所采取的工程或技术措施；多样化种植，分散风险；国家通过宏观经济调控稳定农业经济，降低农业的波动性。

（三）风险转移

风险转移虽然不能降低风险损失的大小，但可以通过一定经济手段转移或分摊损失，降低某一时段风险对生产的影响。以经济手段转移农业风险的方式有两种。

1. 保险转嫁

保险转嫁是指农业生产者以小额保费为代价，将农业生产风险转移给农业保险经营者，在农业保险经营者层面实现农业风险在时间和空间上的分散。农业保险作为一种财务安排方法，是一种科学管理和化解农业风险的制度建设，具有将灾前防灾防损与灾后及时补偿结为一体的优越性，既降低了农业风险对农业生产经营主体的损害，也降低了社会经济发展的成本，是农业生产的稳定器。

2. 非保险转嫁

非保险转嫁是指通过各类经济合同将可能产生的潜在损失后果转嫁给他人的方法。个人和单位在从事经济活动过程中，可以利用合同条款等将有关活动的潜在风险损失转嫁给他人承担。这种风险转嫁的优点在于应用范围广、费用低廉、灵活适用，可以弥补保险之不足。但其局限性在于它常受合同条款、法律条文的限制，存在一定程度的盲目性，需要以健全的法律体系为条件。当然广义而言，还需建立巨灾基金等内容。

（四）救灾救济

救灾救济是指依靠政府或社会力量对受灾地区人民的生活进行经济补偿与救助的行为，分为政府救济和民间救济。但是，救灾只是作为一种临时性的帮助行为，其实施没有法律保障。

农业是国民经济的基础，同时也是一个高风险的弱质产业。由于农业的生产特殊性，农民不仅经常面临各种自然风险，而且还常常面临各种社会的、经济的不确定性因素造成的市场风险。20 世纪 90 年代以来，我国农业风险呈现出了新的变动趋势，在自然风险对农业依然具有显著影响的同时，市场风险已凸显成为影响农业发展的主要风险。这主要是由于在经济全球化和自由贸易不断深化的时代背景下，在原有的农业风险被强化的同时，又滋生了新的风险源，风险发生的可能性更大，波及范围更广，不可控性也更强。如何在对风险进行正确识别、分类的基础上，选择恰当的风险管理战略，做到风险的有效防范和控制，成为当前农业生产经营的一项重要内容。

总体而言，针对我国不同时期的农业风险状况，政府介入虽然在一定时期、一定程度上防范和化解了农业的巨大风险，保障了农民的经济利益，推动了农业和社会的发展。但不可否认的是，政府、农民和其他经济主体正承担着更大、更为复杂的风险，而原有的风险管理措施也被证明存在制约和局限。在当前全球化、市场化的背景下，政府介入风险管理的方式亟待进行重新整合及创新，才能有效防范和化解这些蕴含巨大损失的重大风险。农民专业合作社作为市场经营主体，也需要进一步重视风险管理的意义和作用，探索适用、有效的风险防控模式。

第五节　产 品 认 证

一、申请绿色食品认证

农民专业合作社申请绿色食品认证应履行的相关程序如下。

（一）认证申请

申请人向中国绿色食品发展中心（以下简称“中心”）及其所在省（自治区、直辖市）绿色食品办公室、绿色食品发展中心（以下简称“省绿办”）领取《绿色食品标志使用申请书》《企业及生产情况调查表》及有关资料，或从中心网站下载这些资料。申请人填写并向所在省绿办递交《绿色食品标志使用申请书》《企业及生产情况调查表》及以下材料：保证执行绿色食品标准和规范的声明，生产操作规程（种植规程、养殖规程、加工规程），对“基地＋农户”的质量控制体系（包括合同、基地图、基地和农户清单、管理制度），产品执行标准，产品注册商标文本（复印件），营业执照（复印件），企业质量管理手册，要求提供的其他材料（通过体系认证的，附证书复印件）。

（二）受理及文审

省绿办收到上述申请材料后，进行登记、编号，5个工作日内完成对申请认证材料的审查工作，并向申请人发出《文审意见通知单》，同时抄送中心认证处。申请认证材料不齐全的，要求申请人收到《文审意见通知单》后10个工作日内提交补充材料。申请认证材料不合格的，通知申请人在本轮作物生长周期内不再受理其申请。

（三）现场检查、产品抽样

省绿办应在《文审意见通知单》中明确现场检查计划，并在计划得到申请人确认后委派2名或2名以上检查员进行现场检查。检查员根据《绿色食品检查员工作手册（试行）》和《绿色食品产地环境质量现状调查技术规范（试行）》中规定的有关项目进行逐项检查。每位检查员单独填写现场检查表和检查意见。现场检查和环境质量现状调查工作在5个工作日内完成，完成后于5个工作日内向省绿办递交现场检查评估报告和环境质量现状调查报告及有关调查资料。现场检查合格，可以安排产品抽样。凡申请人提供了近1年内绿色食品定点产品监测机构出具的产品质量检测报告，并经检查员确认，符合绿色食品产品检测项目和质量要求的，免产品抽样检测。现场检查合格，需要抽样检测的产品安排产品抽样。

（四）环境监测

绿色食品产地环境质量现状调查由检查员在现场检查时同步完成。经调查确认，产地环境质量符合《绿色食品产地环境质量现状调查技术规范》规定的免测条件，免做环境监测。根据《绿色食品产地环境质量现状调查技术规范》的有关规定，经调查确认，有必要进行环境监测的，省绿办自收到调查报告2个工作日内，以书面形式通知绿色食品定点环境监测机构进行环境监测，同时将通知单抄送中心认证处。定点环境监测机构收到通知单后，于40个工作日内出具环境监测报告，连同填写的《绿色食品环境监测情况表》，直接报送中心认证处，同时抄送省绿办。

（五）产品检测

绿色食品定点产品监测机构自收到样品、产品执行标准、《绿色食品产品抽样单》检测费后，于20个工作日内完成检测工作，出具产品检测报告，连同填写的《绿色食品产品检测情况表》，报送中心认证处，同时抄送省绿办。

（六）认证审核

省绿办收到检查员现场检查评估报告和环境质量现状调查报告后，于3个工作日内签署审查意见，并将认证申请材料、检查员现场检查评估报告、环境质量现状调查报告及《省绿办绿色食品认证情况表》等材料报送中心认证处。中心认证处收到省绿办报送材料、环境监测报告、产品检测报告及申请人直接寄送的《申请绿色食品认证基本情况调查表》后，进行登记、编号，在确认收到最后一份材料后的2个工作日内下发受理通知书，书面通知申请人，并抄送省绿办。中心认证处组织审查人员及有关专家对上述材料进行审核，于20个工作日内作出审核结论。审核结论为"有疑问，需现场检查"的，中心认证处在2个工作日内完成现场检查计划，书面通知申请人，并抄送省绿办。得到申请人确认后，于5个工作日内派检查员再次进行现场检查。审核结论为"材料不完整或需要补充说明"的，中心认证处向申请人发送《绿色食品认证审核通知单》，同时抄送省绿办。申请人需在20个工作日内将补充材料报送中心认证处，并抄送省绿办。审核结论为"合格"或"不合格"的，中心认证处将认证材料、认证审核意见报送绿色食品评审委员会。

（七）认证评审

绿色食品评审委员会自收到认证材料、认证处审核意见后10个工作日内进行全面评审，并作出认证终审结论。认证终审结论分为两种情况：认证合格或认证不合格。结论为"认证合格"的，颁发认证证书：结论为"认证不合格"的，评审委员会秘书处于作出终审结论2个工作日内，将《认证结论通知单》发送申请人，并抄送省绿办。本轮作物生产周期内不再受理其申请。

（八）颁证

中心在5个工作日内将办证的有关文件寄送认证合格的申请人，并抄送省绿办。申请人在60个工作日内与中心签订《绿色食品标志商标使用许可合同》。由中心主任签发证书。

二、申请有机食品认证

有机食品是指来自有机农业生产体系的食品。有机农业是指在生产过程中不使用人工合成的肥料、农药、生长调节剂和饲料添加剂的可持续发展的农业，它强调加强自然生命的良性循环和生物多样性。有机食品认证机构通过认证，证明该食品的生产、加工、储存、运输和销售等环节均符合有机食品的标准。值得注意的是，目前有机认证机构众多，一些认证机构只要收钱就可以出具有机认证资格证书，严重扰乱了有机食品市场的正常秩序，相关部门正在清查。因此，合作社理事长在选择有机食品认证机构时定要注意核实，该认证机构是否经过国家认证认可监督管理委员会（CNCA）、中国合格评定国家认可委员会等权威部门认可，具有正式批准号等。下面以农业农村部主管的中绿华夏有机食品认证中心（COFCC）的认证流程为例，说明申请认证有机食品的工作程序。

（一）申请

（1）申请人登录www.ofcc.org.cn下载并填写《有机食品认证申请书》和《有机食品认证调查表》，下载《有机食品认证书面资料清单》并按其要求准备相关材料。

（2）申请人提交《有机食品认证申请书》《有机食品认证调查表》以及《有机食品认证书面资料清单》要求的文件，提出正式申请。

（3）申请人按《国家标准：有机产品》第四部分的要求，建立本企业的质量管理体系、质量保证体系的技术措施和质量信息追踪及处理体系。

（二）文件审核

（1）认证中心对申请人的申报材料进行合同评审和文件审核。

（2）审核合格后，认证中心根据项目特点，依据认证收费细则，估算认证费用，向企业寄发《绿色食品申请受理通知书》《有机食品认证检查合同》（简称《检查合同》）。

（3）若审核不合格，认证中心通知申请人且当年不再受理其申请。

（4）申请人确认《绿色食品申请受理通知书》后，与认证中心签订《检查合同》。

(5) 根据《检查合同》的要求，申请人缴纳相关费用，以保证认证前期工作的正常开展。

(三) 实地检查

(1) 企业寄回《检查合同》及缴纳相关费用后，认证中心派出有资质的检查员进行检查。

(2) 检查员应从认证中心取得申请人相关资料，依据《有机产品认证实施规则》的要求，对申请人的质量管理体系、生产过程控制、追踪体系，以及产地、生产、加工、仓储、运输、贸易等进行实地检查评估。

(3) 必要时，检查员需对土壤、产品抽样，由申请人将样品送交指定的质检机构检测。

(四) 撰写检查报告

检查员完成检查后，在规定时间内，按认证中心要求撰写检查报告，并提交给认证中心。

(五) 综合审查评估意见

认证中心根据申请人提供的申请表、调查表等相关材料以及检查员的检查报告和样品检验报告等进行综合评审，评审报告提交颁证委员会。

(六) 颁证决定

颁证委员会对申请人的基本情况调查表、检查员的检查报告和认证中心的评估意见等材料进行全面审查，做出同意颁证、有条件颁证、有机转换颁证或拒绝颁证的决定。证书有效期为 1 年。当申请项目较为复杂（如养殖、渔业、加工等项目）时，或在一段时间内（如 6 个月），召开技术委员会工作会议，对相应项目作出认证决定。

(1) 同意颁证。申请内容完全符合有机标准，颁发有机证书。

(2) 有条件颁证。申请内容基本符合有机食品标准，但某些方面尚需改进，在申请人书面承诺按要求进行改进以后，亦可颁发有机证书。

(3) 有机转换颁证。申请人的基地进入转换期 1 年以上，并继续实施有机转换计划，颁发有机转换证书。从有机转换基地收获的产品，按照有机方式加工，可作为有机转换产品，即“转换期有机食品”销售。

(4) 拒绝颁证。申请内容达不到有机食品标准要求，技术委员会拒绝颁证，并说明理由。

(七) 颁证决定签发

颁证委员会作出颁证决定后，中心主任授权颁证委员会秘书处（认证二部）根据颁证委员会作出的结论，在颁证报告上使用其签名章，签发颁证决定。

（八）有机食品标志的使用

根据证书和《有机食（产）品标志使用章程》的要求，签订《有机食（产）品标志使用许可合同》，并办理有机或有机转换标志的使用手续。

（九）保持认证

（1）有机食品认证证书有效期为1年。在新的年度里，中绿华夏有机食品认证中心会向获证企业发出《保持认证通知》。

（2）获证企业在收到《保持认证通知》后，应按照要求提交认证材料，与联系人沟通确定实地检查时间，及时缴纳相关费用。

（3）保持认证的文件审核、实地检查、综合评审、颁证决定的程序，同初次认证。

三、申请农产品地理标志认证

农产品地理标志是指标示农产品来源于特定地域，产品品质和相关特征主要取决于自然生态环境和历史人文因素，并以地域名称冠名的特有农产品标志。根据《农产品地理标志管理办法》规定，农业农村部负责全国农产品地理标志的登记工作，农业农村部农产品质量安全中心负责农产品地理标志登记的审查和专家评审工作。省级人民政府农业行政主管部门负责本行政区域内农产品地理标志登记申请的受理和初审工作。农业农村部设立的农产品地理标志登记专家评审委员会负责专家评审。申请农产品地理标志认证一般需要经过如下步骤。

申请人应当向省级农业行政主管部门提出登记申请，并提交下列材料：登记申请书，申请人资质证明，农产品地理标志产品品质鉴定报告，质量控制技术规范，地域范围确定性文件和生产地域分布图，产品实物样品或者样品图片，其他必要的说明性或者证明性材料。

省级农业行政主管部门自受理农产品地理标志登记申请之日起，应当在45个工作日内，按规定完成登记申请材料的初审和现场核查工作，并提出初审意见。符合规定条件的，省级农业行政主管部门应当将申请材料和初审意见报农业农村部农产品质量安全中心。不符合规定条件的，应当在提出初审意见之日起10个工作日内，将相关意见和建议书面通知申请人。

农业农村部农产品质量安全中心收到申请材料和初审意见后，应当在20个工作日内完成申请材料的审查工作，提出审查意见，并组织专家评审。必要时，农业农村部农产品质量安全中心可以组织实施现场核查。专家评审工作由农产品地理标志登记专家评审委员会承担，并对评审结论负责。

经专家评审通过的，由农业农村部农产品质量安全中心代表农业农村部在农民日报、中国农业信息网、中国农产品质量安全网等公共媒体上，对登记的产品名称、登记申请人、登记的地域范围和相应的质量控制技术规范等内容，进行为期10日的公示。专家评审没有通过的，由农业农村部作出不予登记的决定，书面通知申请人和省级农业行政主管部门，并说明理由。

对公示内容有异议的单位和个人，应当自公示之日起30日内，以书面形式向农业农村部农产品质量安全中心提出，并说明异议的具体内容和理由。农业农村部农产品质量安全中心应当将异议情况转所在地省级农业行政主管部门提出处理建议后，组织农产品地理标志登记专家评审委员会复审。公示无异议的，由农业农村部农产品质量安全中心报农业农村部作出决定。准予登记的，颁发《中华人民共和国农产品地理标志登记证书》并公告，同时公布登记产品的质量控制技术规范。

四、商标注册

农民专业合作社对其生产、制造、加工、拣选或经销的商品或者提供的服务需要取得商标专用权的，应当依法向国家市场监督管理总局商标局（以下简称“商标局”）提出商标注册申请。目前，办理各种商标注册事宜有两种途径：一是直接到商标局办理；二是委托国家认可的商标代理机构代理。直接到商标局办理的，申请人除应按规定提交相应的文件外，还应提交经办人本人的身份证复印件；委托商标代理机构办理的，申请人除应按规定提交相应文件外，还应提交委托商标代理机构办理商标注册事宜的授权委托书。合作社直接办理商标注册事宜的，应到商标局的商标注册大厅办理。商标注册手续比较繁杂，加之注册时间较长，因此合作社注册商标最好找专业的代理机构，通过专业人员指导，可以降低注册失败风险，提高商标注册成功率。商标注册申请所需提交的资料有：商标图样，注册商标所要使用的商品或服务范围，合作社营业执照复印件。

商标注册申请程序：先对商标进行查询，如果之前没有相同或近似的，申请人就可以制作申请文件，递交申请。申请递交后的1～3个月，商标局会发出《申请受理通知书》，此期间是形式审查阶段。形式审查完毕后，就进入实质审查阶段，这个阶段大约需1年半的时间。如果实质审查合格，就进入公告程序；公告期满，无人提异议的，商标局就会核准注册，颁发《商标注册证》。根据《中华人民共和国商标法》规定，注册商标的有效期为10年，自核准之日起计算。有效期期满之前6个月可以进行续展并缴

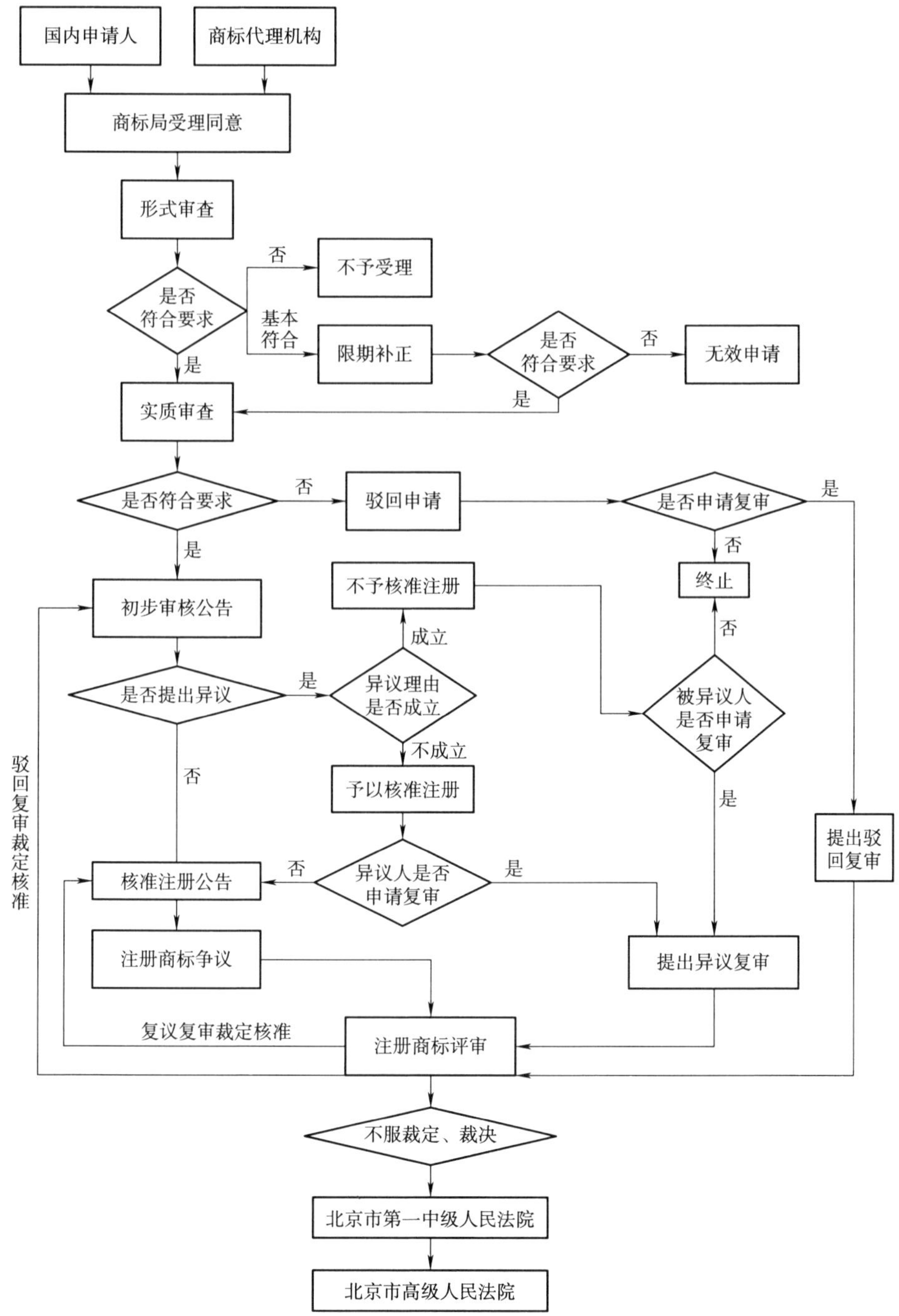
国内申请人
商标代理机构
商标局受理同意
形式审查
是否符合要求
否
不予受理
基本符合
限期补正
是否符合要求
否
无效申请
是
是
实质审查
是否符合要求
否
驳回申请
是否申请复审
是
否
终止
是
初步审核公告
不予核准注册
成立
否
是否提出异议
是
异议理由是否成立
被异议人是否申请复审
不成立
予以核准注册
否
是
驳回复审裁定核准
提出驳回复审
核准注册公告
否
异议人是否申请复审
是
注册商标争议
提出异议复审
复议复审裁定核准
注册商标评审
不服裁定、裁决
北京市第一中级人民法院
北京市高级人民法院

商标注册流程图

（二）承担实现生产过程标准化服务功能

农业生产过程标准化是指遵循简化、统一、协调、选优等原则，实现农业生产的指标化、规范化、科学化，达到高效、低耗地提高农产品的产量与质量，协调人类与自然的关系，以取得最好的经济效益和社会效益，促进农业的可持续发展。实施农业标准化生产，是农业应对农产品国际化、市场化的重要战略选择，是建设现代农业的客观要求，是实现农业可持续发展的重要保证，是提高人民生活质量的迫切需要。农业标准化生产的开展可以遵循如下六个步骤。

1. 进行策划

策划的主要目的是根据市场需求和合作社的现状与发展目标，确立合作社农业生产过程标准体系建设的基本目标和实施步骤。农业生产过程标准化体系建设的目标要建立在市场调查和信息收集的基础上，进行科学决策。市场调查主要包括合作社目标市场的需求情况、竞争对手情况、社会经济环境等。信息收集主要是一些相关国家、行业、地方标准（包括农产品标准、食品安全卫生标准、农业投入品限量标准、人身健康安全标准等）。

2. 标准制定与修订

根据策划的结果，制定合作社的农业生产过程标准。在标准的制定过程中要特别注意与现行国家、行业、地方标准的衔接配套；要从标准体系设计的角度开展标准制定活动；合作社生产过程标准应根据技术、市场变化及国家、行业、地方标准的变化及时修订。

3. 准备阶段

在实施标准化工作以前，要做好各项准备。一是思想准备，使参与方了解实施标准的重要意义和作用，自觉运用标准、执行和维护标准。二是组织准备，加强对实施标准工作的领导，应根据工作量大小，组成由主要领导牵头、农技人员组成的工作组，或设置专门机构，负责标准的贯彻和实施。三是技术准备，包括制作宣传、培训材料，培训参与方；制定相关岗位工作规程（作业指导书）；对关键技术的攻关；必要时，开展实施试点工作。四是物资准备，包括所需要的设备、仪器、工具、农业生产资料等。

4. 试点阶段

农业标准在全面实施前，可根据需要，选择有代表性的地区和单位进行贯彻标准试点。试点时可采取“双轨制”，即试点与未试点合作社相互比较，积累数据，取得经验，为全面贯彻标准创造条件。

5. 全面实施阶段

在试点成功后，可进入全面实施阶段。全面实施过程中要特别强调在生产各环节均应做到有标可依，严格执行标准，在实施中进一步强化执行标准的观念。

6. 总结改进阶段

通过对标准实施过程中所遇到的困难及解决的方法进行总结，进一步提高标准的可行性和适用性。另外，还要对标准实施管理体系进行总结，提出改进计划，落实改进措施。

（三）承担建立农产品生产基地功能

农产品生产基地是为了满足某种特定需求，人为确定或客观形成的具有一定幅员和产量规模的农产品生产区域。一般以某类农产品的营销、加工企业（龙头企业）为依托，在当地的农产品生产中占有重要地位。农产品生产基地一般有以下几方面的要求：一是强调生产的专业化和种植的区域化，使基地尽可能成方连片，形成规模；二是在基地管理上，强调生产技术规程的组织实施，实行标准化生产，推行农资供应、病虫害防治等统一服务；三是在运作模式上采取基地建设与日常管理相统一的运行机制，如“合作社＋农户”“合作社＋公司＋农户”或“公司＋合作社＋农户”等运作模式，实现基地的生产、经营、管理的一体化发展。当前我国农产品生产基地的类型主要有以下五种。

1. 传统产业提升型

主要是依托传统优势产业，适应市场需求的变化，调整产品结构，通过技术更新，实施良种化工程，加强品牌建设，实现传统产品的提质增效，带动名优产品的规模化基地生产。

2. 龙头企业与市场带动型

通过培育和发展农产品加工龙头企业，扶持中介组织和购销大户，加强市场体系建设，打开农产品销售渠道，促进生产与企业、市场的有机衔接，推动农产品基地建设。

3. 工商企业投资型

工商业主反哺农业、投资农业，凭借其先进的管理理念，通过租赁等土地使用权的流转，直接投资兴办各类特色农产品基地。

4. 科技人员领办型

科技人员利用技术优势，创办或通过技术入股等形式创建基地。

5. 农民专业合作社创建型

目前，许多农民专业合作社都根据自己的经营项目建立了生产基地。

农民专业合作社在建设农产品生产基地时要注意以下六个问题。

（1）以市场需求为导向。要根据市场的现实需求和潜在需求来选择生产项目，发展优质、安全、生态、方便、营养的农产品，以开拓国内和国际市场为目标，不断适应和满足市场需求。

（2）发挥地方比较优势。要根据比较优势的原则，按照“一村一品、一乡一业”的发展思路制定区域规划，因地制宜，发挥本地的资源、经济、市场和技术优势，依托优势农产品的专业化生产区域，推进优势、特色农产品加工业发展，逐步形成农产品生产和加工产业带，实现农产品加工与原料基地的有机结合。

（3）实行适度规模经营。有规模才有批量，有批量才有市场竞争力。要通过核心示范区建设，引导千家万户向优势产区集中，实现小生产大规模。建设优质农产品基地，要与发展农产品加工业的规模和市场需求相适应，既要有龙头骨干企业，又要有有市场、有特色、有潜力的农民专业合作社等农民经济组织来带动。

（4）积极引进新品种，采用先进适用技术。要依靠新科技，解决产品科技含量低、单产水平低、产品质量差、综合效益差等问题。积极引种、试种（养）和推广国内外的高效农业产品，促进农产品品种的改良和更新换代。保护和发展具有民族特色的传统技术，选用先进适用的技术和绿色、无公害生产技术装备，鼓励积极引进和开发高新技术。

（5）实施标准化生产，保证产品质量安全。推行标准化生产和产品质量认证，组织实施生产技术规程，实行标准化生产，做到统一培训、统一种植、统一管理、统一施药、统一施肥、统一采收。规范农药和肥料等投入品的购置、使用。建立和完善农产品的检验、检测和安全监控体系。积极申报农产品质量认证，以及出口企业的各种国际认证。培育具有地方特色的名牌农产品，提高基地产品的市场知名度和市场竞争力。

（6）发展和保护相结合。生产基地建设，要坚持高标准、严要求，积极采取保护生态环境的措施，发展可持续农业。

三、产后服务

（一）产后服务的类型

产后服务合作社提供农产品销售、加工、储藏、运输等服务。农产品销售合作社作为合作社的典型代表。在发达国家中，农产品销售合作社已经成为农产品销售的主力军。从实践来看，主要通过合作社销售的农产品包括小麦、稻谷、油料、棉花、茶叶、家禽家畜以及畜产品（如奶制品、鸡蛋、毛）等。一些附加值高、保鲜期短的产品生产部门合作社所占市场份额相当高，如在丹麦、荷兰、英国、瑞典、葡萄牙本国奶制品市场上，合作社所占市场份额高达80%甚至90%。

（二）农产品销售合作社的服务核心

农产品销售合作社的服务核心是帮助社员销售他们自产的产品，并尽可能地使社员收益达到最大化。为了达到这个目标，一些农产品销售合作社还可能会聘请专业的销售经理和销售团队。在农产品销售合作社发展的早期，农户入社的直接动因主要有三个：一是获得稳定的农产品销售渠道。为了能够获得稳定的经营收入，农户想加入合作社，给自己的农产品寻找一个稳定的销售渠道。二是避免商贩的欺诈。农户由于生产规模小、信息渠道窄，容易被商贩欺骗，通过加入合作社，农户可以拓展自身的市场信息渠道，避免商贩的欺骗。三是通过加入合作社，农户可以提高自身农产品的市场议价能力。

（三）产后服务的趋势与挑战

随着农产品销售合作社的进一步发展，农户还可通过合作社提升自身的市场开拓能力，促进自产产品的标准化和品牌化，提高自己的营销水平和科技水平。此外，一些开展农产品初加工业务的销售合作社还可帮助农户提高其产品附加值。当前，产后服务合作社基本上由龙头企业、专业大户、村集体、供销社等主体领办向农业产业化经营方向发展。但其发展也面临着诸多挑战，如合作社生产要素的组合范围狭小、开放的社员资格制度经营缺陷明显、合作社经营战略选择空间有限等。

（四）兴办加工企业或与龙头企业密切合作提供加工服务

1. 兴办加工企业提供加工服务

2009年《中共中央 国务院关于加大统筹城乡发展力度进一步夯实农业农村发展基础的若干意见》中指出，要扶持农民专业合作社自办农产品加工企业。合作社自办企业，实际上是指合作社通过向产业价值链的上下游延伸，自办上下游企业（下游如农产品加工企业，上游如饲料、肥料企业等），更大程度地降低费用、提高收益，更好地服务成员、走向市场。合作社自办企业的好处是显而易见的，生产更具有计划性，经营更具有进取性，更有利于实施标准化生产，更有利于进行品牌建设，从而使成员能够获得更多的收益。合作社自办加工企业还需要注意一些问题。

（1）合作社自办企业要考虑必要性。应该明确指出，并不是所有的合作社都有必要自办企业或马上自办企业。无论对于有稳定的市场渠道和收益预期的合作社而言，还是对于不具有相关能力和条件的合作社而言，都不必急于自办企业。

（2）合作社自办企业要考虑可能性。办企业与办合作社不一样，必须具有一定的资本金及流动资金、市场营销能力、生产加工技术以及相关的品牌建设能力和市场经营人才。显然，这些条件绝不是一个合作社能够轻易达到的。

（3）合作社自办企业要考虑可控性。合作社自办企业是为了成员的整体利益，而不是为了几个核心成员的个人利益。因此，一定要明晰产权关系，坚持民主控制，防止“内部人控制”，在维护成员主体地位与激励经理人经营行为之间寻求平衡点。

2. 与龙头企业密切合作提供加工服务

农民专业合作社在自身不具备单独办加工企业的实力时，可探索与各类农业龙头企业合作，使合作社分享加工环节利润。在“合作社＋龙头企业”模式中，农民专业合作社一方面要发挥服务功能，向农户提供产前、产中、产后服务，另一方面要发挥中介功能，代表分散农户与龙头企业对话，既转达企业对分散农户的意见，更要捍卫农户的权益。这种模式有利于节省公司与农户之间分散交易的成本，提高农户的谈判能力。另外，由于农村社区的文化传统与亲缘、地缘关系，农民专业合作社会把满足成员的利益作为主要目标，较易与农户形成风险共担、利益共享的利益分配机制，带动农民增收。

此外，农民专业合作社还可以采取招商引资、股份合作等方式，与农业龙头企业或其他经济组织联合创办加工企业，也可以直接入股龙头企业，与龙头企业结成利益共同体。既可节省自办加工企业的成本，规避投资风险，同时又能分享到加工环节的利润。除了产后加工销售环节的农企对接，合作社也可以尝试与农资企业进行产前环节的农企对接，降低农业生产成本。

四、资金服务

资金服务是合作社服务的一项重要内容。在日、韩农协体系中，资金服务是合作社价值链中产生利润的最主要的环节，并以此来抵消农协在提供农业产前、产中、产后服务时的赤字。合作社主要通过三种方式开展资金服务。

（1）以组织的名义向各类金融机构申请贷款，然后再转贷给社员，以满足社员生产生活资金需求。

（2）合作社为社员贷款提供担保或者社员为合作社贷款提供担保，以满足不同的贷款担保需求。

（3）合作社在其内部开展资金互助业务，以满足社员的资金需求。这样的资金服务发展起来以后，有助于小农远离高利贷的剥削，有助于小农生产的发展，有助于农民信用意识的增强，同时还有助于农村地区金融市场利率水平的下降。

五、综合服务

从实践来看，一般意义上的综合服务合作社大致可以分为三类（没有明确的分类依据，这是根据实践的大致分类）。第一类是专业服务基础上的综合服务，如合作社为生猪养殖户提供产前、产中、产后的全套服务，同时合作社内还开展资金互助，农户只负责农业生产，农业经营全部让合作社来承担。第二类是股份合作社，农户把土地、林地、奶牛等折价入股成立股份合作社，由合作社负责生产和经营，最后的合作社收益再进行按股分红。第三类是以社区为单位的综合性农民合作社，类似于日、韩的农协性质，合作社提供的服务不单是一个品种，而是涵盖农、林、牧、渔等各个方面。此外，这类合作社还隐含了政治与文化功能，为农户解决生产、生活等方方面面的问题。

本章小结

本章主要讨论了农民专业合作社的经营管理。首先阐述了农民专业合作社的经营决策与农产品品牌建设，经营决策方面主要介绍了经营决策的概念、内容、类型及程序，需掌握经营决策内涵与农民专业合作社的决策步骤；农产品品牌建设方面主要介绍了品牌概念、建设的作用、建设步骤，其中步骤分别是找准产品品牌定位、提升农产品质量、开拓农产品品牌传播渠道、积极争取当地政府的扶持，需掌握此步骤。其次阐述了农民专业合作社的市场营销与风险管理，其中市场营销方面主要介绍了合作社市场营销的概念与对象、任务理念及渠道、管理过程与影响策略，重点介绍了农民专业合作社如何开展农超、农社、农校对接，如何组织销售及增加收益、如何出口及发展电子商务等新内容，需掌握重点介绍的内容；风险管理方面主要介绍了风险管理的概念、目标、程序、措施，合作社经历多种风险，需加大对风险管理的学习，掌握风险应对措施，化解风险，降低损失。最后阐述了产品认证与服务管理，其中产品认证方面主要介绍“两品一标”认证与商标注册程序，该部分内容对合作社获取经济收益很有帮助，需要合作社掌握并实施。具有不同服务功能的农民专业合作社有着不同的合作社经营管理方法。根据各个合作社提供的产前、产中、产后、资金等服务的不同，将合作社划分为产前、产中、产后、资金及综合服务类型合作社并对其承担的服务管理职能进行了介绍。

本章习题

1. 什么是经营决策？经营决策的类型包括哪些内容？
2. 什么是农产品品牌建设？为什么要进行农产品品牌建设？
3. 什么的市场营销？其营销策略有哪些？
4. 农业风险管理的措施有哪些？
5. 合作社如何进行电子商务？
6. 合作社如何进行标准化生产？

参考文献

冯文丽，2019. 农业巨灾风险管理制度研究［M］. 北京：人民出版社.

郭春丽，赵国杰，2010. 基于成员异质性的农民专业合作社知识管理模式的研究［J］. 电子科技大学学报（社科版），12（02）：6-10.

黄胜忠，2016. 农民专业合作社经营管理机制研究［M］. 成都：西南财经大学出版社.

李晓燕，2022. 建立健全我国农产品市场营销体系［J］. 中国农业资源与区划，43（06）：196+206.

龙文军，2009. 农业风险管理与农业保险［M］. 北京：中国农业出版社.

卫书杰，2016. 农民专业合作社经营管理［M］. 北京：中国林业出版社.

于学文，2020. 农产品市场营销与电子商务［M］. 北京：中国农业出版社.

张正一，2015. 农民专业合作社经营与管理［M］. 北京：中国农业科学技术出版社.

张天佐，2020. 农民专业合作社理事长管理实务［M］. 北京：中国农业出版社.

第七章　农民专业合作社案例实践

本章要点

本章主要选取全国典型的种植类合作社、养殖类合作社、社会服务类合作社以及食用菌类合作社案例，分析合作社的主要做法及发展思路，为相关的从业人员提供借鉴参考。

关键词

农民专业合作社；种植合作社；养殖合作社；社会服务类合作社；食用菌合作社

第一节　种植类合作社案例

案例一：做强全产业链条　推动中药材出口
——湖北省宜昌众赢药材种植专业合作社

湖北省宜昌众赢药材种植专业合作社探索出组建一个技术团队、打造一个中药材出口基地、出资一个加工企业、创建一套营销方法、健全一套规范化管理制度的“五个一”经营之道，带动农民走上致富之路。

一、合作社简介

湖北省宜昌众赢药材合作社成立于2007年11月，是一家集中药材种植、加工、销售于一体的合作社，现有成员328人，种植中药材3万亩，年经营收入达到4528万元，直接出口创汇与委托出口额达560万美元。经过十多年发展，合作社带动当地农民种植中药材面积增长100倍，经营收入提高180倍，不仅填补了宜昌市夷陵区中药材产品出口直销的空白，还通过发展成员种植中药材，为400多个贫困户找到了脱贫致富路，解决了部分产业空心村农民增收难题。

二、具体做法

（一）市场化经营，独具特色的外销之道

在市场化经营过程中，众赢药材合作社探索总结出“五个一”的经营之道。

1. 组建一个团队

2006年《中华人民共和国农民专业社合作法》颁布实施，众赢药材合作社应运而生。该社组织当地农民调整结构种药材，扛起周边小农户共同致富的重担。依托华中农业大学、三峡大学、宜昌市农业科学院等科研院所，组建由5名专家组成的专家团队，开展三峡地区道地中药材种植技术的研究应用，大力提升药材生产质量。成立对外营销团队，着力开发海外市场。2008年获得全球最大中草药（汉方）制药企业日本津村株式会社的订单，当年实现出口创汇100多万美元的业绩。

2. 打造一个基地

2012年合作社取得自营中药材进出口权证，成为宜昌市首家原药出口单位。随着药材产量的增加，出口贸易呈快速发展趋势，业务已涵盖日本、马来西亚、泰国、新加坡等多个国家和地区，但由于药材加工出口能力低，亟须建立一个中药材加工出口基地。在当地政府及相关部门的大力支持下，合作社成功立项得到划转土地4万多平方米，用于项目建设。合作社牵头成立湖北众赢药业有限责任公司，共同打造中药材出口基地。目前第一、二期工程基本结束，已具备年加工出口药材5000吨的生产能力。

3. 出资一个企业

为了把加工生产的中药材产品快速销往国内外市场，合作社采取招商引资合股的方式，于2019年6月与平安津村药业有限公司合作成立平村众赢（湖北）药业有限公司。新公司聚焦“大金融资产”“大医疗健康”“大市场循环”业务，致力提升中药种植与加工技术，构筑并完善中药从种植到最终产品的全产业链质量管理标准体系。合资后带来的稳定订单，为“定制药园”模式提供了发展动力。2019年10月，公司与夷陵区政府签约，拟建中医药大健康项目，着力研发药食同源大健康系列产品，开发品质可追溯的精品饮片，着力抢占国内外生物医药市场，促进三峡地区生物医药产业提档升级，成为当地中医药发展和生物医药产业新的增长点。

4. 创建一套方法

即“线上＋线下”营销方法。合作社始终坚持“诚告天下广交友，互助

合作促众赢”的发展思路，把握经验交流会、博览会、学习培训会、庆典会等多种机会，结交国内外客商，逐步形成营销网络。至 2020 年底，常有业务往来的客商近百家。在巩固线下市场的同时，着力发展线上营销，创建康才人旗舰店（京东）等线上平台。

5. 健全一套制度

合作社召开成员（代表）大会，讨论决定投资兴建基地、盈余分配预决算方案、理事会、监事会人员调整等重大事项；建立民主理社专栏，对服务流程、成员出资、章程修订及涉及成员个人利益等事项及时进行公开；完善 14 项管理制度，建立党支部、工会等工作阵地，组织帮助合作社规范化管理。

（二）产业化对接，精准扶贫增收之法

“吃水不忘挖井人，富了没忘众乡邻”，这是当地老百姓对众赢药材合作社的评价。合作社采取“四对接”措施，助推农民走上致富之路。

1. 思路对接

面对农民最苦恼的“卖难买难”问题，合作社确立了走专业化、标准化、规模化种植的路子。针对性提出“1 个户，3 亩药，勤劳致富把贫脱；1 个户，5 亩药，快步致富奔小康；1 个户，10 亩药，能开汽车住楼房”的口号，增强产业致富的信心与决心。为了齐聚人心、实现“众赢”，合作社以比市场均价高一成的价格与农民签订协议，充分激发农民种药积极性。

2. 产业对接

近年来，合作社以夷陵区龙泉镇雷家畈村为中心，辐射周边 5 村，建设中药材实验示范基地 2100 亩、种子种苗基地 300 亩、种质资源圃 30 亩，培育出当归、苍术、钩藤等 20 多个优良品种。以夷陵区为核心区域，在 8 个乡镇、35 个村种植药材 8500 亩，并逐步辐射带动宜昌、恩施、荆州等鄂西区域，种植总面积达到 3 万亩。

3. 服务对接

合作社依托院校及当地农技部门，通过小规模试验与示范，探索总结出“粮药套种、林下种植、果药间作、空季种植、高低配套”的种植模式。在为成员直接服务上，提供统一种子（苗）与标准化种植技术、统一加工与运输标准化体系、统一质量检测标准、统一金融支撑与保险机制、统一经费支付与利益分配体系的“五个统一”保障服务方式。2020 年，合作社为农民提供种子 30 吨、种苗 1000 多万株，供种供苗率达 100%；集中进行技术培训 50 余场次，2200 人次参训；到村定点收购，产品回收率达到 95%以上。

4. 岗位对接

“天生你材必有用，合作社用你正当时”。合作社对已把承包地流转入社的脱贫户，优先安排进社务工，农民既得租金又得薪金。重点扶持的 12 个脱贫户中，有 8 户将耕地流转入社，合作社根据入社人员的特点、特长，对他们优先培训、优先录用上岗。目前，常年在社务工农民 80 多人，季节性务工的 150 多人，每年获取劳务收入 310 多万元。

（三）药材王国梦成真，找到合作互助之路

梳理总结众赢药材合作社的成功做法，主要归结为四个方面。

1. 方向明

合作社当初踏上合作互助之路，说到底还是不忘合作初心、践行为农宗旨，加强民主治理、促进规范发展，壮大规模实力、提升带动能力，实现高质量发展的结果，彻底改变了“有利则合、无利则散”的窘境。

2. 步子稳

合作社坚持制规划、定目标、拿措施、优章程、明制度、严管理、强治理，走出了一条中药材可持续、高效益产业发展之路。

3. 方法对

要在瞬息万变的市场中求生存，就要调优结构、提升品质、打造品牌、对接市场。与合作社对接经营药材的商家，有小商小贩，也有跻身世界中药材经营前列的大商家，合作社对他们都一视同仁，平等对待，坚持接得稳、做得开、留得住，建立了稳定的销售渠道。

4. 诚为本

以诚相待，赢得农民信赖。合作社履行承诺，每年进行盈余返还，成员年年有盼头，合作社成为农民增收致富的靠山。

点评

湖北省宜昌众赢药材种植专业合作社依托本地良好的自然生态环境，通过种植中药材让农民走上富裕道路，既是带头人的明智之举，也是“大健康”理念背景的顺应产品。在全国众多中药材种植类合作社中，该社能成功入选国家第三批合作社典型案例肯定有一套可学习可参考的经营管理方式。首先，该社探索出组建一个技术团队、打造一个中药材出口基地、出资一个加工企业、创建一套营销方法、健全一套规范化管理制度的“五个一”经营之道，是该社能够持续健康发展的基础，通过“五个一”的经营之道，该社

把经营的产品做成了一个完整的产业链，产品从生产到加工再到销售皆能由合作社独自运行，不需要借助其他力量，因此能有效保障产品在市场的稳定性。其次，该社在人员配置、服务对接方面等均做到了有效处理。在人员配置方面，合作社成立了股东大会，负责讨论决定投资兴建基地、盈余分配预决算方案、理事会、监事会人员调整等重大事项；同时建立了民主理社专栏，对服务流程、成员出资、章程修订及涉及成员个人利益等事项及时进行公开，切实保障了成员的合法权益。在服务对接方面，合作社对成员的岗位安置做到了“天生你材必有用，合作社用你正当时”的肯定性安排，在生产技术方面，做到了“你尽管干，我包教会”的技术对接服务。使社员各司其职，各显其能。最后，是诚信经营，无论是市场销售还是社员分配，合作社均做到了公开、透明、诚信。

注：资料来源于农业农村部公布的《全国农民合作社典型案例（2021）》

案例二：优化利益联结机制　带动成员增产增收
——江西省贵溪市溪源村蓑衣老农有机绿色大米基地专业合作社

江西省贵溪市溪源村蓑衣老农有机绿色大米基地专业合作社实行土地经营权出资入社，吸纳成员3500多户，覆盖20多个村小组。合作社采用“统一服务、分户管理”的经营模式，为成员提供包保底收益、包生产资料、包技术指导、包订单收购、包产量收入、倾斜扶持低收入户的“五包一扶”服务。合作社与龙头企业、村委会建立合作关系，与种植大户等广泛开展联合合作，实现了互利共赢。

一、合作社简介

合作社位于贵溪市彭湾乡溪源村，2017年由江西蓑衣佬农农业开发有限公司领办，出资总额2000万元。截至2020年底，合作社成员发展到3500多户，覆盖溪源村的20多个村小组，种植有机水稻3300亩，带动农户种植绿色水稻1900亩、普通水稻2600亩。合作社吸纳农户以土地出资入社，种植有机水稻，实行“统一服务、分户管理”的经营模式，将生产的优质大米销往深圳、广州等一线城市，受到了市场的欢迎。通过几年发展，合作社取得了显著的经济效益和社会效益，先后被评为江西省合作社示范社和全国供销合作社示范社。

二、具体做法

（一）规范“一章三会”，夯实发展根基

1. 完善制度，按章治社

合作社按照法律法规，结合自身实际，制定完善了章程及财务管理制度、学习培训制度、产品销售管理制度、基地生产管理制度、档案管理制度。聘请专门的财务人员，严格财务收支管理，在每年一次的成员大会上，合作社理事长都要向所有成员报告本年度生产经营情况。

2. 健全机构，民主管理

在机构设置上，合作社成立了成员代表大会、理事会和监事会。成员代表由成员直接选举产生，成员代表大会每年召开一次。理事会和监事会成员由成员代表大会选举产生，理事长和监事长任期5年，可连选连任。理事会是合作社的执行机构，主持日常工作。监事会是合作社的监察机构，代表全体成员监督和检查理事会的工作。

（二）承诺“五包一扶”，促进成员增收

1. 包保底收益

成员以自己的田地加入合作社，自己负责生产管理。为鼓励成员土地入股、保障土地股份基本利益，合作社每年支付成员入社土地200元/亩的保底收益（与当地一般土地流转价格持平），给成员吃下了“定心丸”。

2. 包生产资料

在领办企业的支持下，合作社免费为成员提供生物有机肥、有机稻种等。2020年合作社免费提供给成员生物有机肥约40吨、稻种7.5吨。

3. 包技术指导

合作社聘请高级农艺师等专家，定期为成员提供农业生产技术培训和指导，提升成员种植水平。同时，健全技术服务网络，按农时展开育种、投料、田间管理、防虫等技术培训，组织巡查指导，实施全时监控。每季度以区块设小组、分专业（种植、防护、农业机械等）进行一次技术培训交流，在会上成员们各抒己见，交流存在的问题，提出解决办法。

4. 包订单收购

合作社与成员签订订单。成员按照合作社制定的农药、肥料施用等规定进行种植；合作社在成员的水稻收获后安排工作人员现场进行快检，检测合格的按4元/千克收购，比市场平均价高1.6元/千克，未达到有机标准的水稻则按普通稻价格收购。

5. 包产量收入

合作社承诺成员只要按照合作社要求种植，保证亩均产量不低于400千克，若最终亩均产量低于400千克，不足部分由合作社承担。如果因灾导致产量低于400千克，则通过上调收购价格形式，确保成员收入不低于400千克/亩水平。比如，实际产量为350千克，收购价则上浮约14%。这样，成员每亩稻谷直接收入1600元以上，比非成员净增收1000元左右。同时，合作社让所有入社土地都参加灾害保险，保费由合作社承担，最大限度降低合作社因自然风险导致的损失。

6. 对低收入户给予倾斜扶持

这些年，合作社坚持自主扶贫，将村域内35户曾经的建档立卡贫困户全部吸纳入社，引导他们种植优质水稻，以每千克加价0.2元的价格收购稻米，优先安排脱贫户在合作社务工。2018—2020年，合作社共带动39户实现脱贫，合作社主体企业成为鹰潭市第一个省级扶贫龙头企业。如今，虽然合作社带动的贫困户都脱贫了，但对他们的扶持政策仍没取消。

（三）打造“三品一标”，成就优质优价

1. 推进品种培优

合作社与江西省农业科学院、江西农业大学、鹰潭市农业科学院等单位合作，挑选种植市场需求大的优质稻种，统一发放给成员种植，如“野香优莉丝”“桃湘优”等口感好、米型好、产量高的稻米品种，深受广东、深圳、福建等地消费者欢迎。为了推广优质品种种植，合作社印制宣传材料，到农民家中宣传，并提前支付300元/亩的收购定金，提升农户的种植信心。

2. 推进品质提升

合作社从源头保证水稻品质，选择的田块都是冷水田，只种单季，拥有独立的山泉水水系；周围树木茂盛，空气良好，远离工业区；土壤不存在药残超标，周边没有工业污染，不施用农药、除草剂、化肥；对成员实行统一技术指导、统一种植标准、统一提供生产资料。鼓励成员因地制宜开展稻蛙共生、稻鳖共生、稻鱼共生等生态种植。合作社基地已被纳入贵溪市“中国好粮油”示范基地。

3. 推行标准化生产

合作社严格按照国家有机产品规范，完善种植模式，大力推广密植等先进农业技术；同时，促进机械化、信息化、智能化“三化”融合，建立物联网，将基地田地进行编号管理，设定专管责任人，将每块地的施肥、灌溉、除虫、生长、收获等农时作业信息全部纳入溯源系统，实现质量可追溯。

4. 推进品牌培育

合作社注册了“蓑衣佬农”“上清道”“万鹤寿”三大品牌，生产的“蓑衣佬农”大米获得了有机产品认证证书，分级包装后投放市场，价格在12元/千克以上。“蓑衣佬农”品牌先后获得“江西农产品百强企业产品品牌”“鹰潭市十佳农产品品牌”等荣誉。

（四）拓展“合作社＋”，实现共生共赢

1. 对接产业化龙头企业

江西蓑衣佬农农业开发有限公司是省级农业产业化龙头企业，也是合作社的团体成员。合作社通过订单等方式，与公司进行分工合作，合作社负责水稻种植，公司致力于加工、销售，同时为合作社发展提供技术、资金等支持。

2. 与村委会建立战略伙伴关系

合作社与溪源村委会签订服务协议，由村委会引导成员开展种植、统计上报相关信息、分发生产资料、协调收购稻谷等，解决了因为成员数量众多导致的管理难题。合作社每年给村委会5万元管理费，收购粮食后，再按照0.1元/千克给村委会提成，增加了村集体经济收入，为乡村振兴注入活力。

3. 联手种粮大户和其他合作社

合作社采用订单模式，为种粮大户提供种子、有机肥、技术标准，合作的种粮大户种植面积达1万亩。合作社同时对接了10家村委会领办的合作社，帮助它们发展绿色水稻种植。

4. 组建联合社与联合体

2020年，蓑衣老农合作社、金田水稻合作社及利丰农机专业合作社共同出资成立了贵溪市农旺农产品专业合作社联合社，发挥各自的市场、规模、农机优势，完善水稻产业链。另外，合作社还参与组建了贵溪市优质水稻产业化联合体。该联合体涵盖了16家水稻种植、加工、运输、储存、烘干经营主体，推行统一采购稻种、肥料以及订单生产等，为蓑衣老农合作社提供了更大的发展平台。

5. 承办供销社分社

合作社与贵溪市供销社合作共同成立了一家供销社分社，由合作社代营，承接农资方面的业务。

点评

江西省贵溪市溪源村蓑衣老农有机绿色大米基地专业合作社属于龙头企

业带动村民发展致富的成功案例，合作社由江西蓑衣佬农农业开发有限公司领办，最后发展成溪源村20多个村小组3500多户入社的大型合作社。合作社之所以能吸引这么多农户入社其主要原因是该社真正的增加了社员的收入、保障了社员权益，使社员富裕起来。具体表现在：首先，合作社的出现使农民更加有组织性，销售也更顺畅。以往溪源村也种植大米，但都是一家一户来进行生产和销售，这样就造成了农业生产规模小和生产效益低的现象，这样的现象在一定程度上对该村经济的发展和农民的直接收入带来了很大的影响，这种生产方式的抗风险能力也是比较低的。于是合作社把这些分散的农民组织起来，有规模有组织地进行生产，不仅极大地提高了他们的生产效率，也在一定程度上实现了该村在大米种植方面的规模化，使得种植大米所取得的效益更显著。其次，合作社提供的包保底收益、包生产资料、包技术指导、包订单收购、包产量收入、倾斜扶持低收入户的"五包一扶"服务使得加入的社员不为技术、成本、销路而担忧，彻底打消了农民的后顾之忧。最后，在前面的基础上，合作社拓展"合作社＋"，做到了强强联合，共生共赢，进一步提升了社员的收入。

注：资料来源于农业农村部公布的《全国农民合作社典型案例（2021）》

案例三：多措并举聚合力　创新机制促发展
——湖北省红日子富硒蔬菜种植专业合作社

湖北省红日子富硒蔬菜种植专业合作社探索出了订单合作型、土地流转型、校企对接型、产业基金奖励型等合作机制，通过开展集中育苗、技术培训、保底收购、统一销售等服务，带动周边农户增收，促进当地蔬菜产业发展。

一、合作社简介

合作社自2014年10月成立以来，本着"互惠互利，共同发展"的原则，坚持创新、协调、绿色、开放、共享的发展理念，积极探索合作社经营的新路径。近年来，合作社立足农村、服务农业、心系农民，创新利益联结机制，多措并举聚合力，形成了农民收入增加、社会效益提升、生态环境改善的"三赢"良好发展态势，走出了一条产出高效、产品安全、产业发展的现代农业之路，被评为国家农民合作社示范社。2020年合作社成员发展到120名，蔬菜订单种植基地面积达到4.5万亩，年订单农户4860户，比2014年分别增加 4 万亩和 4450 户，带动了江汉平原地区蔬菜产业的高速发展。

二、具体做法

（一）创新经营模式，构建“三产融合”产业发展链条

天门市天西地区属油砂型土壤，非常适合种植蔬菜，当地农民也有种植蔬菜的传统，但受市场影响，农民的收入得不到保证。合作社大胆创新，创建“农业企业＋合作社＋农户＋基地＋市场”的产业化经营模式，加速单一种植业向产业一体化发展转变，依托湖北红日子农业科技有限公司做“靠山”，实行产、加、销结合，促进一二三产业融合发展。合作社在天门市多宝镇、拖市镇等地流转土地 3000 亩，开展新品种、新技术、新设施的试验示范，做给农民看、带领农民干、帮着农民赚。同时，以市场为导向，采取签订保底价合同收购的方式，引导农户种植经济价值较高的萝卜、豆角、黄瓜、大白菜等蔬菜，推广“黄瓜＋2 季白萝卜”“2 季豆角＋1 季雪菜”等高产种植模式，2020 年订单种植蔬菜每亩收入 8000～10000 元，是传统种植方式的 3～4 倍，大大提高了土地复种指数和产出效益。

（二）探索合作机制，拧紧“三方共建”利益联结纽带

近几年，合作社大力探索推广订单合作型、土地流转型、校企合作型、产业基金奖励型农业经营合作方式，调动市场主体和农民的积极性，努力争取政府政策倾斜、院校技术支持、金融机构投资等多方有利条件，实现合作社、农民、政府及社会等“三方共建”的可喜局面。2017—2020 年，合作社投入、整合各类资金 4000 余万元建设种植基地。合作社从利润中分配资金 500 万元用于支持贫困社员入社分红，市财政部门统筹 60 万元资金支持合作社种植基地开展富硒试验研究。合作社与农户之间实行“风险共同承担、利益共同分享”机制，推进小农户与大市场的有效对接，降低了传统小农户“小作坊式”单独闯市场等风险，促进了特色蔬菜产业发展。

（三）依靠科技驱动，打造“三品农业”价值优势

1. 聚焦科技化，加大研发增品种

合作社不断加强技术创新，设立技术研发中心，配备由 20 名专业技术人员组成的研发团队，针对不同原料、不同工艺流程、不同包装形式，从化学防腐剂、生物防腐剂和餐饮配餐包、休闲娱乐零食等方面进行创新研究，在产品开发上融合现代发酵工艺与古法腌制，围绕打造绿色、环保、健康、美味、安全的泡菜系列，先后开发了萝卜、豆角、黄瓜等 100 多种蔬菜加工食品，深受消费者青睐。

2. 严守生命线，依托管理提品质

为提高质量安全管理效能，合作社积极推行新“三品一标”跃升行动，从蔬菜种植、原材料采购贮存、产品运销和市场准入等方面建立了全过程管理的 QM（Quality Management）模块* 和“物联网＋信息化”营销平台，组建质量管理团队，将质保人员由成立初期的 3 人增加到 26 人，实现了质量安全可视化、可追溯生产。目前，已取得 ISO 9001 质量管理体系认证，确保“农田到餐桌”全产业链条质量安全。

3. 提升竞争力，紧跟市场创品牌

合作社积极实施品牌发展战略，先后打造了“北极源”“天门佬”等知名品牌。主打品牌“北极源”牌酱菜 2013 年荣获第十届中国武汉农业博览会金奖农产品。配合线上天猫、京东等旗舰店进行多渠道推广，目前产品销售遍布全国各地，部分产品已远销海外市场，深受消费者喜爱。

（四）做好服务引导，充分发挥“三统服务”带领作用

合作社充分发挥“统”的功能，立足于解决农民“想做不会做、想干不能干”的困难和问题。

1. 统一集中育苗供苗服务

2019 年以来，合作社投资 600 多万元，建设 2 万平方米的连栋温室大棚育苗工厂，实行集中育苗、统一供苗。2020 年 8 月至今已育苗 9 批次，共育苗 6000 万株，有效解决了农民育苗保苗困难的问题，推进“一村一品”的规模经营。

2. 统一技术培训指导服务

合作社利用“流转土地”举办“三新技术”示范样板和培训，提高农民科学种田水平。在蔬菜生产过程中，实行“六统一”指导服务，即统一作物布局、统一种植模式、统一供应生产资料、统一技术指导、统一质量标准、统一保底价收购。

3. 统一组织销售服务

合作社组建十多人的销售专班，在全国建立销售网点 20 余个。当市场价高于合同价时，合作社将农产品直接销往市场；当市场价低于合同价时，合作社实行保底价收购，将蔬菜深加工后再销售，既保证了农民增产增收，又保证了合作社的利益不受损害。2020 年帮助小农户销售产品 15 万吨以上。

---

* QM 模块是 SAP 系统中的质量管理模块，可提供质量计划、质量检测、质量控制、质量文档等功能。

（五）立足为农惠农，“三大举措”彰显带动效应

1. 带动农民增收脱贫

近年来，合作社积极做好蔬菜产业精准脱贫，使土地从种植基地中增值，使农民从种植基地中增收，使产业从种植基地中增效。2017—2020 年，合作社通过土地流转、订单种植等方式累计扶持 200 多户贫困户脱贫致富。2020 年，订单种植农户年均收入达到 4.5 万元，户均增加收入 1.5 万元；流转土地 3000 亩，农民获得土地流转收入 240 万元；吸纳农民工 300 多人，增加收入 700 万元；以高出市场价收购农产品，为农民增加收入 550 多万元。

2. 提高农民组织化程度

合作社把分散的农民组织起来，通过订单农业、以销定产等形式，解决了分散农产品供给与市场集中需求的矛盾，消除了农民“会种不会卖”的市场风险。合作社在多宝建立了三个收购加工点，建设蔬菜储藏窖 100 多口，仅 2020 年就为合作社成员代购代销鲜菜 10 万吨以上、初加工腌制品近 5 万吨，不仅使合作社成员避免了市场风险，也为红日子加工厂提供了优质原料。

3. 提升社会生态效益

合作社积极开展示范社创建活动，促进社会效益、生态效益等同步提升。从社会效益看，带动多宝镇蔬菜种植面积由 5 年前的 5 万亩增加到 2020 年的 10 万亩，为农民增收 5 亿元以上。新冠肺炎疫情防控期间，合作社组织采收运输队，帮助菜农抢收蔬菜 320 亩，挽回经济损失 145 万元。从生态效益看，合作社在种植基地实施标准化种植，推广应用简化栽培、洁净生产、绿色减药减肥技术，减少了农业面源污染，在保护环境的同时提高了农产品品质，有效保护了农村生态环境。

点评

湖北省红日子富硒蔬菜种植专业合作社在推动农业增效、农民增收过程中，始终把人民群众的利益摆在首位，正确处理经营主体自身发展与农民增收之间的利益关系，探索形成风险共担、利益共享的利益链接机制，充分调动了农民参与生产经营的积极性和主动性。合作社探索出来的“五个三”经营模式，扎实保障了产品的生产、加工、销售、提质、增效，在后期的经营过程中合作社探索出的订单合作型、土地流转型、校企对接型、产业基金奖励型等合作机制，都为农民入社打了一针强有力的稳定剂。特别值得肯定的是，合作社从自身利润中分配资金用于支持贫困社员

入社，彰显了合作社对特殊人群的关怀，促使了村民之间的团结互爱，得到了群众的支持和认可。

注：资料来源于农业农村部公布的《全国农民合作社典型案例（2021）》

案例四：发展特色产业　合作促农增收 ——重庆市奉节县铁佛脐橙种植股份合作社

重庆市奉节县铁佛脐橙种植股份合作社加强规范化建设，探索决策权与经营权分离，由成员大会通过一人一票民主选举理事会成员、确定盈余分配方案、商定产业发展重大事项；由理事会负责具体的专业化运营，优先面向合作社成员招聘专职管理人员，按交易量（额）向成员返还可分配盈余，建立合作社与成员利益共享、风险共担的联结机制。

一、合作社简介

合作社位于中国“脐橙之乡”重庆市奉节县康乐镇铁佛村，成立于2009年1月，成员出资总额1200万元，合作社成员756户2245人。合作社主要种植当地特色水果晚熟脐橙，实行标准化生产、品牌化营销、规范化管理，经过多年稳步发展，种植面积由400亩发展到3000多亩，2020年总产值3800万元，带动1500余户农民发展奉节脐橙产业，成为当地农民增收致富的重要平台。合作社2014年被评为国家农民合作社示范社。

二、具体做法

（一）健全组织架构，探索决策权与经营权分离

1. 健全三会制度

合作社设立成员大会、理事会和监事会，理事会内设办公室、财务部、营销部、技术部、项目部。合作社理事会面向社会公开聘用文秘、财务、技术、营销等方面的专职管理人员12名，在同等条件下优先聘用合作社成员。

2. 实行内部决策权与经营权分离

合作社严格按照“民办、民管、民受益”和“服务系列化、经营实体化、形式多样化”的原则，实行理事会统一领导、监事会民主监督、重大事项民主决策的运行机制。权益决策方面，以成员大会为核心，以一人一票为原则，决定理事会选举、综合效益分配、产业发展等事项。经营决策方面，由理事会负责专职化管理与运作，理事会成员以“工资＋绩效”的形式获得报酬。

3. 严格财务公开

合作社聘有专业财会人员持证上岗，实行独立的会计核算，严格按照财务会计制度核定成本与费用，实行每月最后一日财务定期公开制度。成员与合作社的所有业务交易，实名记载于该成员的个人账户中，非成员与合作社的所有业务交易，实行单独记账，分别核算。会计年度终了时，合作社编制年度业务报告、盈余分配方案、亏损处理方案以及财务会计报告，经监事会审核后，于成员大会召开15日前置备于办公地点，供成员查阅并接受成员的质询。

（二）推动科学种植，增强市场竞争力

1. 引进优良品种，优化产品结构

合作社积极培育优势脐橙品种，按照主业多品、一主多副的结构调整思路，在主种95－1晚熟脐橙、奉园72－1中熟脐橙的基础上，结合当地土壤、气候条件，引进鲍威尔等优质品种。经过多年培育改良，形成了具有代表性的奉节脐橙晚熟品种，将采摘期延长至次年4月，把铁佛村打造成了全县特色鲜明的晚熟脐橙种植基地。

2. 推广绿色生产方式，提升脐橙品质

改革传统的施肥方式，推广“肥水灌溉”新技术，既节约了生产成本，又提高了肥料利用率，大幅提升了脐橙品质，脐橙产量较常规管理方法增加15%。2020年，合作社推广面积达5000余亩，实现了基地种植户全覆盖。

3. 引入循环农业技术，促进农业可持续发展

利用畜牧养殖与果树共生性强的特点，兴建一座年出栏3000头生猪的养殖场，建设生猪粪便无害化处理和利用工程，形成“猪-沼-果”的循环农业模式，为示范基地一半的种植园提供有机肥灌溉，减少了化肥及农药用量，促进了农业可持续发展。

（三）夯实产业基础，拓宽农产品营销渠道

1. 兴建储流平台，延长上市周期

在市、县多部门的支持下，合作社2012年建成一个占地7000平方米、单次冷储能力达3000吨的冷链物流中心，确保脐橙鲜果每年8个月的上市周期，实现脐橙生产、加工包装、冷藏、销售、运输一条龙服务。

2. 注册产品商标，实行标准化生产

合作社制定了投入品监管制度、生产档案制度、基地准出制度、质量追溯制度等，形成产供销全程质量监管体系，实施技术规程一本书、生产档案一套账、园区通畅一条路、肥水保果一口池、果实增甜一包肥、预冷预贮一

间房、理化诱杀一张板、无疫栽植一个罐、以螨治螨一袋虫、绿色防控一盏灯的“十个一”工程，注册“铁福春”产品商标，通过了晚熟脐橙绿色食品认证。

3. 拓宽销售渠道，强化市场营销

合作社在重庆、成都、西安、广州设立了奉节脐橙直销点，实现与家乐福、沃尔玛等商业连锁企业的“农超对接”；利用淘宝、京东开辟网络销售平台，形成“礼品果＋超市果＋网络果＋散果”的市场营销体系，构建了横贯东西、纵连南北的销售网络。

（四）密切利益联结，提升服务能力

合作社丰富成员出资方式，提升服务成员能力，建立与农户成员利益共享、风险共担的联结机制。

1. 丰富出资方式

实行资金、土地、果树、技术等多种出资方式，以“合作社＋基地＋农户”的模式，进行统一管理、统一收购、统一加工、统一销售。

2. 保底收购成员产品

合作社收购成员产品，在 3 元/千克保底价的基础上，根据市场行情由成员代表大会研究决定最终收购价；合作社盈余的 40%量化到成员账户作为合作社发展基金，剩余的 60%按成员与合作社的交易量返还。

3. 推广订单销售

率先在奉节县内实行订单销售，统一销售指导价，形成良性营销机制，避免无序竞争，保护果农和客商利益。2020 年，销售脐橙 4800 吨，销售收入 2880 万元，盈余 208 万元，合作社成员分红 60 余万元。

（五）强化技术培训，参与脱贫攻坚

1. 强化技术培训，提高科技水平

合作社以重庆市农业技术推广总站和奉节县脐橙研究所作为技术依托单位，常年聘请专家和技术人员，主推树开窗、园生草、有机肥、生物药、杀虫灯、黏虫板、捕食螨、喷大生、冬防冻 9 项综合配套实用技术。开展 30 多次实用技术培训，共培训成员达 6500 人次。合作社种苗统繁统育、农资统采统供、病虫害统防统治均达 100%，有效降低了生产成本。

2. “四优先一保证”，帮扶贫困户成员

对贫困户成员优先提供技术服务，优先供应农用生产资料，优先安排技能培训，优先安排合作社内部就业岗位，保证销售贫困户成员的全部产品，年均安排 3～5 个月内部就业岗位 69 个，累计销售贫困户成员产品 425 吨，年户均销售额达 1.77 万元。到 2019 年底，合作社 60 个贫困户成员全部实现脱贫。

3. 成立劳动服务队，解决农村剩余劳动力就业

合作社积极吸纳帮扶周边农户入社，组织周边剩余劳动力成立劳动服务队，定期无偿组织技术培训。采取合作社牵线、成员及村民提前预约、服务队上门有偿服务的模式，组织服务队进行镇内流动服务。服务队已吸纳并培养 50 多名成员，仅 2020 年 10 月至 12 月就创收 50 余万元。

点评

重庆市奉节县铁佛脐橙种植股份合作社由铁佛村村民自行组建，是农民独自探索合作社经营发展的典型成功案例。在组织机构方面，该社有完善的“三会”制度，即设立成员大会、理事会和监事会，大小事皆开会决定，同时合作社探索出决策权与经营权分离的独特组织方式，实行理事会统一领导、监事会民主监督、重大事项民主决策的运行机制。权益决策方面，以成员大会为核心，以一人一票为原则，决定理事会选举、综合效益分配、产业发展等事项。经营决策方面，由理事会负责专职化管理与运作，理事会成员以“工资＋绩效”的形式获得报酬，且财务严格公开。在生产方面，合作社重视技术，打破传统种植观念，引进优良品种，推广绿色种植，引入循环农业技术，改善现有种植结构。在销售方面，注册商标品牌，并对社员产品保底价收购，同时建立线上销售平台，丰富销售渠道。在利益分配方面，严格落实利益分配机制，扎实保障社员的合法利益。

注：资料来源于农业农村部公布的《全国农民合作社典型案例（2021）》

案例五：聚“三变”之源，促农旅融合，助乡村振兴
——贵州盘州市普古银湖种植养殖农民专业合作社

盘州市普古银湖种植养殖农民专业合作社最初采用“农户出资＋合作社无息借资”的出资方式，动员农户筹资入社。在此基础上，合作社探索以农户承包地、集体林地、集体水域等资源资产作价出资入社模式，推动“资源变资产、资金变股金、农民变股东”。通过建立“合作社＋分社＋农户”的组织形式，合作社吸纳了 8 个村的 2200 多户农户，实现了产业振兴、农户增收、村集体经济发展壮大。

一、合作社简介

合作社成立于2012年，地处贵州省盘州市普古乡舍烹村。合作社坚持以农民为主体、以产业为平台、以党建为引领、以“三变”为抓手、以脱贫致富奔小康为目标的发展导向，通过“联村党委＋支部＋合作社＋产业＋农户”的组织方式，将村民的承包土地经营权、自有资金，村集体的生态林、湿地等资源资产量化入股到合作社发展特色产业，形成“利益共享、风险共担”的股份合作经济实体。在合作社的带动下，舍烹村发生了翻天覆地的变化，初步形成了全域产业、全域生态、全域旅游、全域扶贫、全域治理的乡村振兴格局。合作社被认定为国家农民合作社示范社、贵州省农业产业化经营重点龙头企业，舍烹村被评为全国“一村一品”示范村。

二、合作社发展思路

（一）八村联营促“三变”

合作社成立之初，采取“农户出资＋合作社无息借资”的出资方式，第一次就发动465户村民筹集2000万元资金入资合作社，将首批农民变为“股民”。随着脱贫攻坚工作的不断深入和产业发展的推进，合作社大胆探索以农户承包地、集体林地、集体水域等资源资产作价出资形式，大力发展山地特色农业产业、山地旅游产业，实现“资源变资产、资金变股金、农民变股东”。

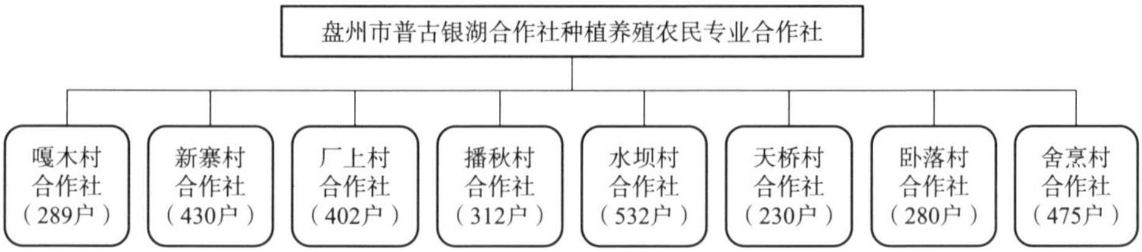

“合作社＋分社＋农户”组织结构

为了让更多农户参与，联村党委按照“入社自愿、退社自由，整村发动、一户一人”的原则，建立“合作社＋分社＋农户”的模式，以银湖合作社为总社，分别在舍烹村、播秋村等8个村成立村级分社。总社负责统一规划、统一布局、统一培训、统一标准、统一经营，形成总社牵头管理、分社负责实施、农户参与生产的格局。目前8个合作社已覆盖农户2950户，农户入社率达95%。合作社整合土地、林地、草地等资源10.68万亩，整合财政资金、项目资金、社会资本共4.23亿元，将其量化给农户，实现8875位农民变股东。合作社项目在收益分配上坚持“保底分成+效益分红”的原则，从经营收益中拿出20%保障土地股保底分成，余下的80%分成两块，其中30%用于现金股收益分红，70%作为公积金投入再生产，继续发展壮大产业。

（二）党建引领共致富

合作社创新党组织设置，联合舍烹、新寨、播秋等8个村党支部，组建了全市第一家联村党委——娘娘山联村党委（党员168名）。联村党委围绕“一村一策、一村一社、一村一产”的发展思路，坚持村务共商、规划共谋、资源共享、产业共建、矛盾共调，形成“1+8”党建共建模式，推动全域和谐、协同发展。

为了加强对产业发展的指引，合作社依托“1+8”模式推进驻村干部管理。联村党委下辖8个驻村工作组，整合组建联村驻村工作队，坚持基本职能正常履行、专业技能跨村利用、重大项目集体攻坚，由联村党委协同管理、综合使用，实现驻村帮扶资源的有效整合、精准利用、科学配置，提升了驻村帮扶成效。

合作社坚持农旅融合的发展思路，以生态旅游、健康养生、设施农业、农产品加工、特色养殖、会务培训、餐饮住宿、民族文化开发等8种产业为支撑，推动产业向合作社聚集，并逐渐辐射带动周边村寨，实现8个村产业全覆盖。

8个村的集体经济积累由2012年的村村“空壳”发展到现在的每村积累达60万元以上，合作社累计带动1117户3962人脱贫，其中舍烹村人均可支配收入由2012年的不足4000元提高到现在的14600元，其他7个村人均可支配收入从2012年的不足3000元提高到2018年的16700元。

（三）乡村发展奔振兴

银湖种植养殖农民专业合作社的成立和发展，有效带动了乡村全面振兴。

1. 乡村产业不断发展

通过采取“村集体+合作社+产业+农户”的合作模式，合作社发展特色农业产业2.18万亩；建有占地5052平方米的科技展示大棚2个，占地3.2万平方米的生产大棚10个，火龙果、葡萄、草莓、人参果和蔬菜种植等生态农业产值达480万元。在农业产业化基础上，合作社进一步探索农旅融合发展道路。2013年与贵州娘娘山高原湿地生态农业旅游开发有限公司合作开发生态旅游项目，占股20%。采取“公司+村合作社”

的合作模式，合作社募资 4 亿元开发温泉度假项目，其中合作社占股 6.8%；采用“旅游景区＋企业＋村级合作社”的模式，合作社募集社会资金 5 亿元（其中合作社出资 2000 万元，占股 4%）开发建设了天山飞瀑、温泉度假小镇等 18 个旅游项目，核心区 8 个村均实现了村村有产业，2018 年总产值达 2.92 亿元。

2. 村集体经济不断壮大

依托合作社的产业发展，各村入股分红，村集体财力实现从薄到厚，目前 8 个村的村级集体经济积累平均达 60 万元。例如，舍烹村整合 93.7 万元村集体自有资金入股科技大棚、占股 1.71%，村集体年分红 3.42 万元；将村集体的 120 亩银湖水面经营权入股旅游公司实施水上乐园项目开发、占股 10%，村集体年收益 2.76 万元；将 3817 亩生态林经营权入股打造温泉别墅、休闲养生、林下养殖、生态餐旅等旅游项目，村集体按利润的 2%分红；将 320 亩的村集体湿地用于合作社开发生态观光旅游项目，建设湿地生态科普宣教基地、木栈道、观景平台等旅游设施，村集体占股 5%。再如，新寨村和播秋村将 200 万元大连援建资金入股科技大棚，占股 3.57%，村集体年分红 10.6 万元。

3. 农民实现脱贫致富

合作社成立以来，共带动 310 位村民实现固定就业，其中贫困人口 35 人，最低工资 1600 元/月，最高工资 7600 元/月。辐射带动 2 家酒店、100 家农家乐、45 家农家旅馆、32 户农家超市发展，2220 户农户 5455 人入股，年人均增收 6000 元。

点评

贵州盘州市普古银湖种植养殖农民专业合作社在农村改革过程中，探索出“资源变资产、资金变股金、农民变股东”的三变模式，成为当地实施“三变”改革的重要组织载体。该合作社坚持以农民为主体、以产业为平台、以党建为引领、以“三变”为抓手、以脱贫致富奔小康为目标的发展导向，通过“联村党委＋支部＋合作社＋产业＋农户”的组织方式，探索以农户承包地、集体林地、集体水域等资源资产作价出资入社模式，发动 2220 户农户 5455 人入股，年人均增收 6000 元，合作社累计带动 1117 户 3962 人脱贫，8 个村的集体经济由 2012 年的村村“空壳”发展到现在的每村积累达 60 万元以上，成为乌蒙山区乃至全国农村集体经济改革成功的代表村。

注：资料来源于农业农村部公布的《全国农民合作社典型案例（2019）》

第二节　养殖类合作社案例

案例一：科技支撑产业兴　与时俱进再出发
——安徽省当涂县均庆河蟹生态养殖专业合作社

安徽省当涂县均庆河蟹生态养殖专业合作社投资成立农业公司，开展水产养殖技术合作、产品宣传和市场销售，借助自有电商品牌带动线下销售，形成稳定产销关系。合作社还与村集体经济组织、县供销公司、养殖大户等共同投资成立了供销公司，开展农资销售、农产品集中收购，承担村级小型工程，带动村集体增收。

一、合作社简介

合作社位于安徽省马鞍山市当涂县湖阳镇均庆村，成立于 2008 年，主要从事河蟹、青虾等水产品养殖，现有成员 107 户，养殖面积近 6000 亩，技术辐射面积 6 万亩，带动就业 3000 多人。2020 年，合作社水产品产量达 700 多吨，销售额超过 4000 万元。合作社先后荣获“国家农民合作社示范社”“国家级水产健康养殖示范场”“长三角绿色农产品生产加工供应示范基地”等称号。

二、具体做法

（一）抱团发展，成立农民合作社

2002 年，时任均庆村党支部书记的徐小马发现，越来越多的村民外出打工，土地开始荒废。听说江苏等经济发达地区养螃蟹收益高，为了把闲散的土地利用起来，徐小马打算推动产业转型，引导村民从事螃蟹养殖。可螃蟹到底怎么养，当时全村人谁也不知道。徐小马经过 2 年多系统的理论学习和实践探索，不仅掌握了科学养殖螃蟹的方法，还成为当地远近闻名的养殖致富能手，越来越多的乡亲也跟着他养起螃蟹来。刚开始，只有均庆村养螃蟹，后来整个湖阳镇都搞起了螃蟹养殖，接着当涂县其他乡镇也纷纷开始效仿，全县的螃蟹养殖规模不断扩大。如今，当涂县已经是全国闻名的河蟹养殖强县，以河蟹为主导品种的渔业已成为该县农业的支柱产业。随着螃蟹养殖量不断上规模，徐小马认识到螃蟹养殖投入高、风险大，单靠一家一户的“小舢板”，扛不过市场经济的大风浪。2006 年，他着手筹备组建合作社，

并于 2008 年 1 月成功创办均庆河蟹生态养殖专业合作社，出任第一任理事长，着重做好两件事情。

1. 定好办社规章

合作社先后制定了理事会、监事会工作制度，学习培训制度，财务管理制度，盈余分配制度，养殖技术规程等规章制度，对产生的盈余主要按照三部分进行分配：提取盈余公积金，按不低于 10%的比例计提，用于发展生产、可转增资本和弥补亏损；提取风险基金，按照章程或成员代表大会规定的比例提取，用于以丰补歉；剩余部分按照交易量（额）向成员返还，返还的比例不低于 60%。

2. 建好示范基地

一方面，合作社对基地实行统一规划、统一技术指导、统一操作规章，长期聘请 7 位水产养殖专家对基地养殖户实行技术包保入户；另一方面，合作社加快基地的基础设施建设，改善基地生产环境，先后投入 400 多万元，对基地的道路、供电、沟渠等进行维修改建，使基地达到沟沟相通、路路相连，旱能灌、涝能排的建设目标。通过十多年如一日的坚守与发展，合作社成员从刚开始的 10 多人迅速发展到 100 多户，基地规模从几百亩发展到近 6000 亩。徐小马被评为全国农村致富带头人，获得中华农业科教基金会神内基金农技推广奖。

（二）打造品牌，推进产销一体化

随着螃蟹养殖规模逐渐增加，销售又成为合作社面临的难题。为解决销售问题，合作社占股 49%投资成立了马鞍山市徽农农业科技发展有限公司，一手抓产品质量、统一规范养殖技术，一手抓市场开拓、统一螃蟹收购销售。通过打造品牌、开设专营门店，最终形成了“合作社+公司+基地+农户”产供销一体化的发展模式。在这种模式中，合作社是主体，企业是“龙头”，农户是核心。合作社负责土地流转、劳务用工、产品收购及相关协调服务，通过统一收购批发、提供生产服务等获得收益；公司负责水产品的技术合作、宣传和销售，通过品牌营销取得利润；农户将土地入股给合作社，同时负责养殖生产，通过合作社与公司形成了稳定的产销关系，通过基地建设获得了长期的技术指导服务，还能够分享到产业链延伸带来的盈余返还收入，形成了紧密的利益联结关系。

（三）技术升级，注重“产学研”合作

为实现产品品质升级，合作社先后与安徽省水产技术推广总站、马鞍山市水产技术服务中心、上海海洋大学水产与生命学院签订了合作协议，长期开展产学研合作；聘请了上海海洋大学3位专家教授作为基地技术顾问，联合市、县水产部门11位专业技术人员，共同攻关养殖难题。在专家指导下，合作社螃蟹养殖密度从原来的每亩1200～1500只降低为每亩800～1000只，同时采取底部增氧、种草、混养、微生态制剂调水等方式，实现了螃蟹平均大小从原来的2.5两/只提升为3.4两/只左右，实现了减量不减产的目标，逐渐将原来的“大养蟹”模式转换为“养大蟹”模式。截至目前，合作社取得授权发明专利2项，制定企业标准9项，参与的养殖技术项目2020年获得“中国范蠡科学技术奖技术推广二等奖”。

（四）销售转型，电商发展显威力

历经几年市场行情波动后，合作社意识到，除了靠技术进步转型，还需要进一步拓宽市场销路。2016年，理事长徐小马参加了上级农业主管部门举办的互联网技能培训，认识到必须借助电商实现销售模式的转型，从而实现全国发货、产地直销，打响自己的品牌。徐小马的儿子徐文杰，毕业于武汉理工大学工商管理专业，在与父亲多次沟通之后，他于2017年回乡帮助合作社拓展电商渠道。合作社花20万元购买了“一对活宝”品牌，在天猫、京东、苏宁易购、拼多多等电商平台开设旗舰店，采取新媒体营销、点赞试吃、好评返券提升复购率等运营策略和营销活动，促进产地直供线上营销。当年，线上销售额就突破了1000万元大关，累计年订单量超过7万单，直接带动基地养殖户100多户，人均增收5000多元。通过线上渠道，很多外地公司也进一步了解了当涂螃蟹，从而与合作社建立起比较稳定的采购合作关系，进一步巩固了线下销售渠道。作为合作社线上品牌，“一对活宝”品牌获得“安徽省线上重点支持品牌”等荣誉。在合作社的示范带动下，当地越来越多的年轻人从事电商销售，合作社所在的均庆村于2019年成为安徽省首批农村电商示范村，所在镇湖阳镇2020年被评为安徽省农村电商示范镇。

（五）组织转型，与时俱进再出发

2020年，为全面参与乡村振兴建设，帮助壮大农村集体经济，当涂县均庆河蟹生态养殖专业合作社积极主动改革创新，通过持股16.5%，联合村级集体经济组织（第一大股东，持股30%）、县供销商业总公司、“一对活宝”电子商务公司和其他养殖大户、营销大户、创业青年等共同投资成立当涂县均庆供销合作社有限公司，主营农资销售、农产品集中收购与批发，同时承担部分村级小型工程。当涂县均庆供销合作社有限公司实行“两保障一坚持”的发展原则：一是保障村集体经济组织原始投资额不少；二是保障对村集体经济组织承诺的年收益不少（按每年不低于投资款10%的净利润分红）；三是坚持多元化发展，聚合各方面资源，积极争取并参与美丽乡村配套工程建设，包括小型基础设施建设、电子商务、物流配送、社会养老等。2020年，公司实现盈利22万元，其中村集体经济组织分红6万元。

点评

安徽省当涂县均庆河蟹生态养殖专业合作社属于致富带头人带领农民致富的经典成功案例，其发展思路值得我们思考学习。首先是分配上要公平合理，合作社实行“两保障一发展”政策，即保障村集体经济组织原始投资额不少，保障对村集体经济组织承诺的年收益不少（按每年不低于投资款10%的净利润分红），直接是给社员吃了一颗定心丸。其次是要善于用技术，合作社对基地实行统一规划、统一技术指导、统一操作规章，长期聘请7位水产养殖专家对基地养殖户实行技术包保入户，并和高校以及科研院所深入合作，相当于给河蟹养殖上了一道保险。最后是善销售，合作社通过打造品牌，并运用线上销售平台将河蟹卖到了全国。

注：资料来源于农业农村部公布的《全国农民合作社典型案例（2020）》

案例二：创“非常6+2”模式　促水产养殖升级
——浙江省湖州市南浔千金永根生态渔业专业合作社

湖州南浔千金永根生态渔业专业合作社创“非常6+2”生态水产养殖模式，“6”指“一产+二产+三产”的生产模式，“2”指“物联网+新零售”的商业模式。前者“养好鱼”，后者“卖好鱼”，带动成员实现水产养殖利润最大化。合作社打造了2000亩省级生态精品园，勾勒出“水中养鱼、岸边种菜、坝上植果树、树下养鸡鸭”的原生态画面。合作社利用物联网技术实现档案建设、水体环境实时监测、远程操控，实现了水产养殖现代化、智能化。

一、合作社简介

合作社成立于2010年，位于浙江省湖州市南浔区千金镇东马干村。经过10年的发展，合作社成员从5户发展到256户，辐射3个区县、9个乡镇，带动周边养殖户2000余户。合作社自有基地从500亩扩建到2000亩，成员养殖总面积近2万亩。合作社与浙江大学、浙江农林大学、上海海洋大学等多所院校密切合作，改良与研发养殖技术，使亩产量由最初的750千克提升到2250千克，亩产值由9000元提升到5万元。合作社在全国设有五大配送仓，“浔坊”牌产品销往全国各大水产批发市场、商超、酒店，并出口日、韩、东南亚各国，形成了以淡水鱼养殖为中心的“农产、农创、农旅”完整产业链模式。

二、具体做法

（一）生态立体养殖，绿色循环实现零污染

合作社在基地及养殖户中推行池塘内循环流水养殖（俗称“跑道鱼”）和生态标准化养殖模式，实现生态立体化种养，开创经济效益与生态效益相统一的集约型发展模式，走绿色生态农业，推动养殖可持续发展。

1.“跑道鱼”模式

塘内循环流水养殖模式借鉴工厂化循环水养殖理念，将池塘养鱼与流水养鱼技术有机结合，通过建造养殖槽（流水池）和安装推水曝气等设备，将静态池塘养鱼改造成“生态式圈养”，实现零水体排放，从根本上解决了水产养殖水体富营养化和污染的问题。同时，在水质净化区放养白鲢、花鲢以调节水质，并套养生态甲鱼增加养殖效益。2019年，“跑道鱼”产量达10吨/条，产值达20万元/条，平均亩利润达2万元。

2. 生态标准化养殖模式

鱼排放的粪便可作为岸边水培蔬菜的肥料，水培蔬菜的叶子和种子可作为园区鸡鸭的食物，鸡鸭的排泄物又可以作为坝上果树的天然有机肥。生态立体养殖模式在实现零污染排放的同时，还节约了成本，使园区利润最大化，形成了天然的良性物质循环系统。据测算，生态立体养殖模式较常规池塘养鱼可增产10%以上，养殖效益可提升20%以上。

（二）线上线下联动，市场零售开创新局面

1. 搭建电商平台

合作社与阿里巴巴诚信通网站、企业微信公众号等平台合作，构建了以销售自有产品为主、覆盖生鲜全品类的社交电商平台，提供面向全国的批发、零售业务。2019年，合作社电商批发销售额为2100万元，2020年春节新冠肺炎疫情防控期间，批发销售额突破3000万元。

2. 强化批发档口及商超合作

合作社在杭州、上海、北京、武汉、广州设立五大直营批发档口，在全国有200多家代理商及合作商超，日均销量15吨，年销售总额约1亿元。

3. 健全冷链配送体系

合作社在杭州市设立了100多个社区门店作配送点，配备有冰箱、冰柜等设备，与冷库、保鲜车构成完整的冷链配送体系。合作社建成了线上线下联动、线下配送和自助提货相结合的淡水生鲜零售新模式，提货送货方便快捷，生鲜品质优良，月销售额达到1000万元。

（三）拓展服务领域，合作共赢达到新高度

在开展好传统服务项目的同时，合作社积极拓展服务领域，创新服务模式，更好地为成员服务。

1. 建立互助基金，解决成员资金困难

针对淡水养殖成本高、普通养殖户缺少起步资金的实际情况，合作社成立了互助基金，帮助成员解决融资难、融资贵问题。互助基金由合作社公积金、成员出资及成员存款组成。有融资需求的成员可向合作社申请，资金用途仅限于购买鱼苗、饲料、渔药、农资器械，在与合作社签订购销保证书后，即可申领互助基金。到2019年年底，合作社共发放互助基金2.3亿元，惠及养殖户200多户。

2. 实施统一采购，实现节本增效

合作社统一采购苗种、饲料、药品等重要物资，大于100万元人民币的采购通过招投标进行。合作社对中标单位的售后服务做出详细规定，如饲料供应中标商必须在供货期内派驻15人以上的技术团队，其中大专以上专业人员不得少于80%，为合作社开展培训服务不得少于1000人次等。合作社通过统一采购物资，不仅降低了采购成本，还能获得稳定的技术保障，避免乱投食、乱用药带来的风险。

3. 强化信息发布，确保成员利益

为避免生产盲目性，精准对接市场需求，合作社在杭州设立配送中心，每天统计全国20个水产市场的淡水产品价格，通过数据分析推算出单品水产的市场需求量、塘口存货量、市场发展趋势、价格走向等信息。2018年黄颡鱼价格处于历史低谷，成员们都想清塘更换养殖新鱼种。但合作社的市场数据显示，黄颡鱼苗种产量已降为往年的50%，北京新发地市场、广州黄沙市场的销售量在稳步提升，于是果断鼓励农户养殖黄颡鱼全雄苗。2019年10月后，黄颡鱼价格果然一路飙涨，2020年年初已由17元/千克涨到26元/千克。通过精准的市场研判，合作社引导养殖户及时调整水产养殖品类，确保了成员利益。

（四）深挖价值需求，三产联动创造高效益

随着水产行业由卖方市场向买方市场的转变，合作社深挖目标客户的价值需求，吸引更多的目标客户。

1. 推出净菜配送

合作社联合浙江农林大学、浙江海洋大学等高校，研发初加工产品，将活鱼宰杀、清洗、真空包装后，配置好调料包，制作成净菜，直接配送到家庭，深得上班族和年轻人的喜爱。2013 年首度推出后，即获得单品 150 万元的销售额。随着生鲜电商、社区电商的发展，2019 年获得单品销量破 1000 万元的好成绩。

2. 推出鱼类文创

鱼皮、鱼骨、甲鱼壳等在过去被作为边角料丢弃。合作社与中国美术学院合作，在美院学生的帮助下，将这些边角料设计制作成精致的鱼皮画、鱼骨饰品、甲鱼壳工艺品，开发出比鱼本身价格还高的商品。

3. 引入休闲旅游

凭借距离上海、杭州、苏州等城市 1 个小时车程的地理优势，合作社通过社区店、网络直播平台宣传推广，面向都市居民开展垂钓、采摘、农家乐烧烤等周末休闲活动，开展土鸡土鸭、蔬菜、果蔬等认筹养殖项目，实现了“产品销出去、人流引进来”。至 2019 年年底，合作社总计接待游客量为 5 万人次，带动周边养殖户销售农产品 200 多万元。

点评

浙江湖州南浔千金永根生态渔业专业合作社探索出的“非常 6+2”生态水产养殖模式把“养好鱼”，与“卖好鱼”有效串联起来，最大程度地带动了成员实现水产养殖利润的最大化。特别值得注意的是合作社凭借距离上海、杭州、苏州等城市 1 个小时车程的地理优势，打造了 2000 亩省级生态精品园，勾勒出“水中养鱼、岸边种菜、坝上植果树、树下养鸡鸭”的原生态画面。通过社区店、网络直播平台宣传推广，面向都市居民开展垂钓、采摘、农家乐烧烤等周末休闲活动，把养鱼与乡村旅游有效结合起来，美了环境，富了农民。

注：资料来源于农业农村部公布的《全国农民合作社典型案例（2021）》

案例三：创新发展合作社　倾心服务养鸭人
——江苏省高邮市兴旺禽业产销专业合作社

江苏省高邮市兴旺禽业产销专业合作社扎实推进规范办社，实施“三优”举措（优先借款、优价收购、优质服务），吸引养殖户加入。合作社实施统一鸭苗、统一饲料、统一防疫、统一技术指导、统一收购产品，实行成员分户养殖、独立核算，以保护价收购成员产品，按章程规定分配盈余。同时，合作社注重创新，通过发明专利、建立标准、创新销路，提升产品品质、厚植品牌口碑，取得了良好的社会效益和经济效益。

一、合作社简介

合作社位于江苏省唯一的少数民族乡——菱塘回族乡。这里三面环湖、土地肥沃，生态资源优越，水陆交通便捷。合作社成立于 2006 年 12 月，经营业务包括高邮鸭、扬州鹅养殖，蛋禽肉产品及水产品收购、加工、销售、技术咨询服务等。合作社自有养殖基地面积 100 亩，年销售收入达 3500 多万元，成员养鸭、鹅达 15 万只，带动周边村镇养殖户 380 多户，被评为国家农民合作社示范社。

二、具体做法

（一）规范办社，提升发展实力

合作社由下岗返乡就业人员王鹏牵头发起，成员中不但有养殖大户，还有养殖业经纪人、养殖业技术人员、兽医防疫人员及养殖业炕孵企业。合作社成立以来，按照《农民专业合作社法》规定，进行注册登记，制定合作社章程，健全“三会”组织机构，建立财务管理、社务公开、盈余分配、档案管理等多项制度，坚持民办、民管、民受益的基本原则。合作社以服务成员、谋求成员共同利益为宗旨，实行自主经营、民主管理、盈余返还，采取统一供应鸭苗、统一供应饲料、统一饲养防疫、统一技术指导、统一收购蛋品及淘汰鸭、分户养殖独立核算的“五统一分”运营模式。通过十多年的发展，合作社队伍不断壮大，实力不断增强，已成为高邮市农民专业合作社的排头兵。

1. 建章立制，维护成员利益

为保护养殖户利益，合作社与成员签订订单合同，对成员生产的鸭蛋及鹅蛋实行价格保护。当市场价低于保护价时，按保护价收购；当市场价高于保护价时，按市场价收购。合作社为每个成员设立个人账户，记载成员出资和交易量数量，并将公积金和政府形成的财政资产量化计入成员账户，对合作社年终剩余盈余进行二次分配，其中 70%按交易量返还，30%按出资比例返还。

2. “三优”措施，吸引成员加入

优先借款：合作社成员中的养殖户资金有困难的，合作社可以预借部分资金，社员在售蛋时予以扣还。合作社每年借出的流动资金达100万元以上。优价收购：鸭农蛋鸭年龄超过1年需要淘汰时，合作社主动帮助联系销路，确保优价收购，让养殖户得实惠，2019—2020年，养殖户通过合作社收购淘汰蛋鸭增收达30万元。优化服务：合作社利用规模优势，采取招标方式遴选苗禽和饲料供应商，帮助成员实现节本增效，如成员遭遇侵权事件，合作社将作为代表与相关各方沟通协调，维护成员合法权益。

3. 党建引领，提升社会效益

合作社于2010年10月成立党支部，支部成员每年主动结对困难户，帮助他们发展生产，走养殖致富路。近几年来，合作社已帮助10多户贫困户摘掉了贫困帽子，每年扶持资金达万元以上。合作社还坚持每年端午节去敬老院送福利慰问孤寡老人，向受灾地区献爱心，不仅增强了合作社对社区发展的助推力，而且提升了成员及周边农户的凝聚力和向心力。

（二）注重创新，增强发展活力

在激烈的市场竞争中，只有科技创新，不断推进产业转型升级，才能站稳脚跟，促进合作社发展。

1. 科技创新，提升产品质量

合作社与江苏家禽研究所、天津科技大学和扬州大学动物学院开展产学研联合，开展养殖和加工技术攻坚，先后申报了6项专利，其中发明专利1项，全面提升了蛋品加工质量。“红菱牌”系列产品2015—2018年连续荣获江苏省农民合作社产品展销会畅销奖，2019年获中国国际农产品交易会金奖。

2. 标准创新，培优厚植品牌

坚持标准化生产是培植品牌的基础。合作社积极参与高邮鸭蛋国家标准制订工作，严格按照标准化要求组织生产。合作社生产的产品先后获ISO 9001体系认证书和ISO 22000体系认证书，合作社2018年被评为江苏省放心消费创建示范单位。

3. 营销创新，拓展流通渠道

除了商超直供、集团采购等营销渠道，合作社还连续多年参加省内外各类农产品展销会，广泛推介“红菱牌”系列产品。2017年，合作社试水电子商务，投入40多万元购置相关设备，在淘宝网上开设了红心旺农产品直销店，新招聘了4名年轻人专门负责网络营销。现在，合作社的线上销售店铺已遍布“1号店”高邮特色馆、京东、当当网、V5直播等多个平台，仅端午节前后一个月内就销售咸鸭蛋150多万枚。

（三）着眼未来，做好长远规划

1. 促进周边电商迅速发展

合作社投资350万元建设了1600平方米的电商培训中心大楼，组织成员和周边农民开展电商培训，吸引带动新型农业经营主体和农民群众利用现代信息手段开展批发、零售和产销对接，从而促进农村多种产业主体融合发展。

2. 推动乡村农旅结合

受高邮鸭博物馆启发，合作社目前在筹划打造扬州菱塘鹅文化展示馆，通过图像、影片等形式集中展示扬州菱塘鹅的生物习性、品种特点、养殖过程、加工方法等文化知识，挖掘土特产品深层次的文化内涵，展示合作社文化精神，提升旅游体验，提高产品销量。

点评

江苏省高邮市兴旺禽业产销专业合作社以服务成员、谋求成员共同利益为宗旨，实行自主经营、民主管理、盈余返还。在生产过程中合作社采取统一供应鸭苗、统一供应饲料、统一饲养防疫、统一技术指导、统一收购蛋品及淘汰鸭、分户养殖独立核算的“五统一分”运营模式来规范养殖。在成员吸纳中以“三优”措施（优先借款、优价收购、优质服务），吸引成员加入。在经营过程中注重创新，通过发明专利、建立标准、创新销路，提升产品品质、厚植品牌口碑，以及发展乡村旅游等。值得注意的是合作社每年主动结对困难户，帮助他们发展生产，走养殖致富路不仅提升了成员及周边农户的凝聚力和向心力，也取得了良好的社会效益和经济效益。

注：资料来源于农业农村部公布的《全国农民合作社典型案例（2021）》

案例四：发挥联合优势　促进互利共赢
——浙江台州市台联九生猪专业合作社联合社

台州市台联九生猪专业合作社联合社通过将小规模生猪养殖合作社联合起来，建立行业标准，实现生产技术、防疫采购、饲养标准、营销管理、信息共享和排污处理标准“六统一”，推动了全市生猪养殖产业的规模化、现代化与生态化发展。联合社充分发挥联合优势，开展全产业链和全程综合服务，将小农户纳入了现代产业体系。

一、合作社简介

合作社联合社成立于2012年，位于浙江省台州市临海市大洋街道，由台州市九联生猪产销专业合作社、台州市路桥耀兴生猪专业合作社、温岭市农联生猪专业合作社、三门县赵岙山畜禽专业合作社、临海市大洋圣天畜禽专业合作社等5家成员社牵头联合组建，共联结农户3000余户。2018年末，联合社总产值达7亿元，是国家农民合作社示范社。近年来，联合社以助推产业兴旺，实现农民富裕为目标，坚持以产业为基础，以资本为纽带，纵向参股、横向联合，促进畜牧生产、防疫、饲料加工、资金互助及投资一体化的联合发展新模式，开展全产业链和全程综合服务，不断创新服务模式，带领成员增收致富。

二、具体做法

（一）打破区域限制，构建共建共享平台

长期以来，台州市诸多小型合作社采用传统方式养猪不仅经济效益差，产生的废水废物也对周边生态造成了极大破坏，生猪养殖业发展举步维艰。为了打破区域限制和传统经营模式的困境，2012年，台州市台联九生猪专业合作社联合社在临海成立，把台州9个县（市、区）的专业合作社、规模养殖场、养殖大户联合起来，建立起覆盖上游饲料生产配送、中游生猪标准化养殖、下游屠宰加工销售，集“养、贸、加”于一体的新型养猪产业体系，实现风险共担、利益共享，增强抵御市场风险的能力，对全台州生猪养殖产业稳定健康、标准化发展起到了积极的示范作用。

（二）建立行业标准，提升产业现代化水平

为了降低成员社的生产成本，提高行业效益和风险抵抗能力，加强对养殖粪污的防控，促进标准化生产，实现产品安全化，联合社规定了行业生猪养殖的相关标准，实行“六统一”。

1. 统一生产技术

配置7人专门负责畜牧防疫技术服务，采用流动服务与驻场服务相结合，定期对成员牧场的动保产品进行药敏试验，筛选出敏感度高的动保产品。每季度针对牧场的生产绩效进行分析，由技术服务团队与业主共同探讨存在的问题并拿出可行的解决方案。

2. 统一防疫采购

定期对使用的疫苗进行效价检测与使用后的抗体检测，依据抗体检测报

告和周边疾病流行情况制定合理的免疫程序，促使防疫服务保质保量。根据生猪生长各阶段不同营养的需求，制定生猪各阶段的营养需求配方。统一采购原材料，建立饲料厂专用的化验室，从源头上把牢食品安全关，杜绝饲料抗生素、重金属超标事件发生。

3. 统一饲养标准

要求联合社成员严格执行无公害生猪养殖系列标准，做好生物安全防控、生猪防疫、生猪全进全出养殖以及生猪的出场检疫。严禁使用违禁药品，严格执行药品休药期生猪出栏前一个月停用药物与疫苗。

4. 统一营销管理

联合社建立销售服务中心，及时分析市场行情，指导成员社做好产品营销。在台州农港城设立直销中心，在各大农贸市场、小区设立品牌专卖店，与各大超市联合设立专柜，构建现代营销服务体系。

5. 统一信息共享

联合社建立统一信息服务平台，及时发布政策动态、产销信息、疫情防治等，并开展网上技术咨询、培训服务，实现信息共享。

6. 统一排粪污处理标准

要求成员社的养殖场按环保要求建立规范的环保设施，设立堆粪池，建立有机肥厂，年吸纳消化畜禽粪污 9 万吨，年生产有机肥 3 万吨。

（三）发挥联合优势，完善产业服务体系

联合社成立后，本着服务成员、提升行业共同效益的原则，发挥联合优势，不断完善服务体系。

1. 建立原料基地，为成员直供饲料

联合社在对口协作的吉林省通化县建立玉米原料采购基地，发展订单农业，年购入 3 万吨玉米原料，有效减少流通环节，降低采购成本。与浙江大北农集团合作，建立了年产量 5 万吨级的饲料加工厂。通过引进科学配方，严把原料进货关，既降低成员的养猪成本，又从生产源头把牢食品安全关，杜绝饲料药物超标事件发生。2018 年供应成员的饲料量达 1.36 万吨，按每吨 75 元的内部价格优惠，成员享利达 102 万元。

2. 打造公共品牌，建立营销网络

联合社注册“山溪岗”和“百兴”商标作为公共品牌，以食品安全为切入点建立食品安全可追溯体系，追溯猪仔出生日期、时间、地点，育肥阶段的饲料、兽药、疫苗、消毒、批次及出栏时间和批次。溯源系统促进了联合社内部管理，实现了产品来源可查、去向可追、责任可究。联合社还建立起

销售服务中心，调研分析市场行情，指导各成员做好产品营销。采用合作社自产自销与联合社定点销售相结合的营销模式，牵头与三江超市、耀达超市等大型商场合作，与台州农港城开展农超对接、白肉批发、分割肉配送，并在农贸市场设立定点专柜，打通产品的销售渠道。同时，联合社还开展“优质农产品进校园”“优质农产品进机关食堂”等食品配送项目，在云南省德宏州与当地的学校、企事业单位等进行对接。

3. 发展信用服务，破解融资难题

为破解成员融资难题，联合社组建了台州市首家跨区域资金互助会，一举突破会员必须为临海市内的地域限制，实现跨地区跨产业的构想。资金互助会按照会员制、封闭性原则，实行账款分离，将资金委托临海农商银行统一投放、统一回收。资金互助会会员共出资 1000 万元，农商银行以 1∶4 放大信用额度，可借贷资金额度达到 5000 万元。第一，实行“股权抵押”，解决缺少抵押物难题。成员出具股权担保函，互助会根据成员在联合社及饲料厂的出资额度，委托临海农商银行发放。第二，实行“四证抵押”，增强互助资金的安全性。将成员所拥有的动物防疫条件合格证、环保评估许可批准书、工商执照、临时农业生产配套设施批准书交联合社内部评估建档，成员有贷款需求，可经过公证，将“四证”抵押给联合社，由联合社与农商银行达成许可协议后向农商行担保贷款。若出现风险，联合社按评估价的 8 折收购，其余的 20%风险由农商行与资金互助会按照 2∶1 比例分摊。截至 2018 年底共发放互助金 347 笔，总金额 1.3857 亿元，有力地支持了联合社的壮大，促进畜牧产业健康发展。

（四）实施创新驱动，发展生态循环产业

联合社注重行业污染防控和生态环境保护，研发推广新能源排污物处理技术服务，建立了年产量 3 万吨的有机肥厂，将令人头痛的生猪养殖排污物制成有机肥，专供生态种植示范园区，并利用沼气发电达到循环利用，目前装机容量为 120 千瓦，已并入国家电网。

通过纵向参股、横向发展，联合社引导成员入股美丽牧场、生态农场等优质项目投资。2017 年联合社参与台州市路桥百兴生态农场建设、临海市绿之源畜牧有限公司、天台立新生态养殖有限公司美丽牧场建设，共获得投资收益 120 万元。2018 年，联合社在三门县投资 3200 万元建立年产仔猪 5 万头的种猪场，延伸产业链条。2019 年又承接了上海市 1200 亩市外蔬菜示范基地项目，以产业带动就业，进一步带领当地农民增收致富。

（五）联合优势凸显，带动能力提升

联合社开拓创新，锐意进取，综合效益十分明显。一是产业规模扩大。2018年底出栏生猪9万头，产品从肉猪饲养发展到牛羊、家禽养殖，产业链从生猪养殖向饲料加工、生态循环农业、肉食加工业延伸拓展。二是成员增效显著。联合社吸纳276个规模养殖户，辐射带动周边3000余户农户共同致富。产值从5亿元增加到7亿元，年盈余1208万元，分配846万元，其中成员一次享利、二次返利共605万元，成员凝聚力增强，联合发展优势日益显现。三是形成示范样板。联合社通过引导产业链不同环节上的经营主体纵向合作，打造联合发展的全新模式，2017年被评为省级现代农业综合服务中心，成为临海市“三位一体”农合联改革的一大创新样板，在全市发挥引领带头作用。四是辐射带动地域脱贫。联合社积极开展扶贫协作，2018年6月承接了上海市青浦区与云南省梁河县的扶贫协作项目，投资3500万建立规模360亩的“梁河县畜牧业生态园”，年产仔猪3万头，通过推广“傻瓜养猪法”鼓励农户共同养殖，带动当地16个贫困村、300余户建档立卡户脱贫致富。

点评

浙江台州市台联九生猪专业合作社联合社属于抱团取暖的典型成功案例。单个合作社在发展过程中经常会遇见以下问题：一是产业杂乱，产品多而不优，产业链条不全；二是生产基础薄弱，现代设施装备应用不足，科技支撑能力不强；三是经营规模偏小、主体素质偏低，难以适应千变万化的大市场；四是自身能力有限，很难做强做大。而台州市台联九生猪专业合作社联合社把周边养殖合作社进行合并抱团取暖，起到了汇聚、整合资源的作用，并且通过联合，合作社实现了生产技术、防疫采购、饲养标准、营销管理、信息共享和排污处理标准“六统一”，有效地规避了大量的生产风险，实现了生猪养殖产业的规模化、现代化与生态化发展，为广大农户增加了收益。

注：资料来源于农业农村部公布的《全国农民合作社典型案例（2019）》

案例五：以“蛋”为媒，合作致富
——江苏阜宁县沟墩禽蛋专业合作社

阜宁县沟墩禽蛋专业合作社突出规范管理，依法办社，通过“五统一”“一保障”为成员提供养殖和销售环节的全流程服务。合作社建立了科学、

周密的信用合作制度开展资金互助，依靠自有资金循环解决合作社成员发展禽蛋产业的部分资金需求。合作社创建“大塘”商标，并建立起严格的商标管理制度，确保产品品质，有力拓展了市场，拓宽了销售渠道，增强了农户合作致富的信心。

一、合作社简介

合作社创办于2003年6月，成员出资总额200万元，现有成员636人，总资产6000万元。2018年成员饲养蛋鸡180万羽，收购成员蛋品2.5万吨，实现销售收入1.8亿元，盈余180万元。合作社获江苏省“百佳”农民专业合作社、国家农民合作社示范社称号，是当地禽蛋行业的佼佼者。

二、合作社发展思路

（一）民主管理，规范办社

合作社以农民专业合作社法为根本遵循，突出合作社章程在运营管理中的作用，规范办社兴社。

1. 制定规则，规范管理

近几年合作社制定完善了成员代表大会、理事会、监事会、财务管理、成员入社退社、社务公开、信用合作以及风险保障等制度，突出重大决策和财务预决算必须经成员代表大会讨论通过，重要经营业务项目经过理事会讨论决定，业务活动和财务收支接受监事会检查和监督。每月公布一次社务工作情况，每季度组织一次民主理财，半年公布一次合作社经营业绩，年终分配盈余，总结表彰。

2. 突出服务，提高效益

合作社通过“五统一”“一保证”为成员服务。一是统一提供种苗，由合作社与县内外种禽场签订供苗合同，以低于市场价提供优质蛋鸡苗给成员。二是统一养殖标准，合作社制订了鸡舍建设标准和标准化规程，建立了存栏10万羽蛋鸡养殖示范小区，从鸡舍标准、饲养方式、防疫治病等方面进行示范。三是统一供应饲料，合作社与中粮集团东海粮油工业有限公司签订长期饲料供应合同，饲料以出厂价销售给成员，仅饲料一项每年为成员节约成本160多万元。四是统一供药和防疫治病，合作社与北京德佳信诺动物保健科技有限公司签订防疫治病和药品供货合同，由公司专派2名畜牧兽医技术人员常年驻合作社，为成员提供防疫治病服务，实行统一供药，定期防疫，及时治病，保证普防率达到100％。五是统一技术培训指导，与南京农大、天津农大建立长期技术合作关系，定期邀请专家教授到合作社集中培训授课，传授最新的蛋鸡养殖技术，同时定期组织成员外出参观学习。“一保证”即用保护价收购成员的鸡蛋，当市场疲软、蛋品价格偏低时，合作社不拒收，同时每千克高出市场价 0.4 元收购。

3. 入社持股，合理分配

合作社章程规定，持股成员分为基本股成员和身份股成员，入股成员为持基本股成员，参与股金分红，其他成员持身份股，按交售蛋品量返利。合作社年终分配时，提取 20%公积金，10%风险金，10%公益金，可分配盈余 60%按成员交售量返还，剩余部分再按成员出资分红。10 多年来，合作社向成员分红 600 多万元。

（二）开展内部信用合作，实行成员互助

为适应成员不断扩大禽蛋生产经营需要，缓解银行贷款难等问题，2013 年 1 月，合作社按照“对内不对外，吸股不吸储，分红不分息”的原则，在成员内部开展资金互助合作，靠自身循环解决禽蛋发展的部分资金需求。

1. 民主决策，开展成员内部资金互助

经成员大会决议，制定了《阜宁县沟墩禽蛋专业合作社内部互助资金管理制度》。互助资金使用占用费略低于同期本地农村商业银行利率；入股资金两次分红，第一次按当地农商行同期利息分红，第二次将互助资金盈利的 60%按比例分红，其余作为合作社提留，按章程分配。2018 年收入利息 17.65 万元，支利息 14.35 万元，纯收利 3.3 万元，二次分红 1.98 万元，剩下的 1.32 万元作为合作社风险金和公积金。互助资金以就地、小额、短期贷款为主，主要用于投放本社成员鸡舍建设、购买饲料、苗鸡和自然灾害等所需资金，优先解决成员生产流动资金不足困难。

2. 科学运作，严格互助资金管理制度

为确保互助资金服务工作稳健开展，降低风险，合作社严控资金规模，6 年累计入股资金 536 万元，互助资金累计发放成员 248 人次，累计发放资金 1205 万元，平均每笔 4.85 万元。经过 6 年时间的运作，资金互助收效明显，既增加了入股成员的收入，又解决了成员发展生产资金不足的问题。在具体投放上，严格执行内部互助资金管理制度，明确资金投放对象、投放论证人、投放担保人以及投放审批人，论证人需 2 人，担保人 2 人以上，担保人必须为合作社成员，审批人为理事长，投放资金一笔不超过 5 万元，特殊情况可放宽到 10 万元。投放时间一般为 3 个月或半年，最长不超过一年。在实际运作中，坚持 3 个不投放，即没有信用的成员不投放，没有用于禽蛋

发展的不投放，手续不完善的不投放。

（三）打造产品品牌，壮大合作社事业

1. 创建自主商标

2005 年 11 月合作社申请注册了“大瑭”商标，使用商品为蛋、咸蛋、皮蛋（松花蛋）等。依靠自主商标和过硬的品质，“大瑭”鸡蛋的销路逐年扩展，产品逐渐向邻县和市区集贸市场进驻，经济效益逐年攀升，尝到甜头的成员也增强了信心，不断扩大养殖规模，为合作社提供充足的货源。“大瑭”牌禽蛋于 2009 年 4 月获得盐城市知名商标，2009 年 12 月获得江苏省著名商标，为产品顺利进驻大中城市和大型超市奠定了坚实基础，也为开拓市场找到了金钥匙。合作社成员不断增加，成员覆盖了南通、镇江、兴化、无锡、盐城等市、县，饲养蛋鸡存栏量超过 480 万羽，逐步发展了“大瑭”系列商品，有草鸡蛋、初生鸡蛋、林间散养鸡蛋、虫子鸡蛋、生态营养鸡蛋、松花蛋等 10 个系列 40 个产品。合作社凭借省著名商标的优势成功进驻上海、江苏、浙江、安徽、山东、北京等地的大中型超市，使品牌逐渐家喻户晓，鸡蛋上市价也由 7.5 元/斤上升到 10 元/斤，合作社的商标附加值得到充分体现。

2. 保证产品质量

合作社于 2012 年新上喷码生产线，生产线可以在每只鸡蛋上标注“大瑭”商标图形的文字、生产日期和保质期，新印制了标有著名商标字样的独立商标标识和包装盒，便于消费者识别和选择。合作社实施严格的商标管理制度，配备了专职的商标管理人员，建立了商标联系人、商标管理和使用档案制度，规范商标使用行为，不断提高商标管理水平，通过广告宣传扩大“大瑭”的品牌效应，使商标成为合作社永久的名片。

3. 拓宽销售渠道

合作社在做好传统销售的同时，于 2015 年 10 月牵头成立江苏绿通电子商务有限公司，借助“大瑭”品牌的影响力，作为盐阜特色农产品在网络电商平台上的突破口，整合盐阜特色农产品资源及网点平台资源，实施全网 B2B、B2C、平台入驻与区域 O2O 相结合的运行战略，成为中国江苏地平线、中国供销 e 家成员企业，走出一条产业电商之路。在县政府的协助下，在全县范围内建立 20 个镇级网点，195 家村级网点，有 63 家农产品加工企业、农民合作社、家庭农场产品入驻电商平台，大力销售地方特色的农副产品，主要经营禽蛋产品、肉类产品、苏香产品、豆制产品、精品籽油、海鲜食品等，2018 年网上销售额 5800 万元，成为合作社提升盈余的又一显著增长点。

点评

江苏阜宁县沟墩禽蛋专业合作社专注于蛋制品领域，通过安心的服务以及规范的管理吸引了大量社员加入，壮大了合作社的同时也带来了不错的社会及经济效益，其做法值得我们参考借鉴。首先，该合作社成立的宗旨就是为社员服务，合作社通过“五统一”（一是统一提供种苗、二是统一养殖标准、三是统一供应饲料、四是统一供药和防疫治病、五是统一技术培训指导）和“一保障”（即用保护价收购成员的鸡蛋）为成员提供养殖和销售环节的全流程服务，扎实解决了产品的质量以及社员的销售问题。其次，在分红方面合作社每月公布一次社务工作情况，每季度组织一次民主理财，半年公布一次合作社经营业绩，年终分配盈余做到了真正的公开透明。并且对于合作社后期发展，该社按照“对内不对外，吸股不吸储，分红不分息”的原则，在成员内部开展资金互助合作，靠自身循环解决了禽蛋发展的部分资金，得到社员一致好评。最后，在产品销售方面，由于统一管理，产品质量好，合作社打造了自己的专有品牌，提升了产品的附加值，并通过积极开通线上销售渠道把产品卖到了全国。

注：资料来源于农业农村部公布的《全国农民合作社典型案例（2019）》

第三节　社会服务类合作社案例

案例一：聚焦三产融合　服务“三农”发展
——青岛市丰诺植保专业合作社

一、合作社简介

青岛市丰诺植保专业合作社位于青岛莱西市，成立于2012年，成员132人。合作社积极开展社企对接，打造产供销互联网科技服务平台，直接服务产地农户，提供上门植保、产品采收、储存运输等服务，走出服务全产业链、联结小农户的发展之路。

二、合作社发展思路

（一）多渠道服务一产，放大直接收益

1. 打造农事服务“桥头堡”

合作社利用资源优势，建设了6个高标准综合农事服务中心，针对各镇

（街）区域内的不同作物，开展定向专业托管服务，并引导农户发展特色农业和规模化种植。通过标准化、规模化、机械化作业，促进农作物生产提质增效，实现农民经营降本增收，2020 年大田作物托管面积达 1.2 万亩，飞防面积达 16 万亩次。

2. 创建农事服务“示范村”

合作社在每个镇设立 5 个示范村，针对不同作物进行托管服务。如针对小农户的葡萄、苹果等作物种植，以化肥零增长为目标，采用无公害种植、水肥一体、农业机械化等“一控两减三基本”技术进行托管，实现了植保专业化、生产机械化，提升了作物品质。

3. 推进农事服务“四统一”

合作社实行“四统一”运作，即统一采购、统一标准、统一标识、统一收费，积极探索公共植保、绿色植保、效益植保，以提高防效、降低成本、减少用药、保障生产为目标，开展农作物病虫害专业化防治服务，重点推行“全程承包”和“带药带机”两种服务模式，在防治前与村、户或者基地签订防治协议，明确服务内容、价格和责任。

（二）技术服务二产，促进产品增值

1. 夯实产业发展基础

合作社搭建了智慧农业数据平台，引入可追溯体系、大数据平台等业务系统；建设胶东瓜果预处理中心，新建一条价值 500 万元的高级分选生产线；新建 2 个可移动气调库，购置多台冷链运输物流车。合作社科技服务能力不断增强。近年来，北方冬桃交易市场萧条，成交价格普遍偏低，基本在每千克 6 元左右徘徊；相比之下，南方市场冬桃价格相对稳定，较好的能达到每千克 10～12 元。针对此种情况，合作社以每千克 8～10 元的价格收购农户冬桃，优先保障农户每千克 2 元的利润；随后通过冷链物流车运送至广东、深圳等地销售，获得了较为可观的收益，打响了莱西桃的知名度，吸引了大批客户主动上门采购。2020 年，合作社收购冬桃 1200 余吨，帮助农户减少损失 1200 万元。

2. 打造供应链新模式

合作社与顺丰等公司联合成立顺联达公司，依托其胶东瓜果预处理中心，实现“智鲜＋预处理＋场景化包装”供应链新模式。合作社通过标准化种植管理和数据可追溯体系，保证农产品的品质和安全。一是升级改造莱西小甜瓜交易市场，面向京津冀、长三角及珠三角等高端市场，围绕保鲜、包装、农产品采后自动化处理等技术领域，完善电子商务、包装、储藏、冷链物流，实现农产品销售、金融服务、商业配套及质量检测等全面升级。二是搭建在线销售平台，落地一键代发系统、农产品种植溯源系统以及大数据展示平台，密切联合批发商、微商、电商等多种渠道，打造水果生鲜行业知名品牌。

（三）运营服务三产，提升品牌价值

1. 升级销售服务

合作社连续两年举办“莱西市秋月梨展销会”，吸引顺丰速运等 11 家合作商和深圳百果园等 40 家采购商参与活动，累计与 140 余家本地农户与外来客商签订初步合作协议，拉动农产品年销售额超过 800 万元，实现纯利 200 万元以上。2020 年秋月梨上市，合作社先后派出 3 支队伍对接服务农户，用不到 2 个月的时间遍访周边 300 家农户，代储秋月梨 500 吨，运输秋月梨 700 吨，收购秋月梨 1800 吨，解决了农户运输、储藏难题。与农户自卖秋月梨价格每千克不足 10 元相比，秋月梨在合作社储存至 10 月底以后，每千克价格上涨 2 元，加之统一包装，由合作社统一销售，售价会再涨 4 元，相比原来农户每吨纯收入增加 2500 元。

2. 优化物流服务

合作社提供一站式运、储、销全方位服务，包括果品仓储、预冷、果品分级、包装、订单处理、包装、冷库租赁以及进出口业务，逐渐形成了“农业＋快递＋科技”的运营模式。合作社年处理各类果品已达 7500 吨。

3. 培训职业农民

合作社积极开展技能培训，每年都安排机械作业人员参加莱西市各项机械作业技术培训班，先后 16 次派技术负责人到外地和大专院校参观学习。举办农机维修、小麦精播技术、小麦病虫害防治技术培训班 400 余次，举办玉米收割技术、玉米秸秆还田培训班 300 余次，累计培训 2 万余人次，为更好地开展社会化服务提供了技术和人才保障。

点评

山东省青岛市丰诺植保专业合作社专注于农村社会服务，是合作社发展过程中形成的一种新型合作社形式，它是周边农民农业生产的农事服务中心。该合作社找准合作、协调、共享、服务的思路定位，“服务”是合作社的全部工作，为农户和家庭农场在种植、加工过程中科学技术的引进、培训学习、社会事务的协调管理进行服务，该合作社通过推广标准化、规模化、机械化生产，开展定制化农业生产服务，引领农户发展特色农业；搭建智慧

农业数据平台，引入农产品质量追溯体系，面向成员提供展会营销、冷链物流、技术培训等服务，带动农户实现产品增值、品牌增效。

注：资料来源于农业农村部公布的《全国农民合作社典型案例（2021）》

案例二：开展农业综合服务　助力乡村产业振兴
——江苏省盐城市盐都区秦南镇农业综合服务专业合作社

一、合作社简介

江苏盐城市盐都区秦南镇农业综合服务专业合作社成立于2014年3月，是盐城市首家农业综合服务专业合作社，现有成员101名，包括38个专业大户、32个家庭农场、1家农业龙头企业和30名自愿加入的农户，拥有各类大型农业机械30多台（套），设施设备等固定资产近1000万元，核心服务区域涉及秦南镇15个村，服务面积达16000多亩。2014年荣获盐城市“十佳农民合作社”称号，2015年成为省级示范社，2017年被表彰为“全省百强农民合作社”，2020年被评为国家农民合作社示范社。

二、具体做法

（一）秉持“综合合作”理念办社兴社，健全内部管理机制

1. 实行民主管理

以农民专业合作社法为根本遵循，突出章程在运营管理中的作用，坚持民主管理，规范办社兴社，设立成员代表大会、理事会、监事会等组织机构，每季度公开社务工作，每年度召开成员代表大会，重要经营业务项目上理事会讨论决定。

2. 提升档案质量

以档案管理“六有”（有分管领导和管理人员、有管理制度、有分类方案、有较高质量、有完备目录、有安全保障）为标准，推动合作社档案管理工作规范化。设置专门档案室，章程及各类管理制度上墙，做到档案规范、分类装订归档、电脑系统录入。

3. 规范财务核算

严格执行合作社财务会计制度，实施会计电算化管理，配备必要会计人员，设置会计账簿，编制会计报表。年终分配时，提取15%公积金、25%风险金、15%公益金，可分配盈余的60%按成员交售量返还，剩余部分再按成

员出资分红。2020 年合作社共实现营业综合收入 1670 万元，盈余 42 万元，最终向成员返还盈余总额超过 17 万元。

4. 提升合作质量

积极打造“合作社＋农户＋家庭农场＋企业”的“四位一体”运营模式。农户加入合作社成为成员，由合作社统一组织农事生产、农资采购和农产品销售，节约进入市场的交易费用，分享农产品加工和流通环节的增值收益。家庭农场依托合作社，与其他生产类型相同或类似的家庭农场组成利益共同体，承接合作社种植项目，开展专业化生产。企业凭借资金、信息、技术优势开拓市场，农产品由农户及家庭农场负责生产，合作社负责验级，之后由企业加工和销售。合作社服务产前、产中、产后各环节，对内服务成员，对外面向更多农户提供优质社会化服务。“四位一体”的运营模式使得企业可以专心搞市场、家庭农场专心搞生产、合作社专心搞服务，让小农户的微力量聚合成发展产业的大动能。

（二）发扬“店小二”精神做优服务，提高生产经营效率

合作社围绕增收目标拓宽服务领域，设立技术推广、农机服务、产品供销、综合农事 4 个部门，重点围绕农机、植保、粮食烘干、种植业全程托管等开展农业生产社会化服务。

1. 农机作业服务

合作社为 2 万亩粮田提供商品化供育秧、播种、插秧、收割、秸秆还田等“一条龙”农机作业服务，收获的粮食由合作社粮食烘干中心进行烘干销售。为解决农忙期间农机修理找人难问题，合作社自建农机维修网点，开展农机质量安全服务，既解决了机手后顾之忧，又为周边散户提供了农机维修便民服务，做到小修不出门，大修不出镇。

2. 统防统治服务

合作社成立了 5 支植保机防服务队，开展植保统防统治服务，实行统一适期用药、统一药剂品种、统一施药机械、统一操作规范、统一收费标准。药剂全部使用低毒、高效、无残留农药，并取得了良好的防治效果。2020 年开展植保统防统治共计 12000 亩次。

3. 全程托管服务

合作社积极探索种植业全程托管试点服务模式，近年来为 7000 亩粮田（其中成员 1500 亩，集体农场 5000 亩）实行了从种到收的全程托管。合作社成员可在签订有偿托管协议时，明确“实物型”或“货币型”收益分配方式，最终实现每亩节本增收 100 多元。

4. 农资直供服务

坚持让利于民，每年为成员提供优质肥料3000吨、优良种子20万千克、高效低毒农药3万亩次，提供的所有农资均从厂家直接采购并按成本价销售，聘请专业技术人员现场提供技术指导，有效降低了成员农业生产的投入成本，每亩可节本100元以上。

5. 产品统销服务

合作社申请注册“秦南仓”和“秦悦”两个商标，将标准化生产的优质农产品统一加工、统一包装、统一销售。积极加入盐城秦达面粉粮食产业化联合体及江苏神农大丰粮食产业化联合体，通过与龙头企业建立购销利益共同体，实行订单种植，定向销售，年累计销售粮食8000多吨，为成员增加效益30万元以上。

6. 保险金融服务

为有效防范种养户因自然灾害和市场风险造成的损失，合作社积极配合镇农经服务中心，为成员在人保财险公司代办政策性农业保险，实行一站式契约跟踪服务，协助做好勘查、定损、理赔等工作，合作社信誉也随之得到显著提升。协助合作社成员到农商行、农行、邮储银行等金融机构贷款，尽可能享受优惠利率和担保。

（三）开展“牵手式”帮扶合作共赢，全面推进乡村振兴

1. 注重牵手帮扶

近年来，合作社协助经济薄弱村以风险相对较低的稻麦种植为切入点，通过土地流转，试点开展村办集体农场，增加集体收益。合作社以每亩1360元的收费标准为集体农场5000亩粮田提供农业生产全程托管，并将粮食全部收购，解决村集体“储粮难”“卖粮难”问题。目前，全镇共发展集体农场18家，总面积超6000亩。2020年18个集体农场经营总收入达1550万元，实现盈利140万元。

2. 注重人才培养

合作社在助力村集体产业发展的同时，在人才帮扶上也持续发力，多次组织集体农场负责人、员工及村民开展农业技能培训，为村集体培养了一批高素质农民，为乡村振兴注入持续动能。同时，多次带领村组干部外出观摩学习，帮助村干部开阔视野，发现工作差距，进一步凝聚乡村产业发展合力。

3. 注重种业发展

大力发展水稻制种，助力特色产业发展，确保种子源头安全。通过“制种企业＋合作社＋基地”的运作模式，合作社与安徽荃银高科种业、江苏中江种业建立合作关系，签订种子生产合同，为杂交稻制种成员提供种植计划、技术指导、烘干精选等全程服务。合作社制种基地规模稳步提升，每年订单生产杂交稻种子 2000 多亩，亩均增收 1000 元以上。

4. 注重产业融合

依托“秦南仓”注册品牌，设计精品包装进行分级分类，满足不同客户需求，进一步提升自身品牌价值。探索“线上＋线下”销售模式，利用微信群、网店帮助成员及集体农场不断拓宽销售渠道。此外，合作社还鼓励成员在发展传统稻麦产业的同时积极尝试种植草莓、葡萄等经济作物，打造休闲农业绿色体验模式，以特色、丰富的休闲旅游扩展农业发展道路。

点评

江苏省盐城市盐都区秦南镇农业综合服务专业合作社健全内部管理机制，提升档案质量，规范财务核算，实行民主管理，打造“农户＋家庭农场＋合作社＋企业”的“四位一体”运营模式。合作社设立了技术推广、农机服务、产品供销、综合农事 4 个部门，围绕关键环节开展农业生产社会化服务，提高经营效益；协助经济薄弱村开办集体农场，增加粮食经营收益；注重培养经营人才，探索产业融合发展之路。

注：资料来源于农业农村部公布的《全国农民合作社典型案例（2021）》

案例三：因地制宜精准服务，实现山区机械化种菜
——四川省广元市朝天区英明农机专业合作社

一、合作社简介

广元市朝天区英明农机专业合作社位于四川省广元市朝天区临溪乡场镇，成立于 2014 年 5 月，成员 123 户（其中有 30 户脱贫户），标准化农机库棚 800 余平方米，大中型农机操作手 8 名，各类农机具 167 台（套），价值 320 余万元。合作社自创办以来，严格规范运行，建立健全各项规章制度，坚持服务创新、技术创新，大力开展农机作业服务，推进农作物规模化种植，取得显著成效，已成为提供马铃薯等蔬菜产前、产中、产后全程机械化服务的农机服务组织。

二、具体做法

（一）敢为人先，决心找到高山农业现代化出路

“曾家山”高山露地绿色蔬菜是当地有名的产业品牌，但传统的种植方式导致蔬菜种植效益低，有些农民认为“种地不如打工”。合作社积极引入社会资金200余万元，购买了适合山区的各类农业机械27台（套），打造全程、综合服务平台，为农户提供集中育苗和各类农业生产全程机械化等“一站式”服务，成为山区产业发展的助推器、农民增收的好帮手。

（二）敢闯敢试，探索山区机械化“一条龙”作业

为改变蔬菜种植以机耕机防、人种人收为主的实际情况，合作社大胆探索，定制改装农机具，购买马铃薯播种机、中耕培土机、无人植保飞机、收获机、高床辅助收获平台、杀秧机等，解决了马铃薯种植、植保、杀秧、收获、转运的机械化问题，实现全程机械化生产服务，进一步稳固了服务对象。仅两年时间，合作社服务面积从200亩发展到4200亩，为农户每亩增收近300元，合作社实现收益近5万元。通过购买蔬菜精量育苗流水线、移栽机、起垄施肥覆膜机、灭茬机等，进一步实现了辣椒、甘蓝等蔬菜育苗、栽植的机械化，每年育苗5000余亩，机械作业面积2500亩，为农户每亩节约成本150余元，合作社实现收益近25万元。

（三）因地制宜，多样化推广山区农业机械化作业

合作社因地制宜推广农机作业服务。在高标准农田、现代农业园区等宜机化程度较高的区域，大力推行从种到收的全程机械化，服务作业面积最高达到22000亩，大幅提高了生产效益。在其他区域，实行机械与人工有机结合，最大限度提高机械化水平。在组织方式上，合作社坚持示范先行、大小结合，订单和托管同步。合作社流转土地800亩，试品种、试技术、试农机，比效益、作示范、作总结，先后与2家公司、6个蔬菜专业合作社和4个村民小组的300余户农户签订农机作业协议，年机械作业服务面积达到32000亩。在利益联结上，合作社可分配盈余的70%按作业量比例返还，入社成员还享有出资分红、优先安排农机作业、优先享受代管托管服务、优先安排在合作社务工等待遇。

（四）顺应需求，实现综合农事“六统一”服务

为切实提升服务和产品质量，合作社建设了农资仓储库500平方米，与农户签订了28000亩的订单协议，实行统一提供种苗、统一技术服务、统一农资采供、统一病虫防治、统一储藏加工、统一包装销售的“六统一”服

务，平均每户农民每年增产近 500 千克，增收约 500 元。合作社通过农机维护和提供统购统销综合服务，实现服务收入 5 万余元。

（五）创新管理，致力精准服务实现多元化经营

合作社注重品牌打造，开展产品加工包装、绿色食品和有机食品认证，首次实现了“曾家山”蔬菜的农超对接，吸引了 20 多家农村电商的关注和加入，直供超市蔬菜的附加值提高 2.6 倍。合作社依托 360 互联网“农机帮”及时掌握市场信息，建立微信服务平台，实时交流供需信息。通过安装农机智能终端系统，对每个机手每次作业进行跟踪掌握，征询服务对象的意见，对服务质量进行抽查。坚持作业服务至上，统一为成员提供“一站式”服务，将重点人群发展为 VIP 农户，稳定服务对象，推行订单作业，开展“六代”（代耕、代种、代管、代收、代购、代销）服务。

（六）重视人才，打造一流的专业化服务团队

合作社注重人才培养，支持成员通过自学、自考等方式获取专业知识。近年来，合作社成员通过自考等方式取得大学本科学历的有 1 人、专科学历的有 3 人；合作社出资送 2 名无人机操作员、5 名农机维修人员、6 名农机驾驶员到相关培训机构进行系统学习，考取资格证书；帮助各村培训合格农机操作手 200 余名、农机修理人员 60 余名，解决农村就业人员 80 余名，与 3 名生活困难机手签订长期工作协议。合作社成立了农作物种植部、农机作业管理部、农资销售部、中药材种植部、机械维修部、蔬菜销售部、网络营销部，打造了一支适用于山区的农业机械化服务队伍。

点评

四川省广元市朝天区英明农机专业合作社致力于山地蔬菜种植社会化服务，购置先进适用的农机装备，因地制宜推广机械化作业，建设农资仓储仓库，按需提供“六统一”综合农事服务，培养专业化服务团队，成为助推山区农业发展的综合性服务组织。

注：资料来源于农业农村部公布的《全国农民合作社典型案例（2021）》

案例四：打造合作社参与农业生产社会化服务新模式
——山东省昌邑市宏丰农机专业合作社

一、合作社简介

山东省昌邑市宏丰农机专业合作社成立于 2017 年，位于昌邑市柳疃镇青阜村，由昌邑市丰瑞农业科技有限公司和青阜村集体领办。合作社采用“龙头企业＋合作社＋基地＋农户”的经营模式，通过土地流转、土地托管、“村企社”共建等方式，推行服务链条较为完整的全程机械化服务，走出了一条合作社参与农业生产社会化服务的乡村振兴之路。目前，合作社已流转和托管土地 6.8 万亩，带动农民年增收 3000 多万元，提供就业岗位 250 余个。

二、合作社发展思路

（一）推行土地流转和托管，实现规模化经营

合作社主要采用土地流转和土地托管两种方式整合土地资源。一方面，合作社通过大规模土地流转，整合农户分散的土地资源，推行粮食作物和经济作物规模化种植、机械化作业、标准化生产、社会化服务，构建起耕、种、管、收、烘、储、销一条龙生产经营体系，取得了良好的经济效益和社会效益。目前，合作社已流转农户承包土地 2.6 万亩，农户每亩可获得流转费 400 元，将大量农民从土地上“解放”出来，有序向二三产业转移，切实增加了经营性收入。另一方面，合作社对农户承包的土地提供生产托管服务，涵盖耕地、播种、管理、收割、烘干、储存、加工、销售全过程，实现了服务型的规模经营，现托管服务土地 4.2 万亩，帮助农户平均每亩增收 200 元以上。

（二）推行“村企社”共建，实现多元共赢

2017 年，宏丰农机合作社联合昌邑市丰瑞农业科技有限公司、青阜村集体和全体村民，共同组建整村入股的土地股份制企业——昌邑市阜瑞农业发展有限公司，丰瑞公司以资金入股，宏丰农机合作社以设备、技术入股，青阜村集体以蓄水湾塘、“四荒地”入股，村民以承包地入股，整合了全村 1883 亩土地，开展规模化、机械化、专业化经营。在此基础上，宏丰农机合作社联合 6 家农民合作社，成立了青乡农民合作社联合社，从事粮食种植、粮食烘干、土地托管、农机服务等。2019 年，宏丰农机合作社、阜瑞农业发展有限公司和青阜村集体联合 15 个村开展“村企社”共建，逐步形成了“合作社＋公司＋村集体＋农户”的链条式农业经营新模式，实现了“企业盈利、集体增收、农民致富”多方共赢局面。通过“村企社”共建，合作社获得了社会化服务所需要的土地规模，村集体获得了经营收益分红和土地托管服务分成，农户获得了土地入股保底收益和经营收益分红，企业获

得了经营收益分红。目前，青阜村 364 户村民土地入股，每亩土地分红 200 元，每年增加收益 1000 元以上，村集体分红每年都在 40 万元以上。

（三）夯实农业发展基础，实现高质量服务

一是配强农业机械服务设备。合作社充分利用与企业联合的资金优势和技术优势，先后购置 186 台（套）大型拖拉机、植保无人机、智能配肥机等农业生产服务装备，为大面积高效作业提供了保障，实现了全程机械化服务；建设了日烘干能力 1050 吨的粮食烘干塔和 5000 平方米的粮食储存库，做到日收日干、日干日售。二是改善提升农业设施条件。为解决土地水浇条件差的问题，合作社铺设了 36 公里灌溉管道，打机井 40 眼，修建蓄水库 22 个，蓄水能力达 310 万立方米；在流转、托管的土地周边整修农田道路设施，植树造林，打造农田路网框架。三是改良土壤条件。针对合作社流转、托管的土地盐碱化严重的问题，采取提取地下卤水、深翻压碱等方式，改良 2.5 万亩，种植苜蓿、棉花等耐碱作物；带动高产优质苜蓿种植 7000 多亩，实现年销售收入 2450 万元、利润 1960 万元。

（四）推广应用先进技术，实现水肥一体化

一是建设大数据智控中心。投资建设高标准为农服务中心，运用信息化技术，布设农业气象、土壤墒情、温湿度控制、虫情测报等先进设备，建设集实时操控、在线监控、科学分析、大数据统计运用于一体的智慧农业指挥控制中心，覆盖土地 4000 亩，用大数据为农业生产提供专业性、精准化的技术指导，大大提高了粮食种植科学化、智慧化水平。二是加强科研合作。先后与中科院、山东可持续发展研究所等科研院所合作，设立潍坊市盐碱地绿色开发工程技术研究中心；与青岛农业大学农学院、潍坊市农科院等合作，建成了博士科研工作站；山东省畜牧局苜蓿基地、潍坊市农业农村局病虫害监测站、山东畜牧兽医职业学院教学科研实习基地，先后落户合作社；组建了由 16 名兼职专家参与的科技研发团队，成立“田间课堂”，采取线上线下相结合的方式，开展研讨和培训 3800 余人次。三是全面推广水肥一体化技术。先后实施了万亩农业综合开发高标准农田项目、渤海粮仓科技示范工程项目和高效节水灌溉示范工程项目。推广滴灌、微喷等高效节水灌溉和水肥一体化技术，灌溉节水率和肥料利用率均达 70%以上。实施“沃土工程”，智能配肥面积达 3 万亩，建设生态循环农业试验田 1.6 万亩，实现节水 50%以上，肥料有效利用率提高 30%以上，每年节约种植成本 800 多万元。

（五）延伸产业链条，实现融合发展

合作社在实现土地规模化的基础上，推行多元化经营模式，不断向纵深拓展。积极发展循环农业，利用自产苜蓿的优势，大力发展牛羊养殖，将牛羊粪便发酵成有机肥料，还田用于作物种植，既节约了资源、保护了环境，又降低了成本、提高了效益。积极拓展秸秆饲料加工、面粉加工、蔬菜杂粮包装销售等产业，实现全产业链生态循环发展。对接国家、省、市供销社电子商务平台，建设 2 个农业生产资料、农产品销售电商平台，逐步打造“网络＋实体＋配送”服务模式，2020 年电商平台实现销售收入 200 万元。依托生态观光农业，不断促进三产融合，深耕农业文化，建设“天下粮仓”观光塔，提升水系景观，增设苜蓿观光、浅塘垂钓、草原跑马等文旅项目，打造了集观光旅游、休闲娱乐、餐饮服务于一体的乡村旅游综合体，初步描绘出一幅乡村振兴美丽画卷。

这些年来，合作社通过土地规模经营、导入先进技术、延伸产业链条等，实现了农业增效、农民增收、农村发展。一是降低了农户生产成本。降低了农业生产资料的采购成本和农业机械的作业成本，为土地托管农户每亩每年节约 260～280 元。通过测土配方、统防统治，降低 30％的农药化肥用量，在降低成本的同时实现提质增收，每年带动农民节支增收 3000 多万元，推动了农业绿色生产和可持续发展。二是增加了村集体收入。由村集体负责土地整合、数据统计、农资配送、质量验收以及托管服务费收取，合作社以每亩每年 40 元购买村集体的服务，增加了村集体的收入。三是提高了合作社的凝聚力。通过扩大规模、拓展经营领域，合作社经营收入增加了，成员分红增加了，主动申请入社的农户不断增加，合作社实力大大增强，成为推动乡村振兴的重要力量。

点评

昌邑市宏丰农机专业合作社采用“龙头企业＋合作社＋基地＋农户”的多元经营模式，通过土地流转和托管的方式，盘活了大量的闲置土地，并为农业生产提供社会化服务，显著提升了这些土地的经济价值，提高了农民的经济收入。

注：资料来源于《中国农民合作社》期刊 2021 年第十一期，作者咸潇娜

第四节　食用菌类合作社案例

案例一：把小蘑菇做成振兴乡村大产业
——山东省邹城市益菇源农业种植专业合作社

一、合作社简介

邹城市益菇源农业种植专业合作社成立于2013年8月，位于山东省邹城市太平镇采煤塌陷区的前韩村，注册资金1000万元，现有成员117户，食用菌生产基地85亩，4000吨冷藏库1座，注册有“鲁益源”牌商标，年产珍稀食用菌1.2万吨，销售额5600多万元。多年来，合作社坚持“科技兴农，质量为本”的经营理念，建立了多种渠道的利益分配机制，使合作社成员、农户参与到利益分配，让小蘑菇发展成为乡村振兴的大产业，被评为国家农民合作社示范社。

二、具体做法

（一）让利菇农，确保“少投入、多产出”

合作社采取零投入、零成本、零风险的“三零”方式，让农户消除后顾之忧。

产前零投入。2020年合作社通过流转土地，承包村集体土地70亩，投资300余万元，高标准建设了60座食用菌种植大棚，配备了智能控温、控湿系统，免费向农户提供种植食用菌菌棒。仅此一项，每户可节省前期投资近6万元。

产中零成本。在农户种植过程中，合作社联合当地龙头企业山东常生源生物科技股份有限公司，借助其科技及市场优势，依托物联网平台进行大数据分析，筛选出价格高、销路好、适合大棚种植的食用菌品种，采取先赊后付方式，统一向种植户提供菌棒，组织种植。同时，组织技术人员，免费向农户开展技术指导，生产过程中水电全免。

产后零风险。鲜菇收获后，农户可依靠自身资源，采取线上线下相结合的方式销售，农户自身无法销售的，合作社兜底，按照一级市场价格统一收购，确保农户利益不受损失，种得安心放心。

（二）降本增效，确保“抱成团、互助干”

合作社创新管理模式，采取内部挖潜、互助合作的方式，每六个大棚编为一组，既降低了生产成本，又提高了工作效率，实现一名“专家”领头干、一家的活大家干、一个机制督促干，有效激发了农户干事创业的热情。

有人领着干。一名合作社成员发挥“领头雁”作用，组织开展生产经营、提供技术指导，把本组内农户拧成一股绳，实现抱团发展。

有活一起干。对每组内六个大棚实行错时种植、错时出菇，做到一户大棚出菇、六户集中收菇，每户每年可节约用工成本 7.2 万元，既提高了采菇效率，又减少了用工成本。

有机制督促干。为杜绝“吃大锅饭”、出工不出力现象，合作社与农户每年签订一次合同，对大棚出菇量实时统计、每日公布，激励农户比学赶超。同时建立了末位淘汰制，每年产量排名后五位的农户，将收回其大棚使用权，交给种植成效好的农户进行经营。

（三）着眼长远，确保“强支撑、多方赢”

为确保利益联结机制稳定持久，合作社坚持着眼长远，算清农户致富账、算好合作社增效账、算透社会效益账，把小蘑菇种出“大钱途”，产业发展得到进一步稳固。

1. 算清农户致富账

通过互助合作、机制倒逼，引导农户自力更生、抱团发展，不仅带动农户增收，更激发了其致富内生动力。2020 年推广种植的黑皮鸡纵菌，扣除菌棒及其他费用，每千克鲜菇纯利润 12 元，每个大棚一年种两季，一季出菇5 吨，一个大棚一年纯利润就有 12 万元。近 3 年，合作社累计分红 470 余万元，2020 年成员户均增收 3.4 万元，通过股份、合作、合同及其他方式带动周边农户 3700 余户发家致富，户均年增收 1.5 万元。

2. 算好合作社增效账

合作社立足实际，在巩固金针菇、杏鲍菇、蟹味菇三大主导产品的同时，积极寻找新的收入增长点，通过发展大棚种植，扩大黑皮鸡纵菌、羊肚菌等高端菌种产量，扩大产品种类，抵御市场风险。

3. 算透社会效益账

除在邹城市太平镇生产经营外，合作社大力发展外围基地，在微山县、沂源县、齐河县等地均建立了种植基地，帮扶农户增收；与当地多个村委建立合作联系，对村委推荐的家庭困难农户，合作社帮助其建立生产小组，由合作社骨干手把手帮扶，确保家庭困难人员能够增收致富。

（四）智能管控，确保“标准化、全追溯”

推进食用菌智能化生产、物联网及安全追溯平台建设，推动合作社绿色、高质量发展。

1. 严把生产管理关

通过建设智能管控、农产品质量安全追溯、冷链物流在线监测三大主体功能的物联网管控系统，实现了食用菌产销全链条的智能监测、精准控制，让蘑菇“会说话”，一旦环境各种参数超出阈值，将自动启动报警功能，可以及时进行调整。

2. 严把质量追溯关

消费者可以通过二维码扫描对食用菌种植的地址、生产规模、种植者单位信息、菌种来源、接种时间、收获时间、菌株特征、温湿度环境参数、光照参数、气体环境参数、病虫害预防情况、仓储环境、物流信息等内容进行全程追溯。

3. 严把规范标准关

合作社所种植的珍稀食用菌蟹味菇、白玉菇、黑皮鸡纵菌、杏鲍菇等均获得国家绿色食品认证，多次获评国内各大展会畅销产品。注册“鲁益源”商标，建立了以理事长为组长、副理事长为副组长、各生产基地负责人为联络员的商标联络员体系，形成了上下一体的商标管理网络。

（五）联合攻坚，确保“补链条、可持续”

合作社长期注重科技创新，开展产业技术攻关，推动食用菌种植升级换代。

1. 以新技术提升标准化水平

聘请山东省内外知名专家16人作为合作社的技术顾问，与山东省农业科学院、四川省农业科学院、黑龙江大学、山东农业大学、青岛农业大学等科研单位、院校开展深入合作，联合攻关食用菌工厂化、智能化生产技术，不断提升合作社食用菌标准化种植水平。

2. 以新品种拓展产品影响力

合作社成功引入了蟹味菇、白玉菇、黑皮鸡纵菌、羊肚菌等珍稀食用菌品种，为“邹城蘑菇”区域公用品牌不断添加新成员，其中蟹味菇、白玉菇、杏鲍菇、黑皮鸡纵菌先后获得国家绿色食品认证，合作社产品连续多年荣获中国食用菌商务网上榜品牌。

3. 以新工艺实现绿色化生产

与当地龙头企业合作，先后开展金针菇工厂化精准高效栽培、秸秆栽培食用菌及循环高效利用等技术研究，取得了国家发明专利《ZL201210330526.7一种袋栽金针菇工厂化生产方法》，开发了袋栽白色金针菇工厂化生产优质高产出菇管理技术、一根秸秆5次循环利用技术，实现了食用菌培育绿色化生产。

附录　农民专业合作社相关政策与法规

（一）国家层面

《中华人民共和国农民专业合作社法》

《中华人民共和国农业法》

《农民专业合作社法人营业执照》

《农村土地经营权流转管理办法》

《关于开展农民合作社规范提升行动的若干意见》（中农发〔2019〕18号）

《农业农村部关于实施新型农业经营主体提升行动的通知》（农经发〔2022〕1号）

《农民专业合作社会计制度》的通知（财会〔2021〕37号）

《农民专业合作社财务制度》的通知（财农〔2022〕58号）

《关于做好农民专业合作社金融服务工作的意见》（银监发〔2009〕13号）

《农民专业合作社示范社创建标准（试行）》（农经发〔2010〕8号）

《关于加快构建政策体系培育新型农业经营主体的意见》（农办经〔2017〕13号）

（二）地方层面

北京市实施《中华人民共和国农民专业合作社法》办法

上海市实施《中华人民共和国农民专业合作社法》办法

重庆市实施《中华人民共和国农民专业合作社法》办法

陕西省实施《中华人民共和国农民专业合作社法》办法

辽宁省实施《中华人民共和国农民专业合作社法》办法

湖南省实施《中华人民共和国农民专业合作社法》办法

湖北省实施《中华人民共和国农民专业合作社法》办法

安徽省实施《中华人民共和国农民专业合作社法》办法

青海省实施《中华人民共和国农民专业合作社法》办法

四川省《中华人民共和国农民专业合作社法》实施办法

新疆维吾尔自治区实施《中华人民共和国农民专业合作社法》办法

《天津市农民专业合作社促进条例》

《山西省农民专业合作社条例》

《山东省农民专业合作社条例》

《河北省农民合作社条例》

《吉林省农民专业合作社条例》

《黑龙江省农民专业合作社条例》

《江苏省农民专业合作社条例》

《福建省农民专业合作社条例》

《浙江省农民专业合作社条例》

《江西省农民专业合作社条例》

《山东省农民专业合作社条例》

《海南经济特区农民专业合作社条例》

《贵州省促进供销合作社发展条例》

《云南省人民政府关于促进农民合作社规范发展的意见》（云政发〔2016〕16号）

《甘肃省人民政府办公厅关于加快发展农民专业合作社的意见》（甘政办发〔2007〕152号）

《转发省农业厅关于进一步发展农民专业合作社意见的通知》（粤府办〔2007〕104号）

《河南省人民政府办公厅关于进一步促进农民专业合作社健康发展的意见》（豫政办〔2010〕94号）

《关于规范提升农牧民合作社的实施办法》（内党农牧办发〔2020〕14号）

《关于促进农民专业合作社提升发展的意见》（浙政发〔2010〕48号）

《关于加快发展农牧民专业合作经济组织意见（试行）的通知》（藏政办发〔2009〕57号）

《广西壮族自治区村民合作社管理暂行办法》和《广西壮族自治区村民合作社章程（示范稿）》（桂政办发〔2017〕76号）

致　谢

在本书完成过程中，感谢铜仁市农业农村局、铜仁市供销社、石阡县茶叶协会、合作社主管部门工作人员接受访谈，在项目前期调研阶段提供帮助，30 家合作社负责人接受问卷调查，提供项目研究所需数据。感谢铜仁学院 2015 级、2016 级、2017 级农村区域发展专业与金融工程专业本科生张红丽、简海燕、尚显林、陈井根、万世明、王江江、杨令、李林会、任立、吴倩、罗雪红、田红盼、赵田霞、杨洁雯、黄小玉、姚芳、范贵娥、韦薇、杨榴、左思源、吴巧英、龙淋习及硕士研究生朱晓凤、黄明艳、何跃、杨利洪、石贵芝、唐红、秦英婕、刘卫、潘才富、田华协助编者完成资料收集、问卷设计、问卷实地调查、数据收集整理、教材内容整理工作。最后，衷心地感谢评阅验收研究报告的校内外专家、教授，对书稿内容提出了宝贵的修改意见。

田文勇

2023 年 5 月